성숙한 교회를 세워 나가기 위한

교회경영학
CHURCH ADMINISTRATION

이장로 지음

추천사

목회자는 고뇌하는 사람입니다. 교회에서 이루어지는 모든 사역이 하나님께 영광 돌리는 일이어야 하고, 그럼으로써 교회가 하나님이 기뻐하시는 교회가 되어야 하기 때문입니다. 그래서 목회자는 하나님의 뜻을 물어 가며 목회 방향을 정하고, 교회 운영의 원리를 성경에서 찾습니다. 또한 급변하는 시대를 이해하기 위해서 세상의 지혜에도 귀를 기울입니다.

오늘날 우리 사회에서 교회를 끌어가는 일은 결코 쉬운 일이 아닙니다. 고뇌와 기도 없이는 불가능합니다. 그동안 해왔던 방식대로, 생각나는 대로 교회를 이끌어 가겠다고 생각하는 목회자가 있다면, 그는 순진하고 안이한 생각을 가진 사람인 것이 틀림없습니다. 목회에는 기도가 필요하고 또한 고뇌가 필요합니다. 예수님의 말씀처럼, 목회자는 비둘기 같이 순결하게 하나님 앞에 서야 하며, 뱀 같은 지혜를 가지고서 세상을 살아가는 하나님의 백성들을 길러 내야 합니다.

목회자는 말씀도 전해야 하지만 교회 조직을 구성해야 하고, 당회를 운영해야 하며, 교회 예산도 처리해야 합니다. 이런 실질적인 일 중에서 만만한 일이 없습니다. 더욱이 사회가 복잡해지고 사역에도 수많은 변수들이 생기고 있기 때문에 목회자는 더 치열하게 고뇌하고 더 많이 배우지 않으면 안 됩니다.

저자이신 이장로 장로님은 개인적으로는 제 소중한 믿음의 친구이며, 공적으로는 탁월한 경영학자이자 신학교에서 신학도 공부하신 분입니다. 교회에 대한 사랑이 담긴 이 책을 통하여 한국교회의 목회자들이 교회경영이라는 난제를 풀 수 있기를 바랍니다. 교회 사역의 전략을 수립하고 교회경영을 위해 필요한 실무적인 지식을 배워 가셨으면 좋겠습니다. 이 책이 한국교회와 지도자들에게 도움이 될 것을 확신하며, 이 책을 기쁜 마음으로 추천합니다.

김지철
전 소망교회 담임목사

추천사

세계 교회사에서 유례를 찾기 힘들 만큼 뜨거운 부흥을 경험했던 한국교회가 위기라고 합니다. 많은 성도들이 주님의 몸 된 교회를 등진 채 떠나갔고, '가나안 성도'라는 신조어가 생겨났을 정도입니다. 교계 안으로는 다툼과 반목으로 몸살을 앓고 있는 교회가 늘어 가고, 목자 잃은 양처럼 영적으로 갈급해하는 성도들의 부르짖는 소리가 커져 가고, 밖에서는 한국교회의 윤리적 실패와 사회적 고립을 꼬집는 목소리가 계속해서 들려오는 이때, 예수님이 피 흘려 사신 한국교회의 회복은 절실한 과제가 아닐 수 없습니다.

탁월한 경영학자이자 신실한 장로로 하나님 나라를 위해 교회를 섬겨 오신 이장로 교수님은 이 책을 통해서 한국교회의 회복을 위하여 우리가 반드시 이루어 내야 할 회복의 지점들을 분명하게 제안하고 있습니다. 성장지상주의에 매몰된 일부 교회 지도자들의 잘못된 리더십 때문에 뒷전으로 밀려난 예수님의 하나님 나라 비전과 주님의 몸 된 교회는 지도자들의 회개와 변혁, 리더십의 갱신을 통해서만 다시 설 수 있다고 말합니다. 교회 사역의 우선순위를 바르게 하고, 교회의 역량을 본질적 사역에 집중하면서, 조직의 변화를 두려워하지 않을 때, 무엇보다 목회자 스스로 자신을 변혁하고 올바른 리더십을 구축할 수 있다면 한국교회는 새로워질 수 있다고 그는 확신합니다.

　이장로 교수님의 이 책을 통하여 큰 도전과 함께 위로를 받습니다. 한국교회를 향한 기독 지성인으로서의 통찰과, 장로님으로서의 교회 사랑과, 한국교회의 회복을 간절히 바라는 열정을 더불어 느끼기 때문입니다. 이 책이 읽혀지는 곳곳에서 한국교회가 살아나고, 교회 지도자들이 스스로를 변혁하기로 결단하는 역사가 일어나길 바랍니다. 그리하여 한국교회가 하나님을 기쁘시게 하는 교회로 다시 일어설 수 있기를 기도해 봅니다.

임성빈
장신대 교수(기독교와 문화)

추천사

　이장로 교수님의 이 책은 고려대학교 경영대학 학장을 역임하는 등 리더십 전문가로서 그동안 연구의 산물을 통해 리더십이 단순히 회사에만 적용되는 것이 아니라 교회 공동체에도 적용될 수 있다는 사실을 알리는 책입니다. 예수님이 이 땅에 오셔서 우리에게 보여 주신 리더십이 가장 최고의 위치에 있음을 학적으로, 경험적으로 제시하는 책이기도 합니다.

　예수님이 우리에게 가장 높은 순위이고, 그분을 따라가는 것이 리더십의 출발이며, 우리가 이 시대를 살아가면서 가지는 많은 고민들과 교회가 나아가야 할 방향을 책에서 잘 설명해 주고 있습니다. 이장로 교수님이 예수님이 주신 사명을 따라 기독 청년들을 향한 뜨거운 열정을 오랫동안 지니고 살아가고 있듯이, 이 책에서 제시하는 예수님의 리더십이 독자에게 나아갈 방향을 안내하는 좋은 길잡이가 되리라 생각합니다.

조현삼
서울광염교회 담임목사

서 문

성숙한 교회를 위해서 리더십의 변혁이 필요하다.

세계 선교 역사에서 유례가 없는 고속의 양적 성장을 지속해 오던 한국교회가 통계에 의하면 1995년을 정점으로 그 성장을 멈추고 침체기를 지나 이제는 쇠퇴기에 들어선 것으로 보인다. 양적 지표뿐만 아니라 질적 지표 또한 한국교회에 경고신호를 보내고 있다. 기독교윤리실천운동이 발표한 "2013년 한국교회의 사회적 신뢰도 조사"에 의하면 한국교회에 대한 우리 사회의 신뢰도는 19.4%로 나타났다. 한국교회를 신뢰하지 않는 가장 큰 이유로는 '언행일치가 되지 않아서', '교회 내부적 비리/부정부패가 많아서'라고 응답하였다. 이런 결과는 그동안 한국교회가 과거의 양적 성장에 현혹된 나머지 질적 성숙에는 영적 사각지대에 놓여 있었다는 것을 의미한다.

이런 교회의 위기 상황에서 교회의 성숙이란 무엇인가를 생각하게 된다. 교회는 결코 건물이 아니고, 또한 목사나 장로가 교회가 아니다. 교회의 본질은 하나님의 백성, 곧 성도라 할 것이다. 그렇다면 교회의 성숙이란 성도들의 성숙을 의미한다. 성숙한 교회가 되기 위해서는 성도들이 오직 사랑 안에서 참된 것을 하여 범사에 예수에게까지 자라야 한다. 즉, 교회는 작은 예수를 지향해야 한다. 이런 성숙한 교회로 한국교회의 개혁을 이끌어 갈 책임은 누구에게 있는가? 성도를 온전케 하고 예수 그리스도의 장성한 분량에 이르도록 이끌어 갈 책임은 목회자에게 있다. 「서번트 리더십2」의 저자 제임스 C. 헌터는 "잘 되고 못되고는 전적으로 리더에게 달려 있다. 모든 것은 위에서 시작된다. 약한 군대란 없다. 오로지 약한 리더가 존재할 뿐이다."라고 말한다. 앞에서 언급한 신뢰도 조사에서도 한국교회가 개선해야 할 최우선 과제는 교회 지도자들로 나타났다.

그렇다. 성숙한 교회를 위해서 교회 지도자들이 변혁되어야 한다. 한국교회의 벌거벗은 수치의 원인은 대부분 교회의 양적 성장과 개인의 탐욕에 눈이 먼 소수의 지도자들에게 있다. 그러므로 지도자들이 먼저 그들의 수치를 바로 볼 수 있도록 안약을 사서 눈에 발라야 한다. 그리고 그들의 벌거벗은 수치가 보이지 않게 흰 옷을 사서 입어야 한다. 그러려면 지도자들이 열심을 내고 회개해야 한다. 눈을 떠서 이 시대 한국교회를 향한 하나님의 비전을 발견하고 이를 실현할 수 있는 성령의 능력과 리더십의 은사를 받아야 할 것이다. 또한 목회자는 예수 그리스도의 팔로워십과 리더십을 올바르게 배우고 실천하는 것이 중요하다. 저성장시대에 앞날이 보이지 않아 불안에 떨며 절망 속에서 분노하고 있는 사람들에게 예수님처럼 하나님의 나라를 선포하는 목회자가 한국교회에 필요하다.

성숙한 교회를 위해서 교회 사역에 전략적 접근이 필요하다.
또한 목회자가 전략적 마인드를 갖게 되면 교회의 변혁을 효과적으로 이끄는 데 도움이 될 것이다. 즉, 교회의 비전과 목표를 새롭게 하고, 그것을 실현하기 위해서 전략을 수립하고, 우선적으로 해야 할 일들을 정하고, 효과적인 방법을 찾아내는 전략적 능력이 목회자에게 필요하다. 그런데 목회자들에게는 전략적 능력이 대체로 부족한 것 같아 안타깝다. 예를 들면, 교회의 내외 환경, 지역, 자원의 크기의 차이에도 불구하고 거의 비슷한 비전과 목표 그리고 전략을 가지고 있고, 차별화 전략이 없어 보인다. 교회 사역에 우선순위가 명확하지 않고 선택과 집중이 없는 것 같다. 교회가 현재의 위기에서 탈출하려면 변혁은 필수이고, 교회의 변혁을 위해서는 목회자가 교회 사역의 우선순위와 목표를 새롭게 하는 것이 중요하다.

그렇다면, 교회의 성숙을 위해서 목회의 우선순위를 어디에 둘 것인가? 해답은 에베소서 4장 12절에 있다고 생각한다. 첫째로, 성도를 온전하게 양육하는 일이다. 그렇다면 성도를 어떻게 양육하는 것이 올바르고, 누구와 함께 양육하는 것이 좋을지를 전략적으로 접근할 필요가 있다. 이를 위해서 교육의 궁극적 목표가 무엇이고, 교육방법은 성도에 적합한지를 살펴보아야 한다. 그리고 성도들의 영적 성숙 수준을 측정해서 그들 수준에 따라 맞춤형 양육전략을 마련할 필요가 있다. 나아가 목회자는 성도들의 영적 성장을 방해하는 요소들은 제거해 주고, 촉진요소들은 강화해 주는 조치를 해야 한다. 무엇보다도 성도들의 영적 성숙을 이끄는 목회자의 영적 리더십이 중요하다.

둘째로, 교회의 존재 목적을 하나님 나라 구현에 두는 것이 중요하다. 많은 신학자들이 교회의 존재 목적은 하나님의 선교라고 말한다. 이 목적을 효과적으로 이루려면 교회의 모든 활동과 사역이 선교를 올바로 수행하는 데에 초점이 맞추어져야 한다. 그러나 지금까지 교회는 선교 중심이라기보다는 예배 중심, 설교자 중심이었다. 이제는 모이는 교회에서 흩어지는 교회로 패러다임을 전환해야 한다. 즉, 교회 사역의 중심이 모임 중심에서 선교 중심, 평신도 중심으로 이동되어야 하고, 모든 활동과 자원이 거기에 맞게 재조정되어야 할 것이다. 그렇다면 교회의 선교목표는 어디를 지향해야 할까? 예수님은 하나님 나라의 복음을 전하기 위해서 이 땅에 오셨다. 그런데 지금까지 한국교회의 선교목표는 하나님 나라를 지향하기보다는 교회의 성장에 두었다고 해도 과언이 아닐 것이다. 선교의 목표가 빗나간 것이다. 한국교회는 회개하고 선교의 목표를 하나님 나라로 전환해야 할 것이다.

셋째로, 설교자 중심의 예배를 예수 그리스도 중심의 예배로 개혁해야 한다. 지금까지 한국교회에서는 말씀 중심의 예배라는 목표에 집중한 나머지, 설교에 의해 성패가 좌우되는 예배를 드려 왔다. 그렇다 보니 성도들은 설교자를 바라보게 되었고, 설교자가 예배의 중심에 서는 현상이 나타났다. 이런 설교자 중심의 예배는 예수 그리스도 중심의 예배로 개혁되어야 할 것이다. 바른 예배를 위해서 예배의 목표·구조·방식을 새롭게 기획하는 것이 필요하다. 예배 기획과정에서 성도들의 영적 필요와 문화적 특성을 고려해서 교회는 예배의 스타일을 차별화할 수 있을 것이다. 또한 설교자에 지나치게 의존하지 않기 위해서는 예배사역을 조직화하는 것도 필요하다.

성숙한 교회를 위해서 당회 운영과 자원 관리의 개선이 필요하다.
한국교회는 당회 운영을 잘하고 있는가? 2014년 한국교회지도자센터의 조사에 의하면 한국교회의 당회 운영 점수는 C학점 수준으로 나타났다. 교회가 변화되기 위해서는 교회를 이끄는 당회가 먼저 건강한 조직으로 거듭나야 한다. 이를 위해서 먼저 당회의 문제들을 진단하고 그에 대한 해결방안을 모색해야 할 것이다. 그리고 목회자는 당회에서 의사결정을 어떻게 이끌어 갈 것인지와 그 과정에서 생기게 되는 여러 가지 갈등을 관리하는 방법을 알아야 한다. 교회가 분쟁에 휘말리는 것은 갈등을 예방하지 못했거나 갈등이 생긴 다음에도 지혜롭게 해결하지 못했기 때문이다.

교회에 분쟁이 생기면 결국은 재정 운영이 이슈로 등장하고 때로는 법정에까지 가는 불행한 사태로 목회자가 고통을 당하기도 한다. 대부분의 목회자는 재정 관리를 어떻게 하는지를 모를 뿐만 아니라 만일의 경우 문제에 휘말리지 않으려고 재정 운영에 개입하는 것조차 꺼려 한다. 그러나 목적이 이끄는 교회로 변화시키려 한다면 목회자가 재정 관리를 알아야 한다. 교회의 비전과 사역 목표를 이룰 수 있도록 교회의 자원을 효과적으로 운영해야 하기 때문이다.

그리고 목회자는 인사 행정을 이해할 수 있어야 한다. 목회는 혼자 하는 것이 아니라 많은 사람들과 함께 사역하기 때문이다. 교회에는 자원봉사자들이 많은 사역을 감당하고 있지만 교회의 규모가 커지면 유급 직원도 생기게 된다. 그러면 교회는 인적자원 계획을 세우고 공정한 채용과 적절한 보상 및 평가를 위해서 인사위원회를 필요로 한다. 또한 대부분의 교회는 사무국을 운영하고 있는데 목회자는 이를 어떻게 효과적으로 운영할 것인지를 알아야 한다. 교회의 건물과 시설을 효율적이고 안전하게 관리하기 위한 지식을 습득하는 것도 필요하다.

성숙한 교회를 위해서 경영학이 목회자에게 도움이 되기를 바라며

경영(administration)이란 말은 라틴어 administratio에서 나왔다. administratio는 ad(to)라는 접두사에 ministratio(help, serve)를 합한 단어로서 '돕는 행위'로 번역할 수 있다. 라틴어 minister에서부터 영어 minister(목회자, 장관), ministry(정부 부처, 봉사)가 파생됐다. 따라서 경영이란 말의 원래 의미는 목회자, 장관의 사역(ministry)을 돕는 행위를 뜻한다. 그런데 학문이 발전하면서 정부에 쓰일 경우에는 행정(public administration), 기업에 쓰일 경우에는 경영(business administration), 교회에서는 교회행정 또는 교회경영(church administration)이란 용어로 혼용하게 되었다.

위에서 살펴본 것처럼 성숙한 교회를 지향하는 목회자가 절실히 필요로 하는 지식은 리더십, 사역 전략, 그리고 당회 운영 등 매우 다양하다. 이렇게 다양한 목회자의 필요를 한 권의 책에 체계적으로 종합해서 소개할 수는 없을까? 이를 위해서 미국에서는 많은 교회경영학 교과서가 쓰여지고 있지만 한국에는 그런 교과서가 거의 없다고 해도 과언이 아니다. 이런 한국교회의 상황을 고려하는 동시에 목회자의 필요에 부응하기 위해서 이 책은 교회경영학 교과서로 쓰여졌다. 이 책은 경영학의 원리들을 교회의 리더십, 사역(ministry), 당회 조직 및 운영의 측면에 응용한 교과서이다.

　제1부는 교회 변혁을 위한 예수님의 리더십과 경영원리를 다루고 있다. 첫째로, 교회의 본질과 목적을 살펴보고, 왜 교회에 경영학의 조력이 필요한지, 그리고 경영원리의 교회적용에 관해서 구체적으로 설명한다. 둘째로, 변혁적 리더십을 비롯해서 여러 가지 이론들을 간략히 서술하고, 변혁적 리더십의 모델로서 예수님의 리더십을 설명하며, 마지막으로 목회자의 리더십 개발을 다룬다. 셋째로, 변화란 무엇인가를 시작으로 변화의 방향을 제시하는 비전의 경영, 그리고 변화의 과정을 통합적으로 관리하는 전략적 관리를 소개한다.

　제2부는 교회의 사역 전략을 다루고 있다. 첫째로 교회의 존재 목적이라 할 수 있는 선교사역에서 선택과 집중을 어떻게 할 것인가를 전략적으로 접근하면서 해외선교, 복음전도, 사회봉사 및 개발을 하나님의 선교 관점에서 소개한다. 둘째는 양육 사역에서의 목표를 '작은 예수' 만들기로 하고 성인교육의 목적과 내용 및 방법을 설명하고, 영적 성숙을 어떻게 측정하며, 성숙 수준에 따라 맞춤형 양육전략을 설계하는 법과 영적 성숙을 이끄는 리더십에 관해서 해외의 연구자료를 소개한다. 셋째는 예배 사역으로서 어떻게 바르고 차별화된 예배를 기획할 것인가를 주제로 해서 예배의 목표·구조·방식에 관해 서술하고, 예배 스타일의 차별화, 그리고 예배 사역을 조직화하는 방법을 사례를 통해 소개한다.

　제3부는 당회 운영과 자원 관리를 다룬다. 첫째로 교회의 최고 의결기구라 할 수 있는 당회 운영의 문제와 해결방안, 의사결정 방법, 갈등관리를 소개한다. 둘째로 "재정 관리, 모르는데 어떻게 하나"라는 주제로 현대적 재정 관리 시스템을 만드는 법, 예산에 의해 재정을 운영하는 법, 수입과 지출을 회계기준에 맞게 하는 것, 그리고 재정 기록과 보고를 어떻게 할 것인가를 다룬다. 셋째로 교회의 인사 행정과 시설물 관리를 다룬다. 인사위원회와 사무국의 효과적 운영방법을 알아보고, 시설물의 효율성과 효과성과 안전성을 높이는 방안을 소개한다.

이 책은 교회경영학 교과서이다. 필자는 경영학자로서 장로회신학대학원에서 신학을 공부하였고 지금은 한 교회의 장로로 섬기고 있다. 최근 한국교회가 쇠퇴기에 접어들었다는 위기감 속에서 미력이지만 목회자들과 협력하고 싶은 소원이 일어났다. 그래서 이 책을 집필하기 시작했지만 교회경영에 대한 다양한 주제들을 한 권의 책에 충분하게 다룬다는 것은 많은 어려움이 있었다. 이 책을 집필하는 과정에서 신학적으로나 목회 실무에서 많이 부족한 필자에게 격려와 도움을 아끼지 않으신 목회자와 신학교수님들께 감사를 드린다. 그리고 어려운 상황에서 이 책의 출판을 허락하고 편집에 많은 도움을 준 한국장로교출판사에 감사를 드린다. 아무쪼록 이 책이 목회와 교회경영의 참고서로서 위기에 처한 한국교회를 변화시키는 데에 효과적으로 쓰여지기를 소망한다.

2016년 3월
한국리더십학교 교장 이장로

차 례

추천사 / 2
서 문 / 7

제1부 교회 리더십과 경영원리 _ 20

제1장 교회와 경영원리 _ 21

[도입사례] 신학대학원에서 배우지 못한 지혜

제1절 교회의 본질과 목적 _ 23
교회의 본질은 성전이 아니라 성도다 | 교회의 목적은 하나님 나라의 구현이다

제2절 왜, 목회에 경영학의 조력이 필요한가? _ 30
모세, 네가 하는 일이 옳지 못하다 | 목회 현장의 필요 | 교회경영의 3요소

제3절 효과적인 목회를 위한 경영원리 _ 41
계획의 과정 | 조직화의 과정 | 지휘의 과정 | 통제의 과정

제2장 변혁이 필요한 교회 리더십 _ 57

[도입사례] 목회 리더십 설문조사 결과

제1절 리더십의 개념 _ 61
리더십이란? | 리더십과 관리 | 리더십 이론의 분류 방법

제2절 리더십 이론 _ 72
자질이론 | 행동이론 | 상황이론 | 영향력이론 : 변혁적 리더십을 중심으로

제3절 예수님의 리더십 모델 _ 100

개인 차원 : 자기를 알고 사명을 따르는 셀프 리더십 | 관계 차원 : 사람을 얻는 서번트 리더십 | 집단 차원 : 제자들을 성숙하게 만드는 임파워링 리더십 | 사회(조직) 차원 : 하나님 나라를 구현하는 변혁적 리더십

제3장 교회의 비전 경영과 전략 계획 _ 111

[도입사례] 전통교회에서 개혁교회로

제1절 교회는 변화되어야 한다 _ 114

왜, 변화가 필요한가? | 변화란 무엇인가? | 성공적 변화를 위한 8단계 전략

제2절 변화의 목적지를 제시하라 – 비전 경영 _ 128

하나님의 비전을 발견하기 | 교회가 비전을 공유하기 | 비전 선언문 만들기 | 비전 커뮤니케이션 전략

제3절 변화의 과정을 전략적으로 관리하라 _ 139

전략의 수립 | 전략적 관리의 사례 연구

제2부 교회의 사역 전략 _ 148

제4장 선교 사역 – 선택과 집중 _ 149

[도입사례] 선교에도 전략이 필요한가?

제1절 해외선교의 전략적 관리 _ 152

선교수단의 선택 | 현지 선교환경의 평가 | 선교 대상국 선택방법

제2절 복음전도의 전략적 관리 _ 166

전도 대상 세분화하기 | 전도의 목표 대상 결정하기 | 전도 전략 개발하기 | 맞춤전도 전략 사례

제3절 사회선교의 전략적 관리 _ 182

기독교 사회봉사, 무엇이 다른가? | 마을목회 전략 | 마을목회 사례 – 보은 예수마을 보나콤 사례

제5장 양육 사역 – '작은 예수'로 살게 하기 _ 195

[도입사례] 영적 성장에 관한 발견 프로젝트

제1절 올바른 성인교육이 절실히 필요하다 _ 198

성인교육의 궁극적 목표는 무엇인가? | 교육내용 : 맞춤형 커리큘럼이 있는가? | 교육방법 : 페다고지 vs 안드라고지

제2절 영적 성숙의 측정이 필요하다 _ 210

영적 성장의 4단계 | 영적 성장의 장애물 | 영적 성장의 촉진요소

제3절 맞춤형 양육 전략이 필요하다 _ 218

영적 단계별 5대 촉진요소 | 제1단계 변화를 위한 양육 전략 | 제2단계 변화를 위한 양육 전략 | 제3단계 변화를 위한 양육 전략

제4절 영적 성숙을 이끄는 리더십은 무엇인가? _ 225

사람들을 움직이게 하라 | 모든 것을 성경 안에 뿌리박게 하라 | 주인의식을 만들어 내라

제6장 예배 사역 – 올바르고 차별화된 예배 기획 _ 231

[도입사례] 설교자 중심의 예배가 한계다

제1절 올바른 예배의 목표 · 흐름 · 스타일 _ 233
예배의 목표 : 예수 그리스도 | 예배의 흐름 : 사중 구조 | 예배의 스타일 : 공동체의 정체성 표현

제2절 예배의 차별화 사례 _ 241
구도자 예배 | 블랜디드 예배

제3절 예배 사역을 조직화하라 _ 253
예배 기획팀 | 찬양 사역팀 | 예배 봉사팀

제3부 당회 운영과 자원 관리 _ 260

제7장 당회 운영, 잘할 수 있을까? _ 261

[도입사례] 당회의 문제점에 관한 연구

제1절 당회 문제를 해결하는 방안은 무엇인가? _ 265
당회 운영규칙을 제정하기 | 당회 및 위원회 구성은 이렇게 하라 | 회의 진행과 의사결정은 이렇게 하라 | 당회원의 리더십 훈련이 중요하다

제2절 의사결정은 어떻게 할 것인가? _ 285
의사결정 과정을 이해하라 | 당신의 의사결정 방식이 리더십 스타일이다

제3절 갈등을 어떻게 관리할 것인가? _ 292
갈등의 원인과 결과를 파악하라 | 갈등해결을 위해 '6C 모델'을 활용하라

제8장 재정 관리, 모르는데 어떻게 하나? _ 303

[도입사례] ㅇㅇ교회 재정 관련 분쟁 사례

제1절 현대적 시스템을 마련하라 _ 307
재정 관리, 잘못하면 낭패 당한다 | 재정 관리의 원칙을 알아야 한다 | 교회의 재정 조직을 강화하라

제2절 예산에 의해 재정을 운영하라 _ 312
예산의 중요성 | 예산의 유형 | 예산수립의 절차

제3절 수입과 지출의 관리를 회계기준에 맞게 하라 _ 317
재정 수입의 관리 | 재정 지출의 관리

제4절 재정 기록 및 보고를 투명하게 하라 _ 321
회계원칙 | 재무제표 | 내부통제와 감사 | 재정보고

제9장 인사 행정, 누구와 함께할 것인가? _ 337

[도입사례] ㅇㅇ교회의 급여 규정

제1절 인사위원회, 왜 필요한가? _ 340
인적자원 계획의 수립 | 공정한 채용 | 적절한 보상 | 성과 평가

제2절 사무국, 어떻게 효과적으로 운영할 것인가? _ 356
   조직화와 운영규정이 필요하다 | 목회지원 정책과 절차 | 문서 관리 업무 지침

제3절 시설물 관리 : 어떻게 효율성, 효과성, 안전성을 높일까? _ 367
   시설물 관리의 조직화 | 과학적 공간 계획 | 자원봉사자 vs 외부 용역업체 | 안전 및 보안 관리

참고문헌 / 380

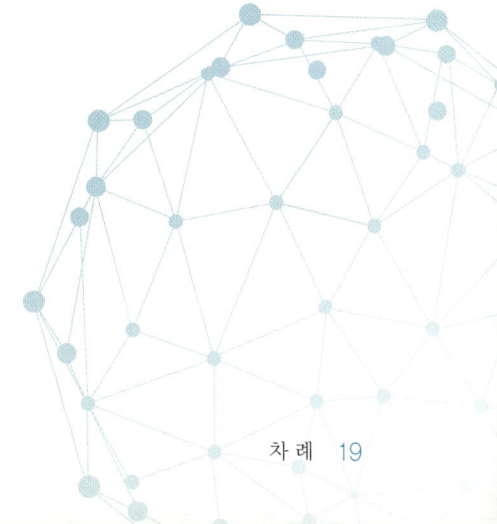

제1부
교회 리더십과 경영원리

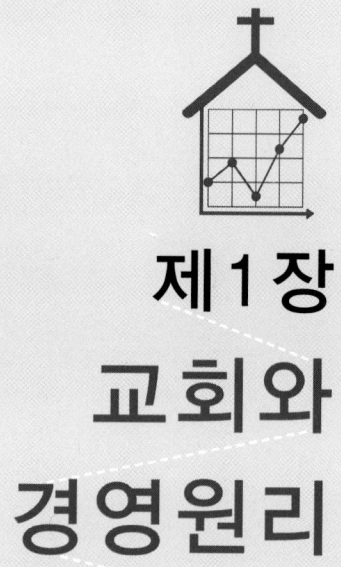

제1장
교회와 경영원리

제1절
교회의 본질과 목적

제2절
왜, 목회에 경영학의 조력이 필요한가?

제3절
효과적인 목회를 위한 경영원리

제1장
교회와 경영원리

> 모세의 장인이 그에게 이르되 네가 하는 것이 옳지 못하도다 너와 또 너와 함께한 이 백성이 필경 기력이 쇠하리니 이 일이 네게 너무 중함이라 네가 혼자 할 수 없으리라(출 18 : 17-18).

[도입사례] 신학대학원에서 배우지 못한 지혜

1967년도에 미국 남침례회신학교에서 동문들을 대상으로 설문조사를 했다. 질문내용은 "우리가 가르치지 않은 것 중에서 우리가 당신들에게 가르쳤었어야 하는 것이 무엇이냐"는 것이었다. 응답자의 85% 이상이 "목회에 필요한 경영기법"이라고 대답했다고 한다. 그리고 비슷한 비율로 그들이 이끌고 있는 사람들과의 관계를 개발할 수 있는 기법들을 가르칠 것을 요청했다.

한편, ⟨Christianity Today International⟩과 갤럽이 조사해서 *Your*

*Church*라는 잡지에 보고한 한 연구에 따르면 평균적으로 목사는 한 주에 65시간 일한다. 그중에서 24시간을 경영활동으로, 6시간을 미팅으로, 그리고 7시간을 목사의 임무와는 직접 관련이 없는 잡무로 보낸다고 한다. 단지 10시간만을 설교 또는 교육 준비로, 6시간을 목회적 돌봄에, 5시간을 카운슬링에, 6시간을 개인적 헌신에, 그리고 1시간을 전도에 사용한다고 한다. 다른 말로 하면, 그들 사역의 약 57%가 경영활동에 매여 있다는 것이다.

그리고 2000년도에 미국의 가장 큰 개신교단의 이사회 자료에 의하면 987명의 목회자가 그들의 직위로부터 '강제 해임'된 것으로 보인다. 그 이유들은 교회경영의 문제, 부족한 인간관계 기술, 목회자의 리더십 스타일이 너무 강하다는 점, 교회의 변화에 대한 저항, 그리고 목회자가 부임하기 전부터 있었던 갈등 등이다. 이런 이유들로 보자면 신학교는 목사들에게 목회 리더십과 교회 경영에 관한 능력을 구비시키는 일에는 부족했다는 것을 드러낸다고 말할 수 있다. 슬픈 사실은 444명의 목회자들이 그들의 소명을 그만두고 더 이상 목회를 하지 않겠다고 대답했다는 것이다.[1]

〈자료 : Robert H. Welch, *Church Administration*, Preface XII-XIV 요약 수정〉

제1절 교회의 본질과 목적

교회(ecclesia)란 무엇인가? 신약성경에서 에클레시아(ecclesia)라는 용어는 '밖으로'라는 뜻의 에크와 '부르다'라는 뜻의 클레아시아가 합쳐진 말이다. 즉, 교회란 하나님의 부르심을 받은 사람들을 뜻한다. 이하에서는 교회의 본질과 목적을 살펴보려고 한다.

1. 교회의 본질은 성전이 아니라 성도다.

신약성경에서 '에클레시아'라는 용어는 모두 115번 사용되는데 사도행전에서 가장 많이 사용되었고(24번), 그 다음으로는 고린도전서(22번), 요한계시록(20번)에서 많이 사용되었다. 그런데 '에클레시아'가 무엇인가라는 질문은 신학적으로 너무 광범위한 질문이기 때문에 답변하기가 쉽지 않다. 학자들은 신약성경을 통틀어 공통된 교회론을 제시하기보다 신약의 각 책의 내용과 관점에 따라 다양한 교회론을 언급한다.[2] 그럼에도 불구하고 예수 그리스도가 말씀한 교회는 성전이나 건물, 좀 더 넓혀 보면 어떤 장소를 의미하지 않는 것은 분명하다(마 16 : 18, 24 : 1-2 ; 요 2 : 19-21). 그런데 한국교회는 우리가 교회 간다고 말할 때 건물을 떠올리게 되는 것처럼 교회를 건물 또는 예배당 중심으로 이해하는 경향이 크다. 그것은 교회를 구약적 배경의 성전으로 이해하는 목회자가 아직도 한국교회에 많기 때문이겠지만 전통적으로 한국교회가 교회 건축을 중요하게 생각해 왔기 때문이기도 하다. 이런 성전 중심의 왜곡된 교회관이 '부동산 목회'라고 부를 정도로 한국교회로 하여금 땅을 사고 건물을 세우는 데 많은 노력과 자원을 투입하게 만들었다.[3] 이제 성전 중심의 교회관은 변혁되어야 한다. 예수 그리스도가 "이 성전을 헐라 내가 사흘 동안에 일으키리라" 말씀하셨던 것처럼 이제 목회자들은 건물 중심의 교회관을 허물고 새로운 교회관을 다시 세워야 할 때다. 교회는 성전이나 건물이 아니다. 교회는 하나님의 부르심을 받은 '사람들'이다. 교회의 본질은 건물이 아니라 사람들, 즉 성도들이다. 성도들이 곧 교회라는 '성도 교회론'은 교회(ecclesia)의 본질을 가장 잘 표현하고 있다고 생각한다.[4]

신약성경은 '성도 교회론'을 지지한다(고전 1 : 2 ; 엡 1 : 1 ; 빌 1 : 1 ; 골 1 : 2 ; 벧전 1 : 2). 교회의 본질이 성도라는 의미를 신약성경을 통해서 구체적으로 살펴보자.[5] 첫째, 교회는 '하나님의 백성'이다. 교회는 하나님이 선택해서 부르신 사람들, 그의 소유된 백성(벧전 2 : 9)이라는 말이다. '하나님의 이스라엘'(갈 6 : 15-16), '이스라엘 자손'(계 7 : 4-8), '아브라함의 자손들'(갈 3 : 29), '남은 자'(롬 9 : 27) 사상은 모두 하나님의 백성으로서의 교회를 지칭한다. 하나님의 백성이란 피로 맺은 언약에 의해 선택된 백성이며, 하나님의 율법에 충실한 백성을 지칭하는 것으로 이해되었다.

둘째, 교회는 '새로운 피조물'이다(고후 5 : 17). '새 피조물'은 예수 그리스도를 믿고 영생을 얻는 거듭남으로 말미암는다. 새로운 피조물로서의 교회는 예수 그리스도를 따르는 삶의 변화는 물론, 세계를 보는 관점에서도 전적으로 새로운 시각을 갖고 행동하며 하나님의 선교에 참여하는 존재가 되는 것을 포함한다.

셋째, 교회는 '그리스도의 몸'이다. 에베소서의 '그리스도 몸' 사상은 교회는 그의 머리이신 그리스도의 다스림을 받고, 세상에 파송되어 만물 가운데 머리되신 그리스도를 대표한다(엡 1 : 22-23). 몸인 교회의 지체로서 각 성도는 하나님의 아들을 믿는 것과 아는 일에 하나가 되어 온전한 사람을 이루어 그리스도의 장성한 분량이 충만한 데까지 이르러야 하며(엡 4 : 13), 이를 위해 오직 성령의 충만을 받아야 한다(엡 5 : 18).

넷째, 교회는 그리스도의 신부이다(고후 11 : 2-3). 바울은 교회를 아내로, 그리스도를 남편으로 말한다. 그리스도와 교회의 관계를 '남편과 아내'의 관계로 묘사하는 표상은 하나님과 인간 사이의 관계를 보여 주는 기능을 한다. 요한계시록에서는 메시야 시대를 이스라엘과 하나님의 혼인 시대로 서술한다(계 19 : 7-9). 그러나 에베소서에서 신부 표상은 승천하신 그리스도 상과 결합되어 있다. 세례를 통해 깨끗하게 된 영광스러운 교회는 티나 주름 잡힌 것이 없이 거룩하고 흠이 없어야 한다(엡 5 : 22-27). 이런 점에서 교회는 '거룩한 교회'(sancta ecclesia)이다.[6]

2. 교회의 목적(mission)은 하나님 나라의 구현이다.

경영학에서 어느 조직의 존재 목적을 흔히 미션(mission)이라고 말한다. 교회에서 '미션'이라는 용어는 존재 목적, 그리고 선교라는 이중적 의미를 가진다. 그것은 교회의 존재 목적=선교라는 것을 단적으로 나타낸다. 본래 "mission"이라는 단어는 그 용법상 '사명'이라고 번역하는 것이 적합하다. 라틴어의 어원에서부터의 변천은 "보내기, 보내지기"의 뜻에서부터 시작하여, "사절 : 보냄을 받은 사람 또는 단체"라는 의미를 함축하게 되고, "사명 : 사절에게 부과된 일"이라는 의미를 갖게 되었다.[7] 따라서 교회의 미션, 즉 선교는 주체(누가), 객체(누구를), 임무(부과된 일)에 따라 그 의미가 구체적으로 해석된다.

1) 하나님의 선교

선교(mission)의 주체는 누구인가? 교회인가, 또는 하나님인가에 관한 논의는 제2차세계대전이 끝나고 모인 1952년 독일 빌링엔 국제선교협의회(International Missionary Council : IMC)에서의 신학적 각성에서 촉발되었다. 칼 하르텐슈타인은 그의 글 "신학적 각성"에서 'Missio Dei'(하나님의 선교)라는 말을 처음으로 표현하였다. 즉, 선교는 하나님의 선교이며, 선교의 주체가 더 이상 서구 교회가 아니라 하나님 자신이라는 것이다. 5년 후 아프리카 가나에서 열린 IMC 총회는 "기독교 세계선교는 우리 자신이 아닌 그리스도의 선교이다."라고 선언하고 'Missio Dei'의 선교신학을 적극적으로 수용하였다. "우리 자신이 노력하고 일하기 전에, 우리가 봉사하고 내어 주기 전에, 하나님은 벌써 그의 아들을 세상에 보냈다. 그는 종의 형체로 오셨고, 십자가에 달리셔서 죽기까지 고난을 당하였다."[8]

2) 교회 – 선교의 사절

선교의 주체는 하나님이고, 하나님은 교회에 선교(mission)를 부탁하셨다. 그러므로 교회는 하나님의 선교를 맡은 사절이다. 교회는 원래부터 그 자신에게 궁극적인 존재 의미와 목적을 가지고 있지 않았다. 보쉬(David Bosch)의 말대로 선교(mission)는 교회론이나 구원론 이전에 삼위일체론에 근거한 것이며, 선교는 교회의 기본적 사역 이전에 이미 하나님 자신의 속성이다. 하나님이 선교의 주체이기에, 선교가 있기 때문에 교회가 있는 것이지 교회가 있기 때문에 선교가 있는 것이 아니다. 바르트(Karl Barth)도 복음을 증거하지 않는 교회는 아직 교회가 아니며, 또는 이미 교회가 아니거나 죽은 교회라 하였다.[9] 교회의 존재 목적은 선교이다.

3) 하나님의 나라

선교의 주체가 하나님이고, 교회는 선교를 위한 사절이라면, 선교의 내용은 무엇이어야 하는가? 그것은 한마디로 하나님의 나라이다. 오랫동안 풀러 신학교에서 선교를 가르쳤던 솅크(W. Shenk)는 "모든 문화와 시대를 통하여 우리가 추구하는 선교는 하나님의 나라를 목표와 내용으로 하고 그 방식은 성육신적으로 하는 것"이라고 말하였다. 피터 와그너(Peter Wagner)는 하나님의 나라 또는 그와 같은 뜻의 말을 계수하였더니 마태복음에 52회, 마가복음에 19회, 누가복음에 44회, 요한복음에 4회 나오는데 이것은 예수님의 사역의 주제가 하나님의 나라였음을 보여 주는 것이라고 하였다.[10]

예수님은 "내가 하나님 나라의 복음을 전하여야 하리니 나는 이 일을 위해 보내심을 받았다."(눅 4 : 43)고 말씀하셨다. 마가는 예수님의 핵심 메시지를 "회개하고 복음을 믿으라. 하나님의 나라가 가까이 왔다."(막 1 : 15)고 기록한다. 마태는 예수님의 사역을 "모든 도시와 마을에 두루 다니사 천국복음을 전파하셨다."(마 9 : 35)고 요약한다. 성도가 기본적으로 추구해야 할 바를 가르쳐 주신 기도에도 첫 부분에 "나라가 임하시오며 뜻이 하늘에서 이루어진 것 같이 땅에서도 이루어질 것"을 구하라고 말씀하신다. 결국 예수님의 선교 중심은 하나님의 나라였다.

요약하면, 선교란 삼위일체 하나님이 교회를 보내고 하나님의 나라를 구현하는 것이라고 정의할 수 있다. 선교의 주체는 하나님 자신이지, 교회가 아니다. 교회는 하나님이 보내는 선교사절일 뿐이다. 교회는 보내신 이의 뜻을 따라 선교해야 한다. 선교는 교회의 존재 목적이다. 선교하지 않는 교회는 교회라 할 수 없다. 선교의 목표와 내용은 하나님의 나라이다. 교회는 하나님의 나라를 구현할 임무가 있다.

4) 하나님 나라의 구현

예수 그리스도는 마태복음 13장을 통하여 하나님 나라에 대한 위대한 진리를 비유로 가르쳐 주셨다. 이 비유를 통하여 하나님 나라의 구현에 대해 살펴보려고 한다.[11]

첫째, 하나님의 나라는 실재한다. 그 나라는 볼 수 있고(막 9 : 1; 눅 9 : 27), 들어갈 수 있으며(마 7 : 21; 요 3 : 5), 상속받을 수 있다(마 25 : 34). 예수님은 "하나님의 나라는 너희 안에 있느니라"라고 말씀하셨다(눅 17 : 21). 그러므로 하나님 나라의 실현은 그리스도가 교회의 머리가 되시어 교회를 통치하시는 것에서 시작된다. 예수 그리스도께서 교회의 주인이 되실 때, 몇 가지 변화가 일어나는데, 그중 가장 중요한 변화가 바로 하나님의 나라를 교회의 존재 목적으로 삼는 패러다임의 전환이다.

둘째, 하나님의 나라는 세상 문화 속으로 침투하고 있다. 예수님께서는 하나님 나라가 누룩(효모)과 같다고 하셨다(마 13 : 33). 요리사는 빵을 반죽할 때 효모를 첨가한다. 효모가 작용하는 것을 눈으로 볼 수는 없지만 효모는 밀가루 속으로 들어가 반죽을 부풀게 한다. 성도는 세상 속에 소금으로, 빛으로 침투해 들어가는 존재이다. 하나님 아버지께서 예수님을 세상에 보내신 것 같이, 예수님은 제자들을 세상으로 보내신다. 예수님이 성도를 세상으로부터 부르신 것(Calling)과 세상 속으로 보내신 것(Mission)은 분리될 수 없는 하나의 사실이다. 하나님의 산 호렙에서 모세를 부르신 하나님께서는 또한 모세를 이스라엘 백성들이 거하고 있는 애굽으로 보내셨다. 성도들도 세상에서 부르심을 받았고 또한 그들이 살아가고 있는 삶의 현장으로 보냄 받았다. 성도가 어디에 있건 그는 빵 속의 효모와 같이 하나님 나라를 확장하는 선교사로서 세상 속으로 침투해 들어가야 한다.

셋째, 하나님 나라는 영적 반대 세력에 맞선다(마 13 : 25). 사탄은 자신의 제한된 모든 힘을 다해 하나님 나라의 확장을 가로막기 위해 노력하고 있다. 하나님 나라의 성장을 방해하는 사탄의 세력은 실재하며, 결코 간과해서는 안 된다. 성도들은 하나님의 전신갑주로 무장하고 사탄의 공격으로부터 자신을 보호해 달라고 기도해야 한다. 그러나 다행인 것은 교회의 적들이 아무리 하나님 나라의 확장을 저지하려 한다 해도 성공할 수 없다는 사실이다. 사탄이 전투를 이기는 듯 할지라도 승리는 이미 성도들의 것이다. 예수님은 십자가에서 죽고 또한 부활하심으로 승리를 보증해 주셨다.

넷째, 하나님 나라는 위대한 가치를 가졌다. 하나님 나라는 창조된 이 세계의 그 어떤 것보다 위대한 가치가 있다는 사실을 잊어서는 안 된다. 예수님은 하나님 나라가 마치 밭에 감추어진 보화와 같고(마 13 : 44), 극히 값진 진주와 같다(마 13 : 46)고 비유로 말씀하셨다. 하나님 나라가 현실이라는 것을 깨달을 때, 성도들은 마치 보물 또는 진주를 발견한 자와 같이 그들이 갖고 있는 모든 것을 팔아 새로운 보물을 얻기 위해 노력할 것이다. 성도가 소유한 그 어떤 것도 하나님 나라에 들어가는 가치와 같을 수 없고, 생활 속에 하나님 나라의 법과 통치를 경험하는 것보다 더 귀한 일은 있을 수 없다. 그러기에 성도들의 선배들은 목숨을 다해 하나님 나라를 전했던 것이다.

다섯째, 하나님 나라는 확장되고 있으며 이를 막을 수 없다. 예수님은 씨가 싹을 틔우고 자라고 열매를 맺는 비유를 통해 하나님 나라의 확장을 말씀하셨다(막 4 : 26-29). 하나님 나라의 좋은 씨들은 그 주변의 엉겅퀴와 같은 방해꾼들에도 불구하고 자라서 열매를 맺는다. 성도는 끝없이 확장되고 성장하는 하나님 나라의 현실 속에서 살아가고 있다. 하나님 나라의 확장은 오늘도 세계 각지에서 그리스도를 주님으로, 구세주로 영접하는 성도들을 통해 이루어지고 있다. 세상에 아무리 끔찍한 일이 일어나더라도, 하나님께서는 그분의 영광을 위하여 그분의 나라를 확장시키는 일을 계속하고 계신다.

제2절 왜, 목회에 경영학의 조력이 필요한가?

경영(administration)이라는 말은 라틴어 administratio에서 나왔다. administratio는 ad(to)라는 접두사에 ministratio(help, serve)를 합한 단어로서 돕는 행위로 번역할 수 있다. 라틴어 minister에서부터 영어 minister(목회자, 장관), ministry(정부 부처, 봉사)가 파생했다. 따라서 경영이라는 말의 원래 의미는 목회자, 장관의 사역(ministry)을 돕는 행위를 뜻한다. 그런데 학문이 발전하면서 정부에 쓰일 경우에는 행정(public administration), 기업에 쓰일 경우에는 경영(business administration), 교회에서는 교회행정 또는 교회경영(church administration)이라는 용어로 혼용하게 되었다.

1. 모세, 네가 하는 일이 옳지 못하다.

1) 성경에 나타난 경영 이야기

"이튿날 모세가 백성을 재판하느라고 앉아 있고 백성은 아침부터 저녁까지 모세 곁에 서 있는지라 모세의 장인이 모세가 백성에게 행하는 모든 일을 보고 이르되 네가 이 백성에게 행하는 이 일이 어찌 됨이냐 어찌하여 네가 홀로 앉아 있고 백성은 아침부터 저녁까지 네 곁에 서 있느냐 모세가 그의 장인에게 대답하되 백성이 하나님께 물으려고 내게로 옴이라 그들이 일이 있으면 내게로 오나니 내가 그 양쪽을 재판하여 하나님의 율례와 법도를 알게 하나이다 모세의 장인이 그에게 이르되 <u>네가 하는 것이 옳지 못하도다</u> 너와 또 너와 함께한 이 백성이 필경 기력이 쇠하리니 이 일이 네게 너무 중함이라 네가 혼자 할 수 없으리라 이제 내 말을 들으라 내가 네게 방침을 가르치리니 하나님이 너와 함께 계실지로다 너는 하나님 앞에서 그 백성을 위하여 그 사건들을 하나님께 가져오며 그들에게 율례와 법도를 가르쳐서 마땅히 갈 길과 할 일을 그들에게 보이고 너는 또 온 백성 가운데서 능력 있는 사람들 곧 하나님을 두려워하며 진실하며 불의한 이익을 미워하는 자를 살펴서 백성 위에 세워 천부장과 백부장과 오십부장과 십부장을 삼아 그들이 때를 따라 백성을 재판하게 하라 큰 일은 모두 네게 가져갈 것이요 작은 일은 모두 그들이 스스로 재판할 것이니 그리하면 그들이 너와 함께 담당할 것인즉 일이 <u>네게 쉬우리라</u> 네가 만일 이 일을 하고 하나님께서도 네게 허락하시면 네가 이 일을 감당하고 이 모든 백성도 자기 곳으로 평안히 가리라"(출 18 : 13-23).

이 성경 이야기는 경영학원론 교과서에 자주 소개되는 유명한 사례이다. 출애굽기 18장을 보면 이드로는 모세에게 하나님의 일을 효과적으로 하기 위해서 경영이 필요하다는 것을 조언하고 모세는 이를 받아들여 그대로 실행한다. 이 사례에서 이드로는 모세가 백성에게 행하는 모든 일을 살펴본 후에 모세가 하는 일이 옳지 못하다고 말한다. 그리고 그 이유를 설명하고 다음과 같이 몇 가지 조언을 한다.

첫째, 모세는 백성들을 대신해서 사건들을 하나님께 가져오라. 둘째, 모세는 백성들에게 율례와 법도를 가르치고 마땅히 갈 길과 할 일을 보이라. 셋째, 중간 경영자, 일선 경영자를 세우고 그들과 함께 일을 분담하고 권한을 위임하라. 그렇게 하면 일이 네게 쉬우리라고 조언한다. 이드로는 모세에게 일을 옳고 쉽게 하는 방법을 가르쳤다.

2) 경영의 성경적 의미

경영은 사람들을 위하여 일을 올바르게 그리고 쉽게 하도록 돕는 행위이다. 첫째로, 경영은 일을 올바르게 하도록 돕는 행위이다. 앞의 이야기에서 이드로는 모세가 재판하는 일을 자세히 살펴보고 모세가 일하는 방법이 옳지 못하다고 말한다. 모세는 하루 종일 혼자 앉아서 일하고 백성들은 모세 곁에 서 있기에 필경은 모세나 백성들이나 기력이 쇠할 것이기 때문이다. 사람들은 가정, 교회, 학교, 회사 등 여러 단체에 속하여 여러 가지 일을 하게 된다. 그런데 사람들이 어떤 일을 할 때에 그 일을 왜 하는가 질문하는 것은 당연하다. 앞의 사례에서 "이 일이 어찌 됨이냐"라는 이드로의 질문은 아마도 백성들의 질문을 대변하는 것이 아닐까 생각한다. 올바른 경영은 일에 참여하는 모든 사람들에게 왜 일하는지, 그 일의 목적을 분명히 알게 하는 데서 출발한다. 그리고 이드로는 모세에게 "너는 하나님 앞에서 '그 백성을 위하여' 그 사건들을 하나님께 가져오며"라고 조언한다. 더 나아가 올바른 경영은 사람들을 위하고 일을 통해서 사람들이 하나님을 찾아가도록 돕는 경영을 말한다.

둘째로, 경영은 일을 쉽게 하도록 돕는 행위이다. 사례에서 제시한 일을 쉽게 하는 방법은 일을 혼자서 하는 것이 아니라 함께 하는 것이다. 일을 여러 사람들과 함께 하기 위해서는 분업을 하고, 맡은 사람들에게 권한을 위임하는 것이 필요하다. 중간 관리자와 일선 관리자들을 세워 그들에게 일을 분담하고 권한과 책임을 나누는 것이다. 일을 쉽게 하는 또 다른 방법은 일을 하나님과 함께 하는 것이다. 이는 일의 궁극적 해답이 하나님에게 있음을 인정하고 일을 하나님에게로 가져오는 것을 의미한다. 좋은 경영은 일을 하나님과 그리고 사람들과 함께 하도록 돕는 행위이다.

2. 목회 현장의 필요

앞에서 살펴본 바와 같이 모세는 이드로의 조언을 받아 백성들을 위해서 일을 옳고 쉽게 할 수 있었다. 그렇다면 오늘날 목회 현장은 과연 모세가 그랬던 것처럼 경영을 필요로 하고 있는가? 오늘날 목회에 경영이 필요한 이유를 생각해 보자.

1) 교회의 대사회적 신뢰도 저하

최근 조사에 의하면 교회의 사회적 신뢰도가 매우 낮은 수준에 머무르고 있는데 이는 교회 지도자들의 리더십 때문이라고 말한다. 사회 여러 조직의 리더십 수준에 비해서 교회 리더십 수준이 기대에 못 미친다는 의미로 해석된다. 많은 교인들이 사회의 다양한 조직에서 리더십 책임을 지는 자리에 있다. 그들은 높은 리더십 표준에 따른 활동을 기대하고 복잡한 기법들을 활용한다. 교인들은 교회 밖에서 그들이 일하고 있는 것과 비견할 만한 수준의 리더십 강도와 수준을 기대한다. 지금은 목회자의 리더십 혁신이 필요하다. 리더십이 지식만으로 얻어지는 것은 아니지만 목회자가 모세처럼 경영학 원리를 받아들인다면 부족한 리더십을 향상시킬 수 있을 것이다.

2) 열악한 교회경영

언젠가 헨리 포드는 교회가 아직도 존재한다는 것 자체가 신의 존재를 보여주는 증거라고 말한 적이 있었다. 그렇게 열악한 경영으로는 어느 사업체도 폐업이 불가피하다는 의미로 한 이야기였다. 오늘날 실제로 많은 교회가 재정 문제로 어려움을 겪고 있고 부도로 파산되거나 예배당이 타 종교기관이나 다른 단체에 매각되는 사례도 종종 보게 된다. 이 같은 사례는 목사가 영적 능력이 부족해서라기보다는 경영능력이 부족하고 특히 재정관리에 실패했기 때문이다. 이 같은 어려움을 극복하고 실패를 예방하기 위해서도 좋은 경영이 교회에 꼭 필요하다.

3) 사역의 효과성과 효율성을 높이기 위해

피터 드러커(Peter F. Drucker)에 의하면 경영활동이 제대로 되었는가를 평가하려면 효과성과 효율성의 두 가지 기준이 모두 충족될 필요가 있다고 하였다. 효과성이란 올바른 일을 하는 것(doing right things), 즉 제대로 된 업무를 수행하는 정도를 나타낸다. 반면에 효율성이란 일을 올바로 하는 것(doing things right), 즉 업무를 제대로 수행하는 정도를 나타낸다.[12]

목사들과 교회 지도자들에게 효율적인 경영을 하라는 요청이 증가하고 그들은 점점 더 경영과 관련된 업무에 붙잡히게 되었다. 많은 목사들이 그들의 활동 및 사역 시간의 절반 이상을 목회와는 직접 관련이 없는 경영활동에 보낸다고 보고한다. 목회자의 모든 활동과 사역을 효과적이고 효율적으로 하기 위해서는 모세에게 그랬던 것처럼 목회자에게 경영학 지식이 실질적으로 많은 도움이 될 것이다.

3. 교회경영의 3요소

위에서 경영이란 '사람들을 위하여 일을 올바르게 그리고 쉽게 하도록 돕는 행위'라고 정의하였다. 그렇다면 경영을 위해서 꼭 필요한 요소는 무엇인가? 앞의 모세 이야기에서 경영을 위해서 이드로는 모세에게 조직을 만드는 것, 일을 나누는 것, 그리고 자원을 관리하는 것을 조언한다. 경영의 3요소는 조직, 활동(일), 그리고 자원이라 할 수 있다. 이하에서는 교회경영의 3요소를 설명하려고 한다.

1) 조직

조직이란 지정된 목적을 위해 두 사람 이상이 모인 단체를 말한다. 예를 들면 정부, 공기업, 군대, 병원, 학교 등도 모두 조직이라 할 수 있다. 조직에는 기업과 같은 영리조직과 교회, 자선단체, NGO 같은 비영리조직이 있다. 조직을 영리조직과 비영리조직으로 구분하는 것은 조직이 추구하는 '목적'에 초점을 맞춘 것이다. 그러나 조직을 바라보는 관점을 '사람'에게 맞춘다면 경영이라는 용어는 어느 조직에나 사용될 수 있다고 본다. 과거에는 경영 또는 경영학이라는 용어가 영리조직에만 국한되어 사용된 때도 있었지만 최근에는 비영리조직은 물론 정부, 공기업, 국가, 국제기구에도 경영이라는 용어가 거리낌 없이 사용되기에 이르렀다. 그래서 병원경영, 학교경영, 교회경영이라는 용어와 학문분야가 생겨났다. 조직이 추구하는 목적은 다를지라도 조직은 본질적으로 사람이라는 점에서는 동일하기 때문이다. 그럼에도 불구하고 교회에 경영의 원리를 적용하기 위해서는 교회라는 특별한 조직을 이해하는 것이 중요하다. 여기서는 교회란 무엇인가를 신학적으로 살펴보는 것이 아니라 교회의 여러 가지 성격 중에서 조직으로서의 특별한 성격을 살펴보려고 한다.

(1) 교회는 생명체적 조직이다.

교회가 회사, 학교 등 일반 조직과 크게 다른 것은 바로 교회가 생명체라는 것이다. 교회는 조직(organization)인 동시에 생명체(organism)이다. 생명체란 사람의 신체와 같이 상호의존적이고 종속적인 기관들이 복잡하게 얽힌 조직을 말한다. 사람의 각 기관의 성질과 그들의 관계는 생명체의 틀 안에서 각기 맡은 기능에 따라 결정된다. 사람과 마찬가지로 교회는 교인들이 각기 다른 기능을 하는 동시에 상호의존적으로 얽혀 있다. 교회를 생명체라고 하는 이유는 교회가 예수의 생명을 공유하기 때문이다. 따라서 교회가 생명체로서 그 생명을 유지하려면 생명의 근원인 예수 그리스도의 다스림 안에서 지체인 성도들 사이의 교제와 돌봄이 필수적이다.

(2) 교회는 영적 자원으로 운영되는 조직이다.

교회는 사람들의 모임, 곧 조직이지만 그 특징은 '하나님의 부르심을 받아 예수 그리스도를 믿는' 사람들의 모임이라는 데 있다. 그리고 그 '믿음'은 하나이고 또한 절대적이라는 점에서 일반 조직과 크게 차이가 있다. 교회의 가장 큰 자원은 예수 그리스도를 시인하는 하나의 믿음이다. 교회는 다른 조직들과는 달리 믿음의 자원으로 운영되는 조직이다. 물론, 교회도 인적 및 물적 자원이 필요하지만 가장 중요한 자원은 영적 자원이다.

(3) 교회는 소유가 아니라 나눔의 조직이다.

일반 회사는 사람이 소유하지만 교회는 하나님의 소유물이다(마 16 : 18 ; 딤전 3 : 15). 교회는 어느 누구도 다른 사람을 소유하려고 하지 않는다. 오히려 교회는 자기의 소유를 부인하며, 서로 소유를 나누고, 선행을 격려하며, 하나님을 찬양한다(행 2 : 44-47). 코이노니아(Koinonia)로서의 교회는 하나님의 은총과 약속을 함께 나누는 신자들을 의미했다. 예루살렘 교회에서 물건을 공유한 데서 그 모형을 가져왔지만, 바울이 세운 모든 교회들 안에서 함께 나눈 형제애와 용서를 통해 계속 이어져 갔다. 교제란 성령 안에서 성도들 사이의 사랑의 나눔을 의미한다. 이런 의미에서 교회는 소유하는 조직이 아니라 오히려 하나님의 것을 나누는 조직이다.[13]

2) 활동(일)

경영활동이란 조직의 기능과 관련해서 수행하는 모든 활동을 말한다. 20세기 프랑스의 경영학자 페욜(H. Fayol)은 그의 저서 *General and Industrial Management*에서 조직의 필수적인 경영활동을 기술활동(제조, 가공), 상업활동(구매, 판매), 재무활동(자금조달, 운용), 보관활동(재산 및 종업원 보호), 회계활동(재무제표, 원가계산), 관리활동(계획, 조직, 지휘, 조정, 통제)으로 분류했다. 한편, 오늘날 경영학에는 조직의 기능에 따라 생산, 마케팅, 재무, 회계, 인사조직, 경영전략, 경영정보, 국제경영 등 여러 가지 연구 분야가 존재한다. 교회는 생명체(organism)이며 동시에 조직체(organization)로서 여러 가지 기능적 활동을 수행한다. 교회의 3대 활동을 꼽으라면 선교, 양육, 예배를 들 수 있다.

(1) 선교

교회의 선교활동은 복음전도, 해외선교, 사회선교 등 다양한 수단을 통해서 수행된다. 복음전도는 교회의 주인인 예수 그리스도의 지상 명령이다(마 28 : 19-20). 예수 그리스도가 필요한 사람들이 있는 곳이라면 어디든지 복음이 전파되어야 한다. 국내전도와 해외선교를 구분하는 것은 각기 다른 사람들에게 맞는 접근 방법을 위해서 필요하지만 복음의 본질은 동일하다. 그리고 교회는 사회 속으로 들어가 사람들을 섬겨야 한다. 예수 그리스도는 섬기려고 오셨고 교회에게 지극히 작은 자들을 섬기라고 명령하셨다(막 10 : 45 ; 마 25 : 40). 초대교회로부터 오늘날까지 교회는 구제하는 일과 봉사하는 일로 사람들의 칭찬을 들어 왔다. 이제는 교회가 구제와 봉사뿐만 아니라 경제와 사회 개발을 돕는 일에도 적극적으로 참여하라는 요청을 받고 있다. 그렇지만 교회의 자원은 매우 한정되어 있다. 따라서 한정된 자원을 가지고 증대하는 필요에 효과적으로 대응하기 위해서는 선교활동의 전략적 관리가 필요하다.

(2) 양육

예수 그리스도는 제자를 부르시고 훈련시키신다. "나를 따라오라 내가 너희를 사람을 낚는 어부가 되게 하리라" 하시면서 제자를 부르신다(마 4 : 19). 나아가 제자들에게 "너희는 가서 모든 민족을 제자로 삼아 아버지와 아들과 성령의 이름으로 세례를 베풀고 내가 너희에게 분부한 모든 것을 가르쳐 지키게 하라"(마 28 : 19-20)고 명령하신다. 그러나 오늘날 한국교회는 제자 양육을 올바로 하지 못하고 있다. 교회가 사회로부터 신뢰를 받지 못하고 있는 근본원인은 성도들의 삶이 신앙과 일치하지 않기 때문이라고 한다. 그러므로 목회자는 사람들에게 말씀을 가르쳐서 그들이 예수의 제자가 되고 점점 하나님의 말씀에 반응하는 삶을 살게 만드는 양육사역을 올바로 감당해야 한다.

(3) 예배

교회는 하나님을 예배하는 기능을 갖고 있다. 교회는 개인적이거나 공동체적인 예배를 통해 주기적으로 하나님을 만난다. 예배는 유기체적으로 연결되어 있는 교회의 다른 기능에도 영향을 미친다. 예배는 교회가 전도하고, 양육하고, 섬기는 과정에서 교인들에게 자극과 태도, 그리고 영적인 힘을 제공한다. 좋은 예배는 하나님과의 만남의 횟수와 깊이를 더해 주는 데 큰 도움이 될 것이다. 좋은 예배는 습관적으로 드리는 예배가 아니라 교인들이 하나님을 깊이 자주 만날 수 있도록 때를 따라 양식을 나눠 주는 것과 같다(마 24 : 45 – 46). 그러므로 목회자는 올바른 예배를 위해서 예배의 목표, 영적 흐름 및 스타일을 기획하고, 예배 팀들을 조직화하고 이끄는 예배사역을 효과적으로 관리해야 한다.

3) 자원

경영활동을 수행하는 과정에서 경영자는 필연적으로 여러 가지 자원을 이용하게 된다. 우선 일을 하는 데에는 사람들이 관여하게 되고, 자금도 필요하며, 또 여러 가지 지식도 활용하게 된다. 바람직한 결과를 만들게 하기 위해 때로는 컴퓨터 등 기계설비도 필요하며 판매할 공간도 필요하다. 경영자는 물적 자원, 인적자원, 재무적 자원, 기술적 자원, 지식자원, 사회적 자원 등 다양한 자원을 적절히 투입하고 관리하여 바람직한 결과물을 산출해 낸다.

교회는 고유한 목적과 활동을 위해서 여러 가지 자원을 필요로 한다. 여기서 자원이란 영적, 인적, 재무, 물적 자원을 말한다. 일반적으로 이용할 수 있는 자원의 양은 한정되어 있다. 자원의 품질도 일정 부분은 한정적이다. 사람들의 무한한 필요를 감안한다면 자원의 한정성은 더욱 극명하다. 교회 지도자는 이런 교회 자원의 특성을 파악하고 자원을 효과적으로 관리해야 한다.

(1) 영적 자원

사회의 다른 조직들과 비교할 때 교회의 자원은 무엇이 다를까? 교회자원의 차별적 우위요소는 무엇보다도 영적 자원이라 할 것이다. 왜냐하면 교회는 그리스도의 몸이고, 성령의 전이고, 하나님의 소유이기 때문이다. 교회에 있는 영적 자원을 몇 가지만 소개한다. 우선 하나님의 말씀, 성경이 있는데 성경은 무한한 영적 자원의 보고라 할 수 있다. 또한 교회는 성령의 전으로서 영적인 은사와 열매가 있다(고전 3 : 16, 12 : 8-11; 갈 5 : 22-24). 그리고 교회에는 예수 그리스도를 주로 고백하는 믿음이 있다. 이 믿음이 교회의 가장 큰 자원이다. 초대교회 이래 교회는 하나님이 주시는 영적 자원의 청지기로서 하나님의 일을 수행하고 있다.

(2) 인적자원

교회의 인적자원은 교인 숫자뿐만 아니라 교인의 영적 성숙도에 따라 크게 좌우된다. 교인이 많든 적든 목회자가 해야 할 일은 교인들을 양육해서 예수 그리스도를 따르는 제자로 만들고, 그들이 다른 사람들을 전도하고 양육할 수 있도록 만드는 것이다. 이를 위해서는 교인들에 대한 다양한 교육훈련 프로그램을 계획하고 실행하고 통제하는 것이 필요하다. 또한 양육한 제자들 중에서 장로, 권사 등 교회 지도자들을 선발하고 세우는 일은 목회의 성공을 결정지을 만큼 매우 중요하다. 그리고 교회가 성장하면 여러 가지 사역을 위해서 직원과 부교역자들을 채용하기도 하며 자원봉사자들을 활용하는 경우가 많은데, 이들을 어떻게 관리할 것인지도 목회자가 배워야 할 중요한 일이다.

(3) 재무 자원

교회의 재무 자원은 주로 현금과 부동산이다. 재무 자원은 교인들이 하나님께 드린 헌금이므로 올바로 관리하지 않으면 교회가 어려움에 처하게 된다. 오늘날 교회의 가장 큰 문제는 재무 자원을 서투르게 관리하거나 무리하게 예배당을 건축하다가 발생한다. 요즘 경제 성장률이 낮아지고, 부동산 경기는 침체되고, 교인들의 십일조도 줄어들고 있는 상황이다. 이런 상황에서 무리한 재정 운영은 교회를 위기에 빠뜨린다. 그러므로 교회는 교회건축, 예산결산, 헌금수입, 은행예금, 지출 등에 관하여 재정관리 원칙을 세우고, 이를 담당할 조직을 만들고, 실행절차를 확립하고, 통제 시스템을 가동하는 것이 필요하다.

(4) 물적 자원

교회의 물적 자산 중에서 가장 중요한 것은 교회 건물(예배당, 교육관, 선교관 등)이다. 다음으로 중요한 것이 음향, 영상, 조명 등의 장비라고 할 수 있다. 기타 여러 가지 시설, 기구 및 비품, 의자와 책상, 사무용품 등이 물적 자산에 속한다. 교회를 개척하거나 또는 성장할 때 공간을 확보하기 위해서는 공간의 용도, 규모, 장소, 예산 등 어렵게 결정해야 할 사항이 많다. 그리고 건물이나 장비들을 유지관리하는 일, 청소하는 일, 비품이나 사무용품을 구매하는 일 등 사소하게 생각되는 일들도 있다. 이 모든 일을 목회자가 혼자서 담당할 수는 없다. 따라서 목회자는 교회재산 관리 책임자를 임명하고 그에게 관리를 위임할 필요가 있다. 위임한다고 해도 목회자는 교회재산 관리를 어떻게 해야 하는지를 배워야 한다.

제3절 효과적인 목회를 위한 경영원리

앞에서 설명한 경영 요소들, 즉 조직, 활동, 자원의 차이에도 불구하고 일반적으로 적용되는 경영의 원리는 존재하는가? 많은 경영학자들은 계획(planning), 조직화(organizing), 지휘(leading), 통제(controlling)라는 네 가지 행동으로 구성되는 경영과정을 경영의 원리(principles of management)로 인정하고 있다. 이런 행동들은 서로 연결되어 있으며 계속적으로 이어지는 순환구조를 이루기 때문에 이를 경영의 순환(management cycle)이라고 부른다. [그림 1-1]은 이와 같은 경영 과정을 보여 준다.[14] 경영의 원리를 알면 이드로-모세의 사례에서처럼 효과적이고 효율적인 목회가 가능해진다. 본 절에서는 경영의 일반원리를 교회에 적용해서 설명하려고 한다.[15]

[그림 1-1] 경영 과정

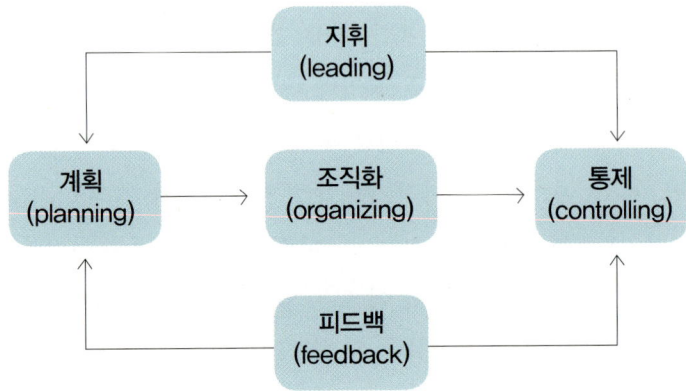

1. 계획(planning)의 과정

"너희 중의 누가 망대를 세우고자 할진대 자기의 가진 것이 준공하기까지에 족할는지 먼저 앉아 그 비용을 계산하지 아니하겠느냐 그렇게 아니하여 그 기초만 쌓고 능히 이루지 못하면 보는 자가 다 비웃어 이르되 이 사람이 공사를 시작하고 능히 이루지 못하였다 하리라"(눅 14 : 28-30).

계획은 어떠한 행동(action)을 취하기 전에 반드시 수립되어야 하는 필수 과정이다. 따라서 신중하고 전략적으로 수립된 계획만이 향후 성공적인 결과를 보장받을 수 있을 것이다. 교회 리더들이 계획을 수립하기 위해서는 환경 분석, 목표 설정, 정책 개발, 실행 계획 등 4가지 주요 행동과제를 고려해야 한다.

1) 환경 분석

계획 수립에 있어 교회 리더들이 가장 먼저 수행해야 하는 것은 환경을 분석하는 것이다. 세상은 급속도로 변화하고 있고 교회 역시 하루가 다르게 인구통계적 특성(demographic characteristics)들이 변화하고 있다. 따라서 효과적인 계획을 수립하기 위해서는 이러한 변화를 미리 예측하고 대비하는 것이 필수적이다. 미래를 예측하는 것은 단순히 미래를 위한 계획을 수립하는 것이 아니라 경영 전반의 계획을 위한 데이터베이스를 제공하는 절차인 것임을 기억해야 할 것이다.

2) 목표 설정

이것은 우리의 궁극적인 목표(goal)는 무엇이며 우리의 타깃(target)은 무엇인지에 대한 의사결정을 의미한다. 교회의 리더들은 미래의 환경변화를 예측하고, 브레인스토밍과 기도를 통해 교회 조직의 목표를 설정해야 한다. 교회의 비전이나 혹은 사명선언문을 만드는 것도 목표 설정에 포함된다. 목표는 곧 교회가 자원을 어떻게 배분하며 노력을 어디에 우선할 것인가를 결정하는 중요한 기준이 된다. 예를 들어, "우리 교회의 목표는 해외선교와 청년들에게 복음을 전하는 것이다."라고 정했다면, 재정 사용이 여기에 우선된다는 것을 의미한다.

효과적인 목표를 설정하기 위해서는 다음과 같은 중요 요소들을 고려해야 한다.

- 교회나 조직의 미션은 무엇인가?
- 기대되는 구체적인 성과는 무엇인가?
- 누가 교회의 기대목표를 성취할 것인가?
- 어디서, 언제, 어떻게 목표를 실행할 것인가?

3) 정책 개발

조직의 목표가 설정되었으면, 리더는 이러한 목표를 실행 및 성취하기 위해서 정책을 개발하여야 한다. 정책은 조직의 목표를 달성하기 위한 특별한 방법 혹은 수단이라 할 수 있다. 정책을 개발하는 과정에서 조직의 혼란을 줄이고 통일성을 확보하기 위해서는 다음과 같은 관리 개념이 반드시 체계화되어야 한다.

- 우리 교회에서 정책이란 무엇을 의미하는가?
- 정책들 사이의 우선순위는 어떻게 정할 것인가?
- 조직의 정책은 누가 고안할 것인가?
- 조직 내 구성원들에게 어떻게 정책을 알릴 것인가?
- 정책에 대한 성과는 어떻게 측정할 것인가?
- 정책의 변경은 어떻게 해야 하는가?

효과적인 정책은 시의적절해야 하고, 실행 가능해야 하며, 법적으로 문제가 없어야 한다. 이런 정책들이 교회 및 부서들로 하여금 그 기능을 효과적으로 수행할 수 있게 해 준다.

4) 실행 계획

실행계획은 위에서 언급한 정책들을 실행하기 위한 구체적인 방법이다. 일반적으로 실행 절차, 프로그램, 일정 계획, 예산, 담당부서 등 5가지 세부 계획들을 구체적으로 작성해야 한다.

(1) 실행 절차

　실행 절차는 일이 누구의 지시에 의해서 어떤 순서로 수행되어야 하는가에 대한 체계적인 절차를 의미한다. 의사결정에 관한 절차, 실무집행에 관한 절차, 결과 보고에 관한 절차 등 다양한 절차가 있게 마련이다. 교회경영이 틀을 잡아 갈수록 이런 절차는 대개 규정으로 만들어진다. 교회비품 구매 절차가 한 예가 될 수 있다. 절차가 복잡하면 시간이 많이 걸리고 그에 따른 여러 가지 비용과 부작용이 따르게 된다. 반면에 절차가 너무 간소화되면 시간은 단축될 수 있으나 소수에게 권한이 집중되거나 실수가 나올 수 있다.

(2) 프로그램

　프로그램은 교회 혹은 부서의 목표를 달성하기 위해서 무슨 일들(work)을 어떤 내용으로 할 것인가를 결정하는 것이다. 예를 들어, 장로후보자들을 일정 기간 교육하는 것이 교회의 정책이라고 하자. 그렇다면, 여기서 프로그램이란 장로후보자들에게 무엇을 어떻게 교육시킬 것인가, 즉 그 내용을 의미한다. 교회에서 행해지는 여러 가지 사역들이 좋은 성과를 얻기 위해서는 프로그램이 교회의 목표 및 정책과 부합되어야 한다.

(3) 일정 계획(schedule)

　이것은 교회활동 프로그램에 시간 요소를 추가하여 구체적인 날짜와 시간을 계획하는 것을 의미한다. 일정계획은 프로그램이 필요로 하는 소요 기간, 장소 확보, 소요인력 확보, 이에 따르는 예산과 연계되어 있다. 예를 들면, 장로후보자 교육 프로그램을 진행한다고 하자. 이때 교육 기간, 교육 장소 및 시간, 강사 섭외, 봉사인력 확보, 예산 등을 고려해서 일정계획이 수립된다.

(4) 예산(budget)

이것은 교회가 비전을 성취하기 위해 보유 가능한 자원을 실제로 사용하는 것을 의미한다. 교회의 경우 먼저 수입예산을 고려하고 그 범위 안에서 지출예산을 수립하게 된다. 지출예산은 교회의 당해 연도 목표, 사업 및 프로그램의 우선순위에 따라 책정되어야 한다. 그리고 특정 부서 및 프로그램에 소요되는 인력, 시설물, 장비 등이 얼마나 사용되는지를 파악한다. 또한 예산은 규모의 적합성뿐만 아니라 집행의 효율성이 중요하다는 것을 알아야 한다.

(5) 담당부서

프로그램을 실행할 담당부서는 대부분의 경우 그 프로그램을 기안한 부서가 담당하게 되거나 그 프로그램을 가장 잘 실행할 수 있는 부서가 맡게 된다. 그러나 전혀 새로운 프로그램이어서 기존부서가 맡기에 적합하지 않을 경우에는 새 부서를 만들 수도 있다. 그러나 새 부서를 만들게 되면 재정이나 인력 투입이 한 번에 그치는 것이 아니라 계속되어지는 것이 조직의 생리이므로 신중을 기해야 한다. 따라서 이 경우 일단 TFT(task force team)를 만들어서 신규 프로그램을 운영해 본 다음, 부서 신설을 고려하는 순서를 밟는 것이 좋다.

2. 조직화(organizing)의 과정

조직화란 일을 가장 효과적으로 수행하기 위해 조직의 구성원들과 보유 자원을 효율적으로 그룹화하는 것을 의미한다. 교회에서는 효과적인 조직화를 위해서 조직 구조, 위임, 역할과 책임 등 세 가지 주요 요소를 고려해야 한다.

1) 조직 구조(structure)

구조는 조직이 하고 있는 중요한 일들이 어떻게 구분되고, 그 안에서 구성원 각자의 역할은 무엇인가를 보여 주는 틀이라 할 수 있다. 조직 구조는 보통 기능별, 사업별, 지역별로 만들어진다. 기능별 조직구조는 교회가 하는 기능(function), 예를 들면 기획부, 재무부, 총무부, 홍보출판부 등으로 일과 사람을 나누는 조직 형태라고 할 수 있다. 사업별 조직 구조는 교회의 주요 사역, 예를 들어 예배부, 교육부, 전도부, 봉사부 등으로 나누는 조직 형태이다. 그리고 지역별 조직 구조는 지역에 따라, 예를 들어 교회에서 구역을 나누고 여기에 교인들을 배속시키는 것이다.

조직 구조는 위의 3가지 형태 중에서 하나를 선택하거나 혹은 둘 이상을 가로 세로로 함께 연결시킬 수도 있다. 둘 이상을 연결시킨 조직 구조를 매트릭스 조직이라 한다.

한편, 위와 같은 라인-스태프 조직이 있는가 하면 위원회 조직도 있다. 어떤 조직 구조가 효과적인가는 교회의 특성에 따라 달라진다. 보통 교회의 규모와 역사에 따라, 그리고 교회의 목적과 목회철학에 따라 각자 알맞은 조직 구조를 찾아내는 것이 좋다.

2) 위임(delegation)

위임은 교회의 조직 구성원 각자에게 일이나 업무의 책임을 분배하는 것을 의미한다. 위임은 3가지 중요한 요소들을 포함한다.

- 조직 구성원 각자가 맡은 책임을 명확하게 한다.
- 구성원이 맡은 업무를 효과적으로 성취하기 위해 필요한 권한과 능력을 부여한다.
- 구성원이 맡은 업무가 완성되도록 책임을 지게 한다.

또한 조직의 리더들은 조직 구성원의 책임을 분배함에 있어 다음과 같은 사항을 고려해야 한다.

- 능력이 탁월한 특정 개인과 함께 업무를 공유함으로써 더욱 도전적이고 어려운 일들에 집중할 수 있도록 유도한다.
- 개인이 업무를 통해서 성숙해지고 배움이 있게 한다.
- 구성원들을 주요 업무 성취에 참여시켜 조직의 일부가 될 수 있도록 격려한다.

교회는 사역을 효과적으로 하기 위해서 교인들에게 직분과 지위와 권한을 부여하고 가능한 일을 분담하도록 하는 것이 중요하다. 직분과 권한은 평판, 경험, 그리고 전문성과 같은 다양한 척도에 의해서 주어질 수 있다. 이러한 조직 내에서의 권한 위임이 효과적으로 이루어지기 위해서는 다음과 같은 3가지 사항을 유념해야 한다.

- 명령체계를 명확히 볼 수 있는 조직적 차트를 사용함.
- 개인적으로 부여된 기능적 권한만을 사용하게 함.
- 개인의 권한 행사 시 통제범위를 정함.

3) 역할과 책임(role and responsibility)

교회 리더들은 사람을 개발하는 자들이다. 주로 어떤 일을 관리하는 것처럼 보이지만 실은 목표를 성취하기 위해 업무를 수행하는 사람을 관리하는 것이다. 비록 교회라 할지라도 리더와 구성원들 사이에 완벽한 관계를 이루는 것은 현실적으로 매우 힘든 일일 것이다. 좋은 관계를 위해서는 구성원들의 역할과 책임을 명확히 하는 것이 필요하고, 동시에 팀워크를 구축하는 것이 중요하다. 일본의 TQM(total quality management) 방식을 생각해 본다면 좋은 시사점을 얻을 수 있다. 도요타의 TQM 방식에서는 조직의 일개 구성원이라도 불량품 발생 시 자동차 조립의 전체 공정을 멈출 수 있는 책임과 권한을 부여 받는다. 이것은 단순히 책임과 권한의 문제가 아니라 구성원 개인이 전체 조직의 주요 의사결정을 수행하는 일부가 된다는 것을 의미한다. 그렇게 되면 소속감이 강해지고 조직의 리더와 구성원 개인의 관계가 우호적이 될 수 있다.

3. 지휘(leading)의 과정

지휘란 리더가 목표를 이루기 위해 구성원들을 격려하고 동기를 부여하는 것을 의미한다. 지휘는 의사결정, 커뮤니케이션, 동기부여, 인력 선발 그리고 교육훈련과 같은 5가지의 기초 활동들로 설명된다.

1) 의사결정(decision making)

의사결정이란 문제를 인식하고 이를 해결하는 과정을 의미한다. 의사결정은 보통 정해진 시간 안에 행해져야 하고, 조사와 자료가 요구되며, 그에 따른 결과를 수반한다. 따라서 효과적인 의사결정이란 존재하는 다른 대안들을 고려하고 이러한 대안들 중 가장 최고의 사항을 선택하는 예술이라 할 수 있다. 또한 의사결정은 그 실행과정에서 예기치 않은 일이 생길 경우에 대비해서 상황 변화에 따른 행동계획을 포함한다.

일반적으로 2가지 종류의 의사결정이 있다. 하나는 통상적 의사결정으로 보통 정해진 절차와 기준에 의해서 해답을 얻을 수 있는 문제를 다루는 것이다. 다른 하나는 비통상적 의사결정으로서 독특하고 새로운 상황에서 이루어지기에 리더는 새로운 결정을 해야 한다. 훌륭한 리더들은 비통상적인 의사결정에 집중한다. 이런 상황에서 그들은 아래와 같이 질문한다.

① 이것은 문제인가, 만일 그렇다면, 해결될 수 있는 문제인가?
② 문제가 그대로 두어도 해결될 수 있지는 않을까?
③ 이 문제는 내가 결정할 일인가?

문제해결 과정과 의사결정 과정 사이에는 밀접한 관련이 있다. 간단한 5단계 의사결정 전략은 다음과 같다.

① 상황을 식별하고 구체적으로 문제와 원인을 설명한다.
② 대안 해결책들을 모아라. 어떻게 이 문제를 해결할 수 있는가?
③ 다양한 대안들을 비교하라. 어떤 해결책이 문제를 다루는 데 있어 최고인가?
④ 각 대안의 위험요소를 계산해라. 각 해결책의 원인과 효과는 무엇인가?
⑤ 가장 최고의 대안을 선택하여 실행하라. 어느 해결책이 교회의 문화와 정책의 틀 안에 가장 적합한가?

그러나 아쉽게도 당시에는 최고의 의사결정이라고 인식하였으나 시간이 지날수록 결과가 좋지 않을 경우가 있다. 이것을 예방하기 위한 몇 가지 고려사항들은 다음과 같다.

① 의사결정 공시(표)의 타이밍 : 모든 세부사항들이 포함되었나?
② 의사결정 공시 방식 : 강단에서부터 아니면 메모로?
③ 의사결정 공시를 들은 사람들 : 이때 중요한 모든 사람들이 포함되어 정보를 들었나?

④ 의사결정을 실행하기 위해 필요한 계획의 수립 정도 : 얼마나 많은 계획이 포함되었나?

2) 커뮤니케이션(communication)

커뮤니케이션이란 조직 구성원들 간의 목표나 필요(needs)의 원활한 이해를 위해 이루어지는 행동을 의미한다. 커뮤니케이션은 다음을 포함한다.

① 사실과 정보의 교환
② 태도와 가치의 표현
③ 따듯함, 용납 그리고 다른 사람에 대한 지원 제공

한편, 효과적인 커뮤니케이션을 위해서는 다음과 같은 원칙들이 수반되어야 한다.

① 명확함 : 공통적으로 이해되는 언어로 의사소통을 한다.
② 집중 : 정보 전달자는 정보 수용자에게 집중하여야 한다.
③ 정직함 : 정직은 효과적인 행정을 위한 커뮤니케이션의 기본 원리이다.
④ 비공식적 조직의 전략적 사용 : 조직의 목표나 비전이 비공식적인 조직 (예 : 교회 성도들, 관련 조직들)들에게 어떻게 받아들여지고 있는지를 소문을 통해 평가할 수 있다.

3) 동기부여(motivation)

동기부여란 조직이 필요한 일을 사람들로 하여금 원해서 하도록 만드는 것이다. 많은 연구들을 종합해 보면 일반적으로 조직 구성원들은 다음과 같은 3가지의 동기에 의해 일을 수행한다고 밝히고 있다.

① 외부적 이유 : 권위에 의한 지시나 명령에 의해서, 일에 대한 보상에 의해서 일을 한다.
② 사회적 이유 : 사회적, 도덕적 혹은 압력으로 인하여 목표들을 성취한다.
③ 내부적 이유 : 내부적 자기 동기부여로 일을 한다.

따라서 크리스천 지도자의 역할은 조직 구성원들로 하여금 개인의 필요에 귀를 기울이고, 그들에게 만족과 기쁨을 불러일으킬 수 있는 조직 환경을 조성하는 것이 중요하다. 이런 조직 환경은 다음과 같은 여러 가지 방법으로 실현 가능하다.

① 지도자는 참여와 팀워크를 조성하는 조직 구조를 만들어야 한다.
② 정책, 절차 그리고 조직적 목표는 명확하고 잘 전달될 필요가 있다.
③ 도전적인 일이 되도록 하고, 동시에 직무가 성공했을 때 만족감을 느끼도록 하며, 그에 타당한 보상을 제공한다.
④ 리더는 조직 구성원들에게 지지와 지원을 제공해야 한다. 또한 구성원들이 맡은 책임에 대해서는 자율성을 허락한다.

4) 인력 선발

하나님이 각 개인에게 허락하신 재능을 적합한 업무 환경에서 사용하도록 사람을 선발하는 것을 의미한다. 사람을 선발할 때는 다음과 같은 사항을 고려해야 한다.

① 당신이 어떠한 사람을 원하는지를 명확하게 하라.
② 선발 대상들을 비교하라.
③ 선택을 하기 전에 충분한 시간을 두라.
④ 지원자의 질(quality)을 확인하라.

5) 교육훈련

교육훈련은 업무와 서비스 능력의 향상을 의미한다. 리더의 주요 업무는 개인들로 하여금 자기 능력을 극대화하는 동시에 조직의 목표달성을 위해 각자의 책임을 감당할 수 있도록 격려하는 것이다. 리더들은 인력개발에 필요한 3가지 기초적인 활동들을 사용할 수 있다.

① 성과평가 : 감독관 및 개인들의 성과와 능력을 평가하는 것을 의미한다. 평가는 조직의 기대목표를 기준으로 이루어져야 한다.
② 성과 카운슬링 : 개인의 업무성과 평가 결과를 논의함으로써 자신의 약점을 해결하는 일에 동참하게 한다.
③ 성과개발 활동 : 개인으로 하여금 자신의 잠재성을 개발하여 업무의 기대치에 미치게 한다. 이것은 코칭, 직무순환, 세미나와 같은 다양한 활동들을 통해서 가능하다.

4. 통제(controlling)의 과정

"운동장에서 달음질하는 자들이 다 달릴지라도 오직 상을 받는 사람은 한 사람인 줄을 너희가 알지 못하느냐 너희도 상을 받도록 이와 같이 달음질하라 이기기를 다투는 자마다 모든 일에 절제하나니 그들은 썩을 승리자의 관을 얻고자 하되 우리는 썩지 아니할 것을 얻고자 하노라 그러므로 나는 달음질하기를 향방 없는 것같이 아니하고 싸우기를 허공을 치는 것같이 아니하며 내가 내 몸을 쳐 복종하게 함은 내가 남에게 전파한 후에 자신이 도리어 버림을 당할까 두려워함이로라"(고전 9 : 24 – 27).

통제는 조직의 목표에 따른 성과를 평가하고 시정 또는 보상하는 일을 의미한다. 효과적 통제를 위한 프로세스는 성과기준 설정, 성과측정, 성과평가, 시정 및 보상 등 4가지 활동들로 구성된다.

1) 성과기준 설정

이것은 조직의 구성원들이 특정 업무를 수행하기 전에 성취되어야 하는 업무의 질에 대해서 기준을 설정하는 것이다. 만약 이러한 성과기준이 없다면 구성원 개인이 업무 목표에 대한 기대치를 모를 수 있고, 요구되는 일을 하고 있는지 전혀 알 방법이 없다. 또한 감독자들은 업무를 수행하는 개인이 조직 목표를 위한 올바른 방향으로 진척되고 있는지 알 수가 없고, 직무가 부여된 개인에게 비합리적인 요구를 할 수 있다. 그리고 일이 얼마나 진행되었고 언제 끝나는지 알 수 없다. 따라서 교회의 리더들은 효과적이며 공정한 성과기준을 설정하기 위해 다음과 같은 사항들을 고려해야 할 것이다.

① 조직 구성원들에게 도전적인 일을 제공하는 기준이 개발되어야 한다.
② 경쟁적인 기준은 효과적인 동기부여가 된다.
③ 기준은 업무나 개인의 목표와 필요를 고려해야 한다.
④ 기준은 단순하고 간단해야 한다.
⑤ 기준은 명확하게 전달되어야 한다.
⑥ 기준은 측정 가능한 양적인 결과여야 한다.
⑦ 기준은 공정해야 한다.

2) 성과측정

조직의 효과적인 성과측정이 되기 위해서는 양적 그리고 질적인 기준에 의해 이루어져야 한다. 일반적으로 성과 예산, 회계보고서, 재고 상태 그리고 설문지 등으로 측정된다. 그리고 다음의 과정들이 포함될 때 성과측정이 가장 효과적이다.

① 상호 합의된 기대치에 기초한 기준
② 업무의 시작 및 단계를 위한 기준
③ 업무감독 및 성취에 대한 기준
④ 업무종료 및 업무완성의 기준
⑤ 문제 예측 또는 미래 결과를 위한 프로세스

3) 성과평가

직무에 대한 성과평가는 설립된 성과기준과 그것을 측정하는 기법들을 통해서 이루어진다. 또 교회 및 부서의 종합 목표들이 얼마나 성취되었는가에 대해서 평가하게 된다. 평가하는 사람은 다음 질문을 하게 된다. "성취한 결과가 세워진 목표기준에 부합되는가?" "업무의 성취결과가 기준 목표와 얼마나 많은 (혹은 적은) 차이를 보이는가?" 그리고 중요한 것은 목표 달성에 대한 허용오차 수준을 아는 것이다.

4) 시정 및 보상

이것은 최종 성과를 기준으로 직무에서 발생한 실수를 시정하는 것뿐만 아니라 개인으로 하여금 성과를 계획된 기준에 부합하도록 코치하는 것을 의미한다. 효과적인 성과시정을 위해서는 다음과 같은 점을 고려해야 한다.

① 진정한 문제를 식별하라 : 어떠한 요인이 불만족스러운 성과를 가져왔는가?
② 해결책을 명확하게 설정하라 : 계획된 목표는 명확하게 알려지지 않았을 수 있고 이를 통해 목표 수행자에게 잘못 전해질 수 있다. 따라서 해결책은 명확하게 설정해야 한다.
③ 성취할 수 있는 다른 대안들을 구상하라 : 어쩌면 목표는 성취될 수 없었다. 왜냐하면 성공을 이룰 수 있는 방법이 아니었기 때문이다. 어떤 다른 방법으로 성취될 수 있는가? 지혜로운 행정가는 다른 대안의 방법들을 결정할 능력이 있는 개인을 보유해야 한다.
④ 대안을 선택하라 : 업무에 완성을 위해 기여할 수 있는 최적의 대안을 선택하라. 대안을 선택했으면 실행해라. 이것은 새 방향, 재훈련, 새로운 업무, 그리고 새로운 평가기준을 포함하게 될 것이다. 현명한 행정가는 리스트럭쳐링(restructuring)에 참여하는 데 준비가 되어 있어야만 한다.
⑤ 성과시정에 대한 의사결정을 재평가하라 : 만약 옳은 성과시정이 아니라면 다시 재평가하고 처음부터 다시 시작하라.

제2장
변혁이 필요한 교회 리더십

제1절
리더십의 개념

제2절
리더십 이론

제3절
예수님의 리더십 모델

제2장
변혁이 필요한 교회 리더십

> 예수께서 불러다가 이르시되 이방인의 집권자들이 그들을 임의로 주관하고 그 고관들이 그들에게 권세를 부리는 줄을 너희가 알거니와 너희 중에는 그렇지 않을지니 너희 중에 누구든지 크고자 하는 자는 너희를 섬기는 자가 되고 너희 중에 누구든지 으뜸이 되고자 하는 자는 모든 사람의 종이 되어야 하리라 인자가 온 것은 섬김을 받으려 함이 아니라 도리어 섬기려 하고 자기 목숨을 많은 사람의 대속물로 주려 함이니라(막 10:42-45).

[도입사례] 목회 리더십 설문조사 결과

서울특별시와 6대 광역시에서 사역하거나 거주하는 목회자와 신앙인, 그리고 이들 7대 도시 외의 도시와 시, 군, 구에 거주하는 목회자와 신앙인을 모집단으로 목회자의 리더십에 관한 설문조사를 실시하였다. 목회자들에게 어떤 형태의 리더가 되고 싶은지에 관한 질문과 일반 성도들에게 목회자가 어떤 리더십을 발휘하고 있는지에 관한 질문에 응답한 것을 분석한 결과, 두 집단 간의 인식에는 통계적으로 매우 유의미한 차이가 있었다.[1]

변혁적 리더십의 하위변인인 '카리스마', '분발고취', '개별적 배려', '지적 자극'에 관한 목회자들의 인식이 일반 성도들이 갖고 있는 목회자의 카리스마에 관한 인식보다 높게 나타났다. 거래적 리더십의 두 가지 하위변인인 '조건적 보상'과 '예외 관리'에 관하여 두 집단 간의 평균을 검정하였더니 두 가지 하위변인을 포함한 거래적 리더십에 관한 목회자들의 평균은 4.45로 나타났으며 일반 성도들의 평균은 3.86이었다. 영적 리더십의 세 가지 하위변인인 '영적 훈련', '도덕적 훈련', '비전 제시'에 관하여도 목회자 집단은 평신도 집단의 평균보다 모두 높게 나타났다.

변혁적 리더십, 거래적 리더십, 영적 리더십을 모두 합한 전체적인 리더십에 관하여 목회자와 일반 성도 집단 간의 평균을 검정한 결과, 각각의 평균은 5.23과 4.53으로 나타났다. 목회자들이 스스로 생각하고 있는 리더십과 일반 성도들이 인식하고 있는 리더십 사이의 차이는 통계적으로 의미가 있을 정도로 간격이 매우 깊은 것으로 나타났다. 목회자 스스로가 인식하고 있는 리더십 – 변혁적, 거래적, 영적 리더십을 모두 포함한 리더십 – 은 평신도가 인식하고 있는 목회자의 리더십보다 높았다. 물론 이는 통계적으로도 유의미한 결과를 보여 준다. 목회자의 인식과 평신도의 인식 간에 괴리가 있다는 것이다. 이러한 간극을 좁히기 위한 노력으로 다음과 같이 몇 가지 제언을 하고자 한다.

○ 목회자의 리더십 재교육이 시급하다.

특히 목회자의 리더십 인식의 차이는 변혁적 리더십에서 그 차이가 더 크게 벌어진 것을 볼 수 있었다. 변혁적 리더십의 하위 요소인 카리스마,

분발고취, 개별적 배려, 지적 자극 가운데 가장 간극이 큰 것은 지적 자극이다. 변혁적 리더십을 잘 발휘하려면 혁신과 비전을 제시해야 하는데, 평신도의 학력이 높을수록 목회자의 리더십을 낮게 평가하는 결과는 평신도의 학력이 높아진 것과 대비해 목회자의 역량이 따라가지 못하고 있음을 보여 주는 예라고 생각된다. 조사에 응한 목회자의 41.3%가 신학대학원 졸업이 최종학력이었다. 이는 아직 많은 목회자들이 자신의 전문 분야가 없음을 보여 주고 있으며, 목회자의 리더십에도 영향을 미치고 있다. 목회자가 비단 학위 과정만이 아니더라도 계속해서 공부해야 할 필요성을 느끼고 지속적인 배움의 과정에 있도록 노력해야 한다.

ㅇ 성도들과 진실한 소통이 필요하다.

목회자들의 거래적 리더십도 평신도의 인식이 상대적으로 낮은 것으로 나타났다. 조사에 응한 목회자들 중 사역기간이 10년 미만인 목회자가 56.8%로 나타났다는 것은 아직 교회에 자신의 역량을 충분히 보여 주지 못하고 있다고 생각된다. 거래적 리더십의 핵심은 교환에 있다. 그러나 목회자와 평신도 사이에 소통이 전제되지 않는 교환은 피상적인 관리에 그치기 쉽다. 진실된 소통을 위해서 심방이나 공동의회, 당회 때 목회자의 진심을 드러낼 수 있는 시간이 되도록 준비하는 것이 필요하다. 또한 목회자들도 이러한 모임을 통해서 평신도들의 의견을 적극적으로 경청해야 할 필요가 있다.

ㅇ 영적인 리더십에 사회봉사를 더하자.

변혁적 리더십과 거래적 리더십에 비해 영적 리더십은 목회자와 평신도의 인식의 폭이 좁았다. 이는 설교를 강조하는 한국교회 목회자들이 가지고 있는 강점으로 보인다. 그러나 사회봉사에 대한 인식을 '그리스도를 닮는 것', 전도에 대한 인식을 '묵묵히 삶을 사는 것'이라고 생각하는 평신도들은 목회자들의 영적 리더십을 낮게 평가하고 있었다. 분명한 것은 이렇게 생각하는 평신도들이 가장 높은 비율을 보였다는 것이다. 목회자들은 교회에서 그리스도의 삶을 묵묵히 따라 사는 적극적인 사회봉사를 시행할 필요가 있다.

〈출처 : 장흥길·임성빈 편집, 「섬김의 목회 리더십」, 한지터, 2011. PP. 169-177 요약 정리〉

제1절 리더십의 개념

목사, 장로, 감독 등은 교회를 섬기도록 부름 받은 리더들이다. 성경의 여러 곳에서 리더로의 부르심과 역할 그리고 리더가 갖추어야 할 성품에 관해 찾을 수 있다. 예수 그리스도는 리더들의 모델이다. 교회 리더들은 그리스도의 리더십을 본받아 성도들을 섬겨야 한다. 이하에서는 리더십이란 무엇인가, 그리고 리더십 연구는 어떻게 진행되어 왔는가를 간략히 살펴보려고 한다.

1. 리더십이란?

1) 다양한 정의

사전에 따르면 리더십은 리더의 자리 또는 기능, 지도력, 지도자가 취한 행동 및 그로 인한 사건, 한 그룹의 리더들을 총칭하는 다양한 의미를 가지고 있다. 학문적으로도 [표 2-1]에서 볼 수 있는 것처럼 리더십은 연구자에 따라 다양하게 정의되어 왔다(Yukl, 2006).[2] 이것은 리더십을 보는 관점과 연구자의 관심이 그만큼 다양하다는 것을 나타낸다. 예를 들어, 집단과정에 초점을 맞춘 리더십, 성격의 시각에서 바라본 리더십, 행위 혹은 행동의 관점에서의 리더십,

[표 2-1] 리더십의 정의

정 의	연구자
"리더십은 개인의 행동이며…… 집단의 활동을 공유된 목표로 향하게 한다."	Hemphill & Coons(1957)
"리더십은 조직의 일상적인 지시에 기계적으로 순응하는 것을 넘어서도록 영향력을 행사하는 것이다."	Katz & Kahn (1978)
"리더십은 개인이…… 부하들의 동기를 자극하고 끌어들이며 만족시키기 위해서 제도적, 정치적, 심리적, 그리고 기타의 자원을……동원할 때 발휘된다."	Burns (1978)
"리더십은 한 사람 또는 그 이상의 사람이 성공적으로 다른 사람의 현실을 구성하고 만드는 과정에서 실현되는 것이다."	Smircich & Morgan(1982)
"리더십은 목표를 성취하도록 조직화된 집단의 활동에 영향을 미치는 과정이다."	Rauch & Behling(1984)
"리더십은 비전을 명확히 하고 가치를 구체화시키며, 그 안에서 일이 달성될 수 있도록 환경을 창조하는 것이다."	Richards & Engle(1986)
"리더십은 집합적 노력에 목적, 즉 의미 있는 방향을 부여하고 목적을 달성하기 위해 기꺼이 노력을 확대하도록 만드는 과정이다."	Jacobs & Jaques(1990)
"리더십은 문화 바깥으로 나가…… 보다 적극적인 진화적 변화 과정을 착수하는 능력이다."	Schein (1992)
"리더십은 사람들이 함께 무엇을 하고 있는지에 대한 의미를 파악함으로써 사람들로 하여금 그것을 이해하고 그것에 몰입하도록 하는 과정이다."	Drath & Palus (1994)
"리더십은 타인에게 영향을 미치고 동기를 부여하며 타인이 조직의 효과성과 성공을 위해 공헌할 수 있도록 하는 개인의 능력이다."	House et al. (1999)

〈출처 : Yukl, G.(2010), *Leadership in Organizations*, Pearson, P. 21〉

목표달성의 수단으로서의 리더십, 리더 역량 관점에서의 리더십, 그리고 리더와 추종자 간의 권력관계로 보는 리더십 등이 있다. 이와 같이 리더십을 개념화하는 다양한 정의에도 불구하고 Northouse(2007)에 따르면 리더십 현상의

중심에 있는 핵심 요소들은 다음과 같이 네 가지로 구분될 수 있다.[3]

① 리더십은 과정이다.
② 리더십 과정은 영향을 미치는 과정이다.
③ 리더십은 집단상황에서 일어나는 현상이다.
④ 리더십은 목표달성을 위한 과정이다.

2) 리더십은 리더의 특성인가, 리더와 추종자의 상호작용 과정인가?

다양한 리더십의 정의와 마찬가지로 리더십의 성격을 바라보는 관점도 다양하다. 특성론적 시각에 의하면 어떤 사람들은 리더가 될 수 있는 특별한 천부적 특성이나 자질을 가지고 태어난다고 주장한다. Jago(1982)에 따르면, 특성론적 관점은 리더십을 '특별한 사람들만이 남들과는 상이할 정도로 소유하고 있는 특성이나 속성'이라고 본다.[4]

반면 과정론적 관점에서는 리더십은 상황 속에 존재하는 현상이고, 누구나 리더십을 발휘할 수 있다고 주장한다. 이와 관련해서 리더십의 유형을 임명된 리더십과 자생적 리더십으로 구분하기도 한다. 즉, 어떤 사람은 조직 내의 공식적인 직위를 가짐으로써 리더가 되는 반면, 조직 내 특정한 지위는 없지만 집단구성원들이 그에게 반응을 함으로써 자생적인 리더십을 가지기도 한다는 것이다.

또 다른 질문은 리더십을 개인의 전문화된 역할로 보아야 하는지 아니면 공유된 영향력의 과정으로 보아야 하는지에 대한 물음이다. 이에 대한 하나의 견해는 너무 폭넓게 공유하면 집단의 효과를 떨어뜨릴 수 있기 때문에 모든 집단은 어떤 책임과 기능을 수행하는 역할 전문성을 가지고 있다는 것이다. 전문화된 리더십 역할을 수행할 것이라고 기대되는 개인은 '리더'로 임명되며 다른 구

[그림 2-1] 리더십의 관점

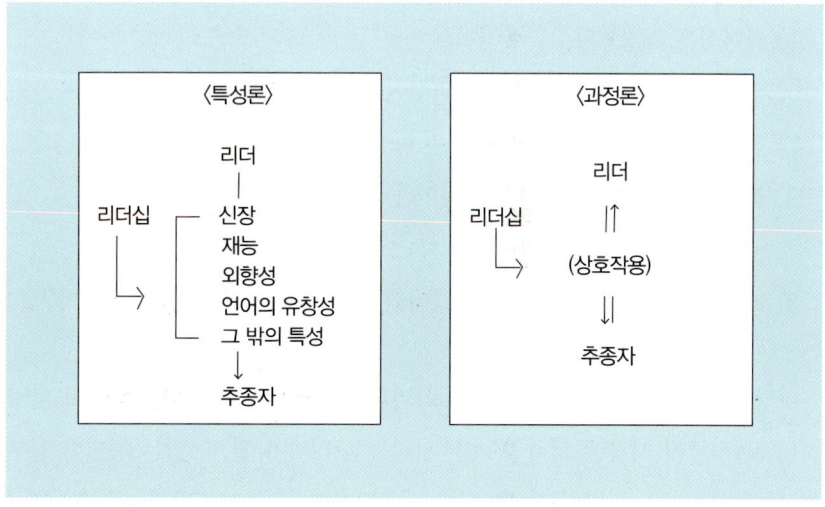

〈출처 : Northouse, P. G. (2007)〉

성원들은 '부하'로 불리게 된다. 반면 리더십은 사회체계 내에서 자연스럽게 발생하여 구성원 사이에 확산되는 영향력의 과정이라는 견해도 있다. 사회체계 내의 구성원 누구든 언제든지 리더십을 보여 줄 수 있으며 리더와 부하 사이에는 명확한 구분이 없다는 것을 의미한다. 따라서, 리더십을 공유되고 확산된 과정으로 보는 연구자들은 구성원 사이에서 발생하는 복잡한 영향력의 과정과 그 영향력이 언제 어떻게 일어나는지를 결정하는 상황과 조건, 그리고 집단과 조직에 대한 결과에 더 많은 관심을 가질 것이다.

2. 리더십과 관리

리더십 과정은 관리 과정과 비슷하다. 리더십이 영향력을 포함하는 것처럼 관리 과정에서도 영향력이 행사된다. 또한, 리더십과 관리는 효과적인 목표 달성을 지향한다. 하지만 리더십은 관리와는 다르다. 개인이 관리자가 되지 않고도 리더가 될 수 있으며, 리더가 되지 않고도 관리자가 될 수 있다는 것이다. Bennis와 Nanus(1985)는 "관리자는 일을 옳게 하는 사람들이며, 리더는 옳은 일을 하는 사람들"이라고 설명했다.[5] Rost(1991)는 관리를 제품과 서비스를 생산하고 판매하기 위해 관리자와 부하 사이에 존재하는 권한관계로 설명하였고, 리더십에 대해서는 진정한 변화를 달성한다는 공동의 목적을 가진 리더와 부하 사이에 존재하는 다방향의 영향력 관계라고 정의하였다.[6]

Fayol(1916)이 주장했던 기본적인 주요 관리기능인 계획(planning), 조직화(organizing), 명령(command), 조정(coordination), 통제(controlling) 등은 오늘날까지도 관리분야의 대표적인 기능들이다.[7] Kotter(1990)는 관리와 리더십의

[표 2-2] 관리와 리더십의 비교

관리(질서와 안정성 추구)	리더십(변화와 발전 추구)
기획 · 예산 - 행동지침의 설정 - 계획표(시간표) 작성 - 자원의 배분	방향설정 - 비전설정 - 전체적인 상황 확인 - 전략설정
조직화 · 충원 - 조직구조 설계 - 직무배치 - 규칙과 절차 개발	목표를 위한 제휴 · 협력 - 목표에 대한 의사소통 - 헌신과 몰입 추구 - 팀과 연합체 추구
통제 · 문제해결 - 인센티브제도 수립 - 창의적인 해결책 - 수정조치	동기유발 · 의욕(영감) 고취 - 의욕(영감)과 활기 고취 - 부하에게 자율권 부여 - 미충족된 욕구 충족

〈출처 : Kotter, J. P. (1990)〉

기능을 구체적으로 비교하였다. 관리의 주된 기능이 조직의 질서와 안정을 추구하는 것인 반면, 리더십의 일차적 기능은 변화와 발전을 가져오는 것이다. 그는 조직이 번창하기 위해서는 관리와 리더십 모두 필수적이라고 주장하였다.[8] 또 다른 예로 Zaleznik(1977)은 관리자는 구성원들의 아이디어에 반응적(reactive)인 반면, 리더는 새로운 아이디어의 창출을 추구하는 전향적(proactive)인 사람들이라고 언급했다. 결론적으로 리더와 관리자 간에는 명백한 차이가 있지만, 상당 부분 겹치는 부분이 있다. 그렇기 때문에 대부분의 학자들이 현대 조직에서 관리자로서 성공하기 위해서는 반드시 리더십이 있어야 한다는 의견에 대해서는 서로 동의하는 것 같다.[9]

3. 리더십 이론의 분류 방법

1) 리더십 연구의 분석 단위

리더십은 개인 내 과정, 일대일 관계 과정, 집단 과정, 조직 과정으로 구분하여 개념화될 수 있다(Yukl, 2006). 대부분의 리더십 이론들은 이러한 개념화 수준들 중 오직 한 가지 수준에서의 리더십 과정에 초점을 맞추고 있는데, 이는 단순하면서 적용하기도 쉬운 다수준 이론을 개발하기 어렵기 때문이다.[10]

(1) 개인 내 과정(intra individual process)

대부분의 리더십 정의는 개인 간의 과정(inter individual process)에 중심을 두기 때문에 한 개인 내부의 과정(intra individual process)에 초점을 맞추는 리더십 이론은 드물다. 리더 개인의 행동을 연구하는 학자들은 주로 의사결정, 동기 및 인지의 심리학 이론 등을 사용해 왔다. 이 중에서도 자기관리 이론(self-management theory)은 개인이 어떻게 리더나 부하로서 보다 효과적인 역할을

[그림 2-2] 리더십의 과정 초점

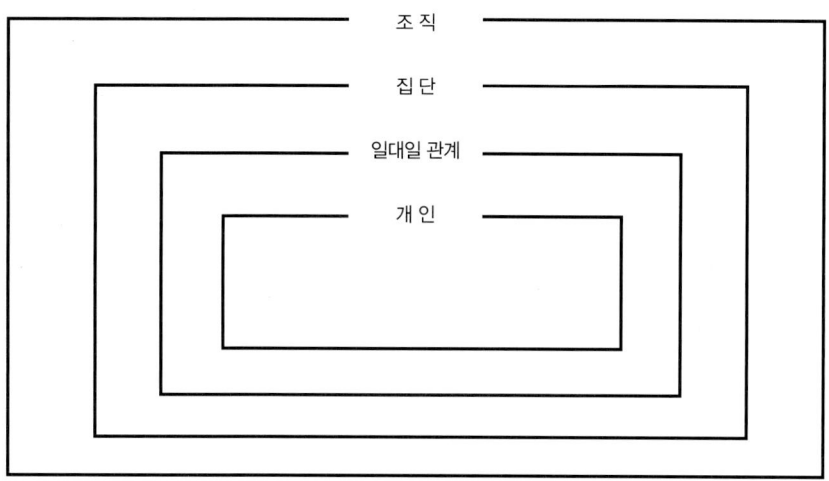

〈출처 : Yukl, G., *Leadership in Organizations*, P. 33〉

할 수 있는지를 설명한다. 자기관리는 셀프리더십(self-leadership)으로 일컬어지기도 하는데, 이는 개인적 목표와 우선순위를 파악하고, 시간을 효율적으로 관리하며, 자신의 행동과 그 결과를 모니터링하고, 개인적 목표를 달성하기 위하여 자기 스스로를 이끌어 가는 자기 영향력이라고 할 수 있다. 개인 내 과정은 타인에 대한 영향력을 포함하지 않기 때문에 리더십 이론을 설명하는 데 제한적일 수 있으나 이러한 지식은 일대일 관계, 집단 및 조직 차원에서의 리더십 이론을 개발하는 데 유용한 통찰력을 제공할 수 있다.

(2) 일대일 관계 과정(dyadic process)

일대일 관계 이론은 리더십을 리더와 부하 간에 상호 영향을 미치는 과정에 초점을 맞춘다. 여기서 핵심은 어떻게 부하와 협력적이고 신뢰하는 관계로 발전시킬 수 있는지, 그리고 어떻게 부하가 더 동기부여되고 몰입하도록 영향을 미칠 수 있는지에 관한 사항들이다. 한 가지 예로서 리더-구성원 교환 이론(LMX : Leader-Member Exchange)은 시간이 지남에 따라 일대일 관계가 일상적인 교환에서부터 공유된 목표와 상호신뢰를 가진 협력적 제휴에 이르게 되는 과정에 대해 설명한다. 일대일 관계 과정에 관한 연구는 종종 일대일 관계가 일어나는 상황적인 요소의 중요성이 과소평가될 수는 있지만, 리더십 연구에 대한 중요한 통찰력을 제공함에는 틀림없다.

(3) 집단 과정(group process)

리더십을 집단 과정으로 간주하는 관점에서 다루는 핵심 주제는 과업집단에서 리더가 집단 효과성에 기여하는 방식이다. 집단 효과성에 대한 이론은 리더십 과정과 리더십 효과성을 평가하는 데 적합한 기준에 대해서 통찰력을 제공해 준다. 집단에 관한 연구에서는 업무가 인력과 자원을 활용하기 위해 얼마나 잘 조직화되어 있는지, 구성원이 자신의 업무 역할을 수행하는 데 얼마나 몰입하는지, 구성원이 성공적으로 과업을 완수할 수 있다는 자신감을 얼마나 가지고 있는지, 그리고 구성원이 과업목표를 달성하는 데 상호 간 얼마나 신뢰하고 협력하는지 등 효과성의 중요한 결정요인들에 초점을 맞추어 왔다. 집단 접근에 있어서의 또 다른 핵심 연구과제는 공식 및 비공식 집단에서 나타나는 리더십을 설명하는 것인데, 이는 특정 구성원이 왜 다른 구성원들보다 더 영향력이 있는지, 리더로 선택되는 결정요인은 무엇인지, 왜 어떤 리더들은 부하들로부터의 신뢰와 자기 자신감을 상실하는지에 대한 내용들이다.

(4) 조직 과정(organizational process)

집단 과정 접근법은 개인 내 과정 혹은 일대일 관계 과정 접근법보다 리더십 효과성을 더 잘 이해하게 해 줄 수 있음에도 불구하고 몇몇 한계점을 가지고 있다. 집단은 일반적으로 더 큰 규모의 사회체계 내에서 존재하며, 만일 연구의 초점을 집단의 내부 과정에만 국한한다면 집단의 효과성을 이해하기는 어려울 것이다. 조직 과정 접근법은 리더십을 집단보다 더 큰 사회체계에서 일어나는 과정으로 설명한다. 예를 들어, 조직의 생존과 번영은 환경에 대한 대응과 필요한 자원 확보에 따라 좌우될 수 있기 때문에 기업조직은 성공적으로 제품이나 서비스를 시장에 판매할 수 있어야 한다. 성공적인 판매를 위해서는 환경에 대한 정보 수집, 위협과 기회요인 파악, 환경에 대한 대응전략 개발, 조직에게 유리하게 작용하는 협상 타결, 외부로부터 협력과 자원 확보 등을 효과적으로 수행하기 위한 전략적 리더십의 측면이 필요하다. 또한, 이러한 과정에서 적절한 조직구조 설계, 권한관계 결정, 조직의 분권화 등을 리더가 전략적으로 수행한다면 효율성은 더 높아질 것이다.

2) 다양한 리더십 이론들

리더십에 관한 엄청난 연구들을 체계적으로 분류하는 시도들이 있었지만 그리 성공적이지는 못했다. 리더십 이론과 연구를 분류하는 유용한 한 가지 방법은 가장 중시되는 변수의 유형에 따르는 것이며, 대부분의 리더십 이론들은 [그림 2-3]에서 보는 바와 같이 리더의 특성과 능력, 리더의 행동, 영향력 과정, 부하의 태도와 행동, 상황 변수, 성과 결과에 초점을 맞추어 왔다.

통합 접근은 한 가지 유형 이상의 리더십 변수를 포함하는 관점이며, 최근에 와서는 이러한 두 가지 유형 이상의 리더십 변수들을 하나의 연구에 포함시키는 경우가 일반화되어 가는 추세이다. 하지만 여전히 특성, 행동, 영향력 과정, 상황 변수, 결과변수 등의 모든 변수들을 통합하는 이론을 찾기는 매우 어렵다.[11]

[그림 2-3] 리더십 연구체계

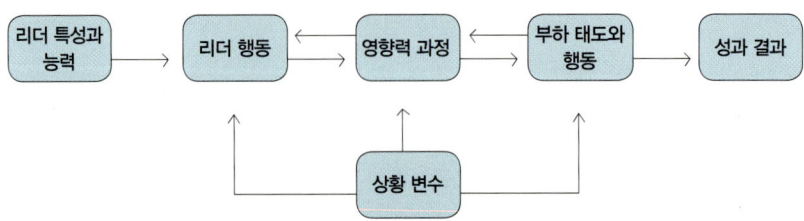

〈출처 : Yukl, G., 앞의 책, P. 31〉

[표 2-3]은 최근 리더십 분야의 저명한 학술지 *The Leadership Quarterly* 저널에 실린 Dihn과 그의 동료들(2014)의 연구로서 2000~2012년 사이 상위 10개의 저명한 학술지에 게재된 리더십 논문들을 체계적으로 분류한 것이다.[12]

[표 2-3] 리더십 이론과 연구발표 순위

기존 이론	빈도	퍼센트	순위	최근 이론	빈도	퍼센트	순위
신카리스마적 리더십 이론들				**전략적 리더십 이론들**			
변혁적 리더십	154	20	1	전략적/최고경영층 리더십	92	12	6
카리스마적 리더십	78	10	7	최고경영진 이론	70	9	8
거래적 리더십	35	5	17	공공의(public) 리더십	20	3	26
이데올로기적/실용적 리더십	12	2	29				
자기희생적 리더십	8	<1	33	**팀리더십 이론들**			
고무적 리더십	2	<1	38	팀과 의사결정 집단 내 리더십	112	15	4
리더십과 정보처리 이론들				**상황, 복잡성, 체계 관점의 이론들**			

리더와 구성원 인지	95	13	5	리더십의 상황적 이론	42	6	14
내재적(implicit) 리더십	50	7	12	리더십의 사회적 네트워크 이론	31	4	19
리더십 귀인(attribution) 이론	29	4	21	리더십의 복잡성 이론	23	3	23
정보처리와 의사결정	20	3	26	통합적(integrative) 리더십	14	2	28
사회 교환적 리더십 이론들				**리더십 개발과 출현**			
리더 구성원 교환 이론(LMX)	115	15	3	리더십 개발(development)	67	9	9
관계적 리더십	32	4	18	리더십 출현(emergence)	35	5	17
개별적(individualized) 리더십	1	<1	39				
				윤리적/도덕적 리더십 이론들			
리더십 성향/특성 이론들				진성(authentic) 리더십 이론	31	4	19
리더십 특성 이론	117	16	2	윤리적 리더십 이론	24	3	22
리더십 기술/역량 이론	30	4	20	영적(spiritual) 리더십 이론	14	2	28
				섬김의(servant) 리더십 이론	11	1	30
리더십과 다양성 관련 이론들							
리더십과 다양성	49	7	13	**창의성, 혁신, 변화 관련 이론들**			
문화적(cross-cultural) 리더십	32	4	18	창의성과 혁신	39	5	16
				조직의 변화	22	3	24
팔로워-중심적 리더십 이론들				조직학습과 지식	11	1	30
팔로워십 이론	54	7	11				
리더십 로맨스(romance)	12	2	29	**정체성 관련 리더십 이론들**			
심미적(aesthetic) 리더십	3	<1	37	리더십의 사회정체성 이론	31	4	19
				정체성 과정(process)	29	4	21

리더십 행동 이론들				다른 초기단계(nascent) 접근법들			
참여적 리더십	41	5	15	감정과 리더십	59	8	10
행동적 접근 이론(OSU/LBDQ)	17	2	27	파괴적/폭력적 리더십	22	3	24
보상과 체벌 리더십 행동	6	1	34	리더십의 생물학적 접근법	11	1	30
리더십 상황 이론들				리더 실수와 회복	3	<1	37
경로-목표 이론	10	1	31	기업가적 리더십	2	<1	37
상황적 접근법 이론	10	1	31				
상황적합 이론	9	1	32				
리더십 대체 이론	5	<1	<1				
적응적(adaptive) 리더십 이론	5	<1	<1				
유연한(flexible) 리더십 이론	2	<1	<1				
권력과 영향력 리더십 이론들							
리더십의 권력과 영향력 이론	31	4	19				

〈출처 : Dinh, J. E., Lord, R. G., Gardner, W. L., Meuser, J. D., Liden, R. C., and Hu, J. (2014)의 연구를 발췌하여 재정리〉

제2절 리더십 이론

1. 자질이론

1) 리더십 특성연구

리더십 특성연구(trait approach)는 20세기 전반에 걸쳐 수많은 학자들의 관심대상이었으며 리더십 연구를 위한 최초의 체계적인 시도였다. 1900년대 초에는 위인이론(great man theory) 즉, 무엇이 사람들로 하여금 위대한 리더가 되게 만드는가에 대한 연구가 주로 이루어졌다. 이러한 연구들은 리더의 타고난 자질이나 특성 등이 무엇인가를 밝혀내는 데 초점을 맞추고 있었다. 하지만 1900년대 중반 이후 특성연구는 리더십 특성의 보편성에 대한 의문이 제기되며 도전을 받게 되었다. 특성연구는 처음에는 위인들의 자질이나 특성을 밝혀내는 것에서 시작되어 리더의 행동스타일 연구로 바뀌었다가 상황변수의 리더십에 대한 영향에 관한 연구를 거쳐 최근에는 효과적인 리더십에 영향을 미치는 개인특성의 중요성을 강조하는 방향으로 되돌아오고 있다. 따라서 많은 도전에도 불구하고 리더십 특성연구는 아직도 건재하다.[13]

(1) Stogdill의 연구(1948, 1974)

특성연구에 대한 Stogdill(1948, 1974)의 개관들은 가장 인정을 받고 있다. 그는 첫 번째 연구에서 리더십 역할을 하고 있는 사람들과 일반 집단구성원들과의 특성에서 몇몇 차이점을 발견하였다.[14] 리더십 역할을 하고 있는 사람들의 지능(intelligence), 민감성(alertness), 통찰력(insight), 책임감(responsibility), 솔선·주도성(initiation), 지속성(persistence), 자신감(self-confidence), 사교성(sociability)이 평균적으로 일반 구성원들보다 높았다. 더불어 그는 한 개인이 어떤 특성을 소유하고 있기 때문에 리더가 되는 것이 아니라, 오히려 리더가 가진 특성들이 활동하고 있는 상황에 적합해야 한다고 주장했다.[15] 그 이후에도, 리더십 특성연구는 Mann, Lord와 동료들, Kirkpatrick과 Locke 등의 학자들에 의해서 지속적으로 발전되어 왔다. 이러한 연구들은 우리에게 리더십의 폭넓은 특성목록을 제공해 주고 있다. 이 목록에서 중심이 되는 특성들을 정리해 보면 지능, 자신감, 결단력, 성실성, 사교성을 들 수 있다.

[표 2-4] 리더십 특성

Stogdill (1948)	Mann (1959)	Stogdill (1974)	Lord와 동료들 (1986)	Kirkpatrick과 Locke(1991)
지능	지능	성취욕	지능	추진력
민감성	남성적 기질	지속성	남성적 기질	동기 유발
통찰력	적응성	통찰력	지배성	성실성
책임감	지배성	진취성		자신감
진취성	외향성	자신감		인지적 능력
지속성	보수적 기질	책임감		사업 지식
자신감		협동성		
사교성		참을성		
		영향력		
		사교성		

〈출처 : French, J. R. and Raven, B. (1962)〉

(2) Goldberg의 연구 : The Big Five

리더십 특성연구에서 Goldberg(1990)의 5요인 성격모형을 소개하고자 한다. 성격을 구성하는 기본적인 요인들에 관해 연구자들 간에 하나의 의견일치가 이루어졌는데 이를 'The Big Five'라고 부른다.[16] 이는 성실성(conscientiousness), 외향성(extraversion), 개방성(openness), 동조성(agreeableness), 신경증적 성질(neuroticism)을 의미한다. 많은 실증연구에서 The Big Five 성격특성과 리더십 간에는 일반적으로 강한 상관관계가 있다는 것을 밝혀냈다. 특히 5개 특성 중 외향성이 가장 높은 정적인 관계를 나타냈으며 그 다음으로 성실성, 개방성, 동조성 순으로 나타났다. 신경증적 성질은 리더십과 부정적인 관계를 보였다.

[표 2-5] The Big Five 성격요소

성격요인	특 성
성실성	철저하고 체계적이며 감정을 잘 통제하고 신뢰할 수 있으며 결단력 있는 성향
외향성	사교적이고 적극적이며 자신감과 활기가 넘치는 성향
개방성	견문이 넓고 창의적이며 통찰력이 있고 호기심이 강한 성향
동조성	수용적이고 순응적이며 의심이 적고 양육적인 성향
신경증적 성질	의기소침하고 불안해하며 자신감이 없고 상처받기 쉬운 성향

〈출처 : Goldberg, L. R. (1990)〉

(3) Kouzes & Posner의 연구

마지막으로 Kouzes & Posner(2007)의 지난 20여 년간의 연구를 소개한다. 여러 연구조사 중에서 4차례의 연구에서 공통적으로 보여 주고 있는 존경 받는 리더의 성품들은 [표 2-6]에서 보는 바와 같이 정직, 통찰력, 격려, 능력이었다. 또한 그들은 국제 간 비교연구를 수행했는데 국가에 따라 이런 4가지 성품들 사이의 순서에는 약간의 차이가 있지만 이들 4가지 성품들이 상위 1~4위를 차지하고 있는 것은 공통적인 결과였다.[17]

2) 리더 역량연구

리더 역량연구(skills approach)는 리더 특성연구와 마찬가지로 리더십을 리더 중심적 시각에서 보는 접근법이다. 하지만 리더 특성연구는 상대적으로 고정화된 성격 특성연구에 초점을 맞추고 있으나 리더 역량연구는 리더의 역량이나 능력은 학습되고 개발될 수 있다고 주장한다. 다시 말하면, 리더의 성격도 리더십 발휘에서 물론 중요한 역할을 하지만, 리더의 지식이나 능력과 같은 리더의 역량 역시도 효과적인 리더십 발휘에 중요하게 작용한다는 관점이다.

[표 2-6] 존경 받는 리더들의 성품(응답자 비율)

성품	2007	2002	1995	1987
정직	89	88	88	83
통찰력	71	71	75	62
격려	69	65	68	58
능력	68	66	63	67
지성	48	47	40	43
공정성	39	42	49	40
솔직성	36	34	33	34
관용	35	40	40	37
지원	35	35	41	32
의지가 됨	34	33	32	33
협동	25	28	28	25
용기	25	20	29	27
의지력	25	23	17	17
배려	22	20	23	26
상상력	17	23	28	34
성숙	15	21	13	23
야심	16	17	13	21
충성	18	14	11	11
자기 절제	10	8	5	13
자립심	4	6	5	10

이 비율은 6대주(아프리카, 북미, 남미, 아시아, 유럽, 오세아니아)의 응답자들의 대답을 종합한 것임. 과반수가 미국인임. 7개씩 성품을 요구했으므로 총 비율은 100%가 넘음.

〈출처 : Kouzes & Posner, 2007, P. 30〉

(1) Katz의 연구

　Katz(1955)는 리더십 연구를 개발가능한 일련의 리더역량에 초점을 맞춤으로써 기존의 리더 특성연구의 문제점을 뛰어넘으려고 시도하였다.[18] 그는 경영현장에서 경영관리자들의 경영활동을 직접 관찰한 현장연구에 근거하여 "효과적인 리더십은 리더가 가지고 있는 세 가지 기본적 기술, 즉 전문적, 인간관계적, 개념적 기술에 달려 있다"라고 주장하였다. 또한 이러한 기술들은 리더의 타고난 성격특성이나 인품과는 매우 다른 차원이며 습득할 수 있는 것이라고 언급하고, 리더십 기술을 조직의 목표를 달성하기 위한 자신의 지식이나 역량의 활용능력이라고 정의하였다.

　그에 따르면, 전문적 기술은 어떤 구체적인 작업이나 활동에 관한 지식과 능숙함을 의미한다. 전문적 기술은 특정한 전문영역에서 요구되는 역량 및 분석능력이며, 적절한 도구나 기법을 활용할 수 있는 능력이기도 하다. 인간관계 기술은 구성원들과 함께 업무를 진행하는 데 필요한 인간관계에 대한 지식과 융화될 수 있는 능력이다. 이러한 기술은 전문적 기술과는 매우 다른 차원의 기술인데 전문적 기술은 사람이 아닌 사물과 관련된 기술인 반면, 인간관계 기술은 사람과 관련된 '인간기술'이기 때문이다. 쉽게 말하면, 특정 문제에 대한 자기 자신의 시각을 가짐과 동시에 다른 사람들의 시각 또한 감지할 수 있는 능력을 의미한다.

　개념적 기술은 아이디어나 개념과 관련된 능력을 말한다. 예를 들어, 전문적 기술이 사물이나 문제를 다루는 기술이고, 인간관계 기술은 사람을 다루는 기술이라면, 개념적 기술은 비전, 계획, 관념 등과 같은 아이디어를 다루는 능력이라고 볼 수 있다. 이는 조직의 비전을 제시하고 계획을 수립하는 과정에 있어 매우 중요하다. 물론 세 가지 기술들을 모두 갖추는 것이 중요하지만, 관리계층상(일선 감독층, 중간 경영층, 최고 경영층)에서의 자신의 위치에 따라 특정 기술은 다른 기술들보다 상대적으로 더욱 중요하다고 볼 수 있다.

[표 2-7] 리더십 기술의 유형

	전문적 기술	인간관계 기술	개념적 기술
최고 경영층	저	고	고
중간 경영층	중	고	중
일선 감독층	고	고	저

〈출처 : Katz, R. L. (1995)〉

(2) Mumford와 동료들의 연구

Mumford와 동료들은 리더십 역량모형(a skills-based model of leadership)을 개발하였다.[19] 이 모형은 하나의 능력모형이며 리더의 지식 및 능력과 리더 성과 간의 관계를 검증한다. 여기서는 리더가 무엇을 하느냐에 초점을 맞추기보다는 효과적인 리더십을 가능하게 하는 리더의 역할, 즉 지식과 기술을 강조한다. [그림 2-4]에서 보는 것처럼 리더십 역량모형의 세 가지 구성요소는 개인 속성, 역량, 리더십 성과이다. 모형에서 개인 속성은 역량에 영향을 미치고, 역량은 리더십 성과에 영향을 미치며, 경력상의 경험과 환경적 요인은 개인 속성, 역량, 리더십 성과에 영향을 미친다는 것을 보여 주고 있다.

먼저 개인 속성 요소를 살펴보자. 일반적 인지능력은 리더의 지능이라고 볼 수 있는데 지각능력, 정보처리능력, 일반적 사고력, 창의적 사고력, 확장적 사고력, 암기력 등이 여기에 포함된다. 구체적 인지능력은 시간의 경과에 따라 학습되거나 습득되는 지적인 능력을 의미한다. 즉, 경험을 통해 얻게 되는 지식의 창고이며 리더십 역량이 키워지는 것을 의미한다. 동기유발은 복잡하고 어려운 조직의 문제를 적극적으로 해결해 보려는 자발성과 영향력을 나타내 보이고 조직의 사회적 유익 증진에도 헌신적인 것을 말한다. 성격 역시도 리더십 역량 개발에 주요한 영향을 미치는데 예를 들어 개방성, 참을성, 호기심 등은 리더의 업적향상과 관련이 높다.

[그림 2-4] 리더십 역량모형

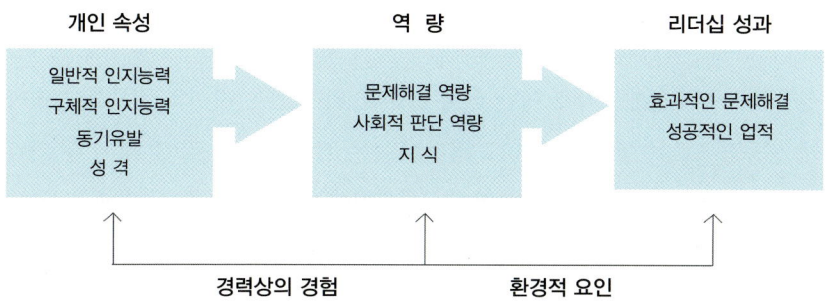

〈출처 : Mumford, M. D., Zaccaro, S. J., Harding, F. D., Owen Jacobs, T., and Fleishman, E. A. (2000)〉

다음으로 역량 요소는 문제해결 역량, 사회적 판단 역량, 지식 세 가지를 포함하며 모형 내 핵심을 이루고 있다. 문제해결 역량은 조직에게 익숙하지 않고 불명확한 문제들을 해결하는 창의적 능력을 의미한다. 다시 말하면, 이러한 문제해결 기술은 해결해야 할 문제점이 무엇인가를 명확히 할 수 있고, 정보 수집을 통해 그 문제점에 관한 새로운 아이디어를 제시하고, 문제해결을 위한 명쾌한 계획을 제시 및 수립해 나갈 수 있는 능력을 말한다. 사회적 판단 역량은 구성원들을 이해하고 그들 간의 사회적 시스템을 이해하는 능력을 의미한다. 즉, 구성원들과 함께 문제해결을 위해 노력하고 그들로부터의 지원을 통해 조직 내 필요한 변화의 실천을 가능하게 한다. 여기에서는 균형 잡힌 시각, 사회적 지각, 행동의 유연성, 사회적 행동 등과 같은 인간관계 기술들을 포함한다. 지식은 조직에서 문제해결 기술을 적용하고 실천하는 데 가장 중요한 역할을 한다. 이는 복잡한 조직문제의 원인을 밝혀낼 수 있는 리더의 역량과 그 문제를 해결하려는 노력에 직접적인 영향을 미친다.

그리고 개인 속성과 역량의 결과로서 효과적인 문제해결 및 성공적인 업적과 같은 리더십 성과 요소가 있다. 문제해결의 효과를 평가하는 기준은 문제해결 방식의 독창성과 해결책의 질적 수준이라고 볼 수 있다. 가장 효과적인 문제해결은 논리적이면서도 주어진 정보의 한계를 넘어 독특하고 새로운 해결책을 제시하는 것이다. 성공적인 업적은 리더가 할당 받은 자신의 업무를 얼마나 성공적으로 수행했는가에 대한 외적 기준을 의미한다. 자신의 직무를 능숙하게 성공적으로 수행해 냈다면 그 리더는 높은 평가를 받게 될 것이다. 두 가지의 리더십 성과, 효과적인 문제해결과 성공적인 업적은 상보적인 관계에 있다.

마지막으로, 전반적인 리더십 업적에 영향을 미치는 두 가지 다른 요소, 경력상의 경험과 환경적 요인을 살펴보고자 한다. 앞서 말한 바와 같이 경력상의 경험은 리더의 특성과 함께 역량에 영향을 미친다. 도전적인 업무, 멘토링, 적절한 훈련, 새로운 방식의 문제해결 등에 대한 직접적인 경험은 리더의 개인적 속성과 정의 관계에 있다. 시간의 경과와 더불어 조직 내 직위의 상승으로 인해 문제해결의 유형이 점진적으로 더 복잡하고 어려워지기 때문에 그 리더는 더 높은 수준의 개념적 기술을 학습하고 개발해 나가게 된다. 정리하자면, 리더의 역량은 경력상의 경험에 의해 형성, 확대, 개발될 수 있다. 환경적 요인은 리더의 역량, 특성 및 경험이 아닌 외부로부터 영향을 미치는 요소들을 의미한다. 예를 들어, 낙후된 공장시설, 조직 내 제한된 규정, 부하직원들의 역량수준 등과 같은 환경요인들은 문제해결 활동에 영향을 미칠 것이다.

2. 행동이론

1) 리더십 유형 연구

리더십 유형 연구(style approach)는 리더의 행동에 초점을 맞추는 연구이다. 이러한 연구들은 리더가 보유하고 있는 특성의 관점에서 리더십을 행동 유형으로 개념화하는 전환기에서의 특성을 잘 보여 준다. 유형 연구들은 리더가 무엇을 하는지, 어떻게 행동하는지를 강조하면서 다양한 상황에서 구성원들에 대한 리더의 행동들을 모두 포괄하는 연구로 확대되었다. 리더십 유형을 연구하는 학자들은 리더십이 기본적으로 일반적인 두 가지 종류의 행동으로 이루어져 있다고 주장하였다. 두 가지 종류의 리더십 행동이란 과업행동(task behavior)과 관계행동(relationship behavior)을 말한다. 간단히 말하면, 과업행동은 목표달성을 촉진하는 행동이고, 관계행동은 구성원들과 좋은 인간관계를 유지하며 그들의 만족감을 높여 주는 행동들이다. 리더십 유형 연구의 대표적인 연구들로 오하이오주립대학교의 연구(1964), 미시간대학교의 연구(1978), Blake와 Mouton(1964)의 연구를 들 수 있다.

(1) 오하이오대학교의 리더십 유형 연구

오하이오주립대학교의 연구자들은 리더들이 집단이나 조직을 지도하고 있을 때 그들이 어떻게 행동하는지를 분석하였다. 이 같은 분석을 위해 구성원들에게 리더의 행동에 관한 설문지에 응답하도록 하였다. 최초 1,800여 가지의 다양한 리더 행동들의 목록을 토대로 하여 150문항으로 구성된 설문지가 완성되었다. 이 설문지를 LBDQ(Leader Behavior Description Questionnaire)라고 부른다. 그리고 나서 5년 후, Stogdill은 LBDQ의 축소판을 발표하게 되었고, 그것을 LBDQ-XII라고 호칭하였다. 이 설문지는 연구분야에서 아직도 널리 사용되고 있다. 연구자들은 마침내 설문지에 대한 응답을 토대로 크게 두 가지 유형의 리더십 행동으로 구분할 수 있다는 것을 밝혀냈다. 구조주도(initiating structure)와 배려(consideration)가 그것이다.

구조주도행동은 앞서 말한 과업행동을 의미하며 일의 조직화, 작업상황의 구조화, 역할 및 책임의 확정, 작업활동의 일정계획 등이 여기에 포함된다. 반면, 배려행동은 관계행동과 관련성이 높으며 리더와 구성원들 간의 존중, 신뢰구축, 구성원들 간 좋은 인간관계 형성을 촉진시키는 행동 등을 포함한다. 이들

연구의 큰 특징 중 하나는 이러한 두 가지 행동들을 단일한 연속체상의 두 극단으로 보지 않고 두 개의 독립된 별개로 보았다는 것이다. 즉, 둘 중 한 가지 행동 유형을 보이고 있는 정도는 다른 유형의 행동을 보이고 있는 정도와 상호 관련성이 없다는 의미이다. 따라서, 리더의 과업행동과 관계행동 간의 최적결합은 무엇이며 어떻게 유지할 것인지가 연구자들의 중심적인 과제가 되었다.

(2) 미시간대학교의 연구

오하이오주립대학교 연구팀들이 LBDQ를 개발하고 있는 동안 미시간 대학교 연구자들 역시 리더십 행동을 연구하고 있었으며, 특히 리더 행동이 소집단의 업적에 미치는 영향에 특별한 관심을 가지고 있었다. 미시간대학교의 연구에서도 앞서 말한 개념들과 유사한 생산성 지향(production orientation)과 종업원 지향(employee orientation)의 두 가지 리더십 행동 유형들을 확인하였다. 생산성 지향은 직무의 기술적 측면과 생산 측면을 강조하는 리더십 행동으로 작업자들을 과업완성을 위한 수단으로 간주한다. 이는 과업행동 및 구조주도 행동과 매우 유사하다. 반면, 종업원 지향은 좋은 인간관계를 강조하는 리더십을 의미하며, 종업원 지향적인 리더들은 구성원들에 대해 관심이 많고, 그들의 개성을 가치 있게 존중하며, 개개인의 욕구에도 특별한 관심을 나타낸다. 이는 관계행동 및 배려행동과 매우 유사하다고 볼 수 있다.

하지만 오하이오주립대학교와 미시간대학교 연구자들 사이에서 리더십 행동에 관한 주장은 초기연구에서 차이를 보였었다. 미시간대학교 연구자들은 초기에 두 리더십 행동을 단일연속체상의 양극단에 있는 것으로 개념화하였다. 이후, 많은 연구들이 진행됨에 따라 오하이오주립대학교 연구팀들과 비슷하게 두 가지 리더십 행동은 양극단이 아닌 독립된 리더십 행동으로 재개념화되었다. 결론적으로, 리더십 행동 유형 연구들의 가장 큰 관심사는 어떻게 하면 과업행동과 관계행동을 가장 잘 조합하여 구성원들의 업적과 만족을 극대화시킬 수 있는가에 있었다.

(3) Blake와 Mouton의 연구

　1960년대 초에 처음 등장한 관리격자 모형(a managerial grid) 혹은 리더십 그리드(leadership grid) 모형은 대중들에게 가장 잘 알려진 대표적인 리더십 행동모형들 중 하나이다.[20] Blake와 Mouton(1964)에 의해 개발된 이 모형은 이후에도 여러 차례에 걸쳐 보완되고 개선되었다. 이 모형은 두 요인, 즉 성과에 대한 관심과 사람에 대한 관심을 통해 리더가 어떻게 하면 효과적으로 조직을 도와 목표를 달성할 수 있도록 할 것인가를 설명하기 위해 만들어진 것이다. 성과에 대한 관심은 리더가 조직의 과업달성을 위해 어떻게 노력하고 있는지를 나타내며, 사람에 대한 관심은 리더가 목표달성을 위해 노력하고 있는 구성원들을 위해 어떻게 마음을 쓰고 배려하고 있는 지를 의미한다.

　리더십 그리드 모형은 [그림 2-5]에서 볼 수 있는 것처럼 두 개의 교차하는 축선으로 된 모델 속에 성과에 대한 관심과 사람에 대한 관심을 결합시킨다. 두 축선은 9점 척도로 되어 있고, 각 척도상의 1은 최소한의 관심, 9는 최대한의 관심을 나타낸다. 각 축 선상에 점수를 표시하면 여러 가지 리더십 유형들이 나타날 수 있는데, 여기서 리더십 그리드는 팀형(9.9), 권한-순응형(9.1), 컨트리클럽형(1.9), 중도형(5.5), 방관형(1.1) 등 다섯 가지 주된 리더십 유형들을 제시한다(Blake & McCanse, 1991).[21]

　팀형 리더십 유형은 과업수행과 대인관계 모두를 강조한다. 이러한 리더는 높은 수준의 참여와 팀워크를 촉진시킨다. 예를 들면, 현안문제를 완전히 공개하고, 단호하게 행동하며, 우선순위를 명백히 하고, 일을 끝까지 잘 마무리한다. 그리고 열린 마음으로 행동하고, 일하는 것을 즐기며, 구성원들의 참여를 자극하고 촉진한다. 권한-순응형 리더십 유형은 구성원들에게 과업완수와 직무상의 요구에 따를 것을 강조하며, 구성원들을 직무완성의 수단이라고 생각한다. 이러한 리더는 성과지향적이며, 통제적이고, 많은 것을 요구하며, 강하게 몰아붙여 강압적이라는 말을 듣는다. 컨트리클럽형 리더십 유형은 과업

[그림 2-5] 리더십 그리드 모형

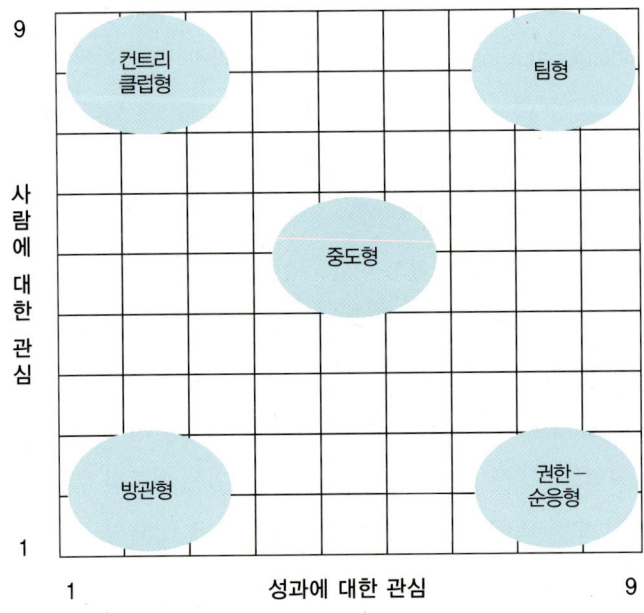

〈출처 : Blake, R. R. and McCanse, A. A. (1991)〉

완수에 대한 관심은 낮고 대인관계에 대한 관심이 높은 유형이다. 이러한 리더는 사람들의 태도와 감정에 대한 관심이 높고 구성원들의 개인적·사회적 욕구가 충족되도록 노력한다. 중도형 리더십 유형은 균형감각을 가진 절충형 리더라고 말할 수 있는데, 이러한 리더는 갈등을 피하고 적당한 수준의 생산활동과 대인관계를 유지한다. 따라서, 소위 적당주의 리더 혹은 편의주의자로 일컬어지기도 한다. 방관형 리더십 유형은 과업수행이나 대인관계 어느 쪽에도 노력하지 않는 유형이다. 이러한 리더는 리더라는 지위만 가지고 있을 뿐, 업무에 무관심하고, 소극적이며, 구성원들과의 관계 구축을 위해서도 힘쓰지 않는다.

또한, Blake와 Mouton은 추가적인 두 가지 유형의 리더십 유형으로 온정주의 리더와 임기응변적 리더를 제시하였다. 온정주의 리더(paternalism or maternalism)는 권한-순응형과 컨트리클럽형 모두를 활용하지만 그 두 가지 유형을 통합하지는 않는 리더를 말한다. 이러한 리더는 자비로운 독재자라고 불리기도 하며, 구성원들과의 관계에 있어서는 온화하지만 목표달성을 위해서는 엄격하고 단호하다. 즉, 온정주의 리더는 구성원들을 마치 과업과 분리되어 있는 것처럼 간주한다. 임기응변적 리더(opportunism)는 다섯 가지 리더십 유형들을 조합하여 리더십을 발휘하는 리더를 말한다. 이러한 리더들은 구성원들의 유익의 극대화를 위해 상황에 따라 필요한 그리드 유형을 채택하여 활용한다.

3. 상황이론

1) Hersey와 Blanchard의 연구

리더십 상황적 접근법(situational approach)은 Hersey와 Blanchard(1969)에 의해 개발되었으며, 이들은 다양한 상황에서 그에 맞는 다양한 유형의 리더십이 요구된다고 주장한다.[22] 따라서, 유능한 리더가 되려면 그의 리더십 유형을 다양한 상황의 요구에 맞추어야 한다는 것이다. 리더십 상황적 접근법은 리더십이 지시적(directive) 차원과 지원적(supportive) 차원으로 이루어져 있다고 주장한다. 어떤 특정상황에서 어떤 리더십 유형을 발휘해야 하는지를 파악하기 위해서 리더는 구성원(부하직원)을 평가하고 그가 특정한 과업수행을 위해 어느 정도로 유능성(competence)과 헌신성(commitment)을 가지고 있는지를 알아야 한다. 즉, 리더는 지시적 행동과 지원적 행동의 정도를 구성원의 유능성과 헌신성의 수준에 맞추어 변경시켜야 한다는 것이다. Hersey와 Blanchard(1982)는 상황적 접근법 관점에서 상황적 리더십(situational leadership) 모형을 개발하였으며, 이 모형은 크게 리더십 유형과 구성원의 성숙도로 구분된다.

리더십 유형은 구성원들에게 영향을 미치기 위해 노력하는 리더의 행동양식이며, 크게 지시적(과업적)행동과 지원적(관계적) 행동 두 가지로 구분될 수 있다. 지시적 행동은 업무지시, 목표설정, 평가방법 고안, 근무시간 및 작업시간 설정, 역할확정, 목표달성방법 설명 등 조직 내 구성원들이 목표달성에 매진할 수 있도록 촉진하는 행동들을 포함한다. 지원적 행동은 구성원들을 도와줌으로써 그들의 자신에 대한 만족감뿐만 아니라, 상사와 동료 직원들과 일하고 있는 상황에 대해서도 만족감을 높이려는 행동들이다. 이러한 지원적 행동은 쌍방적 의사소통에 의해 이루어지며 사회적 지원과 정서적 지원과 관련된 행동들을 모두 포함한다.

지시적 행동과 지원적 행동 수준에 따른 리더십 유형은 코치형(coaching), 지시형(directing), 지원형(supporting), 위임형(delegating) 네 가지 유형으로 구성된다. 코치형 리더십 유형은 높은 지시적-높은 지원적 행동을 나타내며, 리더는 구성원들의 참여를 독려하고 새로운 아이디어와 제안을 촉진시킴으로써 리더 자신과 구성원들이 모두 참여하는 팀 정신을 추구한다. 지시적 리더십 유형은 높은 지시적-낮은 지원적 행동을 나타내며, 리더는 구성원들이 목표를 어떻게 달성해야 하는지에 대한 정확한 작업지시를 하고 그들의 작업활동을 주의 깊게 관찰·감독한다. 지원형 리더십 유형은 높은 지원적-낮은 지시적 행동을 나타내며, 리더는 목표에만 초점을 맞추기보다는 지원적 행동을 통해 구성원들이 과업을 달성하기 위하여 능력을 마음껏 발휘할 수 있도록 동기유발하는 데 힘쓴다. 위임형 리더십 유형은 낮은 지원적-낮은 지시적 행동을 나타내며, 리더는 수행해야 할 업무에 대한 합의가 이루어지면 그 업무의 수행방법에 대한 결정과 업무완성의 책임을 구성원에게 전적으로 위임한다. 이러한 권한위임 행동을 통해 구성원들에게 과업과 관련된 자신감 및 자율성을 독려시킨다.

[그림 2-6] 상황적 리더십 모형

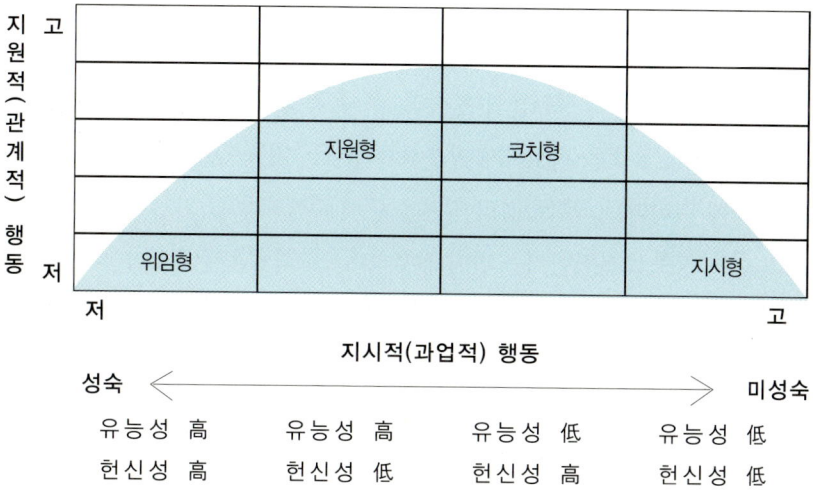

〈출처 : Hersey, P. and Blanchard, K. H. (1982)〉

이러한 리더십의 네 가지 유형은 구성원, 즉 부하직원의 성숙도에 따라 각 유형의 적합성이 달라질 수 있다. 성숙도는 부하직원이 주어진 과업이나 활동을 완성하는 데 요구되는 유능성과 헌신성을 의미한다. 다시 말하면, 리더는 특정 과업을 수행하는 데 있어 부하직원의 숙련된 기술이나 역량의 수준과 그 과업수행에 대한 긍정성과 자발성의 수준을 파악해야 한다. 높은 유능성-높은 헌신성을 가진 부하직원들에게는 위임형 리더십이 적합하다. 이러한 직원들은 두 가지 발달수준이 모두 높으며, 기술에 대한 노하우를 터득하고 있고, 그 과업을 완성하려는 동기유발 수준이 높다. 낮은 유능성-높은 헌신성을 가진 부하직원들에게는 코치형 리더십이 적합하다. 이러한 직원들은 주어진 과업이 생소하여 수행방법을 정확히 알지는 못하나 새로운 과업수행에서 오는 도전에 흥미를 느낀다. 높은 유능성-낮은 헌신성을 가진 부하직원들에게는 지원형 리더십이 적합하다. 직무수행은 어느 정도 익숙해졌지만 새로운 직무

로부터 느꼈던 도전에 대한 흥미를 잃고 동기유발 수준이 낮다. 낮은 유능성
-낮은 헌신성을 가진 부하직원들에게는 지시형 리더십이 적합하다. 기본적인
직무수행 능력을 가지고 있으며 그 과업을 완성하려는 동기유발 수준이 낮다.

상황적 접근법은 구성원들의 성숙도, 즉 유능성과 헌신성의 연속체를 따라 리더는 리더십 유형을 적절하게 활용해야 한다는 것을 강조한다. 따라서, 주어진 상황에서 리더는 상황특성의 진단을 통해 수행해야 할 과업이 정확히 무엇이고 어느 정도로 복잡한지를 판단해야 하며, 그 과업을 수행해야 하는 부하직원의 업무적인 능력과 그 일을 끝까지 완성하려는 의욕이 어느 정도인지를 파악해야 한다. 마지막으로, 리더십 행동 유형에 있어서 상황적 리더십 모형을 참고하여 부하직원의 발달수준에 맞는 리더십을 선택하고 그에 맞게 행동하려고 노력해야 한다. 또한, 부하직원과의 관계는 일대일이며 업무의 특성이나 수행기간 또한 매번 다를 수 있기 때문에 모든 상황과 모든 직원들에게 행동해야 하는 리더십 유형은 동일할 수 없다. 따라서, 상황적 접근법은 리더의 행동에 있어 유연성 혹은 융통성의 수준이 매우 높아야 한다고 주장하고 있다.

2) 상황적합 이론 : Fiedler의 연구

상황적합 이론(contingency theory)과 관련된 리더십 접근법들 중 Fiedler(1964)의 이론이 가장 널리 인정받아 사용되어 왔다.[23] 상황적합 이론은 리더-적합이론(leader-match theory)이라고도 일컫는데, 이는 리더가 그의 리더십을 적절한 상황에 적합시켜야 한다는 것을 의미한다. 즉, 리더십의 효과성은 리더의 행동 유형과 그 리더십을 발휘하는 특정상황의 부합 정도에 달려 있다고 볼 수 있다. Fiedler는 리더십 유형과 상황변인들을 효과적으로 구성한 하나의 연구모델을 제시하였다. 상황적합 이론의 모델 안에서 리더십 유형은 과업지향과 관계지향으로 설명된다(Fiedler, 1967). 과업지향적 리더는 주로 목표달성

에 초점을 두는 반면, 관계지향 리더는 친밀한 인간관계를 개발하는 데 주안점을 둔다. 이러한 두 가지 리더유형을 측정하기 위해 Fiedler는 LPC(Least Preferred Co-worker) 척도를 개발하였는데, 이 척도에서 높은 점수를 받은 사람은 관계지향적이며 낮은 점수를 받은 사람은 과업지향적이라는 것을 의미한다.

상황적합 이론에서 리더십 상황은 세 가지 요인의 측정을 통해 그 특성을 구분할 수 있다. 세 가지 상황요인이란 리더-구성원 관계(leader-member relation), 과업구조(task-structure), 지위권력(position power)을 말한다. 리더-구성원 관계는 집단의 분위기, 신뢰 정도, 리더에 대한 구성원들의 충성도 및 호감 등을 나타낸다. 과업구조는 과업상의 요구, 즉 과업내용의 명확성과 과업수행 절차의 기록화 정도를 나타내는 말이다. 구조화된 과업으로는 McDonald의 정형화된 업무를 예로 들 수 있으며, 반면 비구조화된 과업의 예로는 발전기금 모금위원회 활동 등을 들 수 있다. 고도로 구조화된 과업은 리더에게 더 높은 수준의 통제력을 제공하는 반면, 모호하고 불명확한 과업은 리더의 통제력 및 영향력 수준을 감소시킨다. 마지막으로, 지위권력은 리더가 구성원들에게 보상과 체벌을 줄 수 있는 권한의 수준을 가리킨다. 만약 리더가 구성원들에 대한 채용, 해고, 승진, 급여인상 등에 대해 더 많은 권한을 가지고 있다면 그 리더의 지위권력 수준은 매우 높다고 할 수 있다.

이와 같은 세 가지의 상황요인들 리더-구성원 관계, 과업구조, 지원권력을 결합하여 조직 내 여러 가지 상황에서의 유리성(favorableness)이 결정된다.[24] 예를 들어, 가장 유리한 상황은 리더-구성원 관계가 원만하며, 고도로 구조화된 과업이며, 높은 수준의 지위권력을 가지고 있는 리더십 상황을 의미한다. 반면, 가장 유리하지 않은 상황은 리더-구성원 관계가 나쁘며, 비구조화된 과업이며, 낮은 수준의 지위권력을 가지고 있는 리더십 상황을 의미한다. 상황적합 이론은 연구결과를 토대로 하여 어떤 리더십 유형이 특정상황에서는 효과

[그림 2-7] 상황적합 모형

리더-구성원관계	좋음				나쁨			
과업구조	높음		낮음		높음		낮음	
지위권력	강함	약함	강함	약함	강함	약함	강함	약함
범주	1	2	3	4	5	6	7	8
선호되는 리더십 유형	낮은 LPC				높은 LPC			낮은 LPC
유리성	매우 유리함 ←――――――――――――――――→ 매우 불리함							

⟨출처 : Fiedler, F. E. (1967)⟩

적인 반면, 다른 상황에서는 비효과적일 수 있다고 주장한다. 다시 말하면, 과업지향적 리더(낮은 LPC 점수)는 매우 유리하거나 매우 불리한 상황(범주1, 2, 3, 8)에서 효과적이고, 관계지향적 리더(높은 LPC 점수)는 중간 정도 수준의 유리한 상황(범주4, 5, 6, 7)에서 효과적이라고 설명한다. 결론적으로 리더의 행동 유형이 적절한 범주와 일치되는 정도만큼 그 리더십은 효과적일 수 있다. 상황적합 이론이 강조하고 있는 것은, 즉 기존의 이론이나 관점들과는 달리 리더가 모든 상황에서 효과적일 수는 없다는 사실을 지적하고 있다는 것이다.

3) 경로-목표이론 : House의 연구

경로-목표이론(path-goal theory)은 목표를 달성하기 위해 리더가 어떻게 구성원들을 동기유발시킬 것인가에 관한 이론(Evans, 1970)이다.[25] 경로-목표이론의 토대를 이루는 가정은 기대이론(expectancy theory)에서 시작되었다. 기대이론은 구성원들이 다음과 같은 상황에서 동기유발된다고 주장한다. 예를 들어, 그들이 노력하면 그 과업을 완수해 낼 수 있을 것이라 생각할 때, 노력의 결과로서 그의 상응하는 성과 또는 보상이 있을 것이라 확신할 때, 과업수행의 결과로 얻은 보상이 자신에게 가치 있는 것이라 판단될 때를 말한다.

House와 Mitchell(1974)은 구성원들이 노력의 대가로 받게 되는 보상의 양과 종류를 증대시킬 수 있을 때, 또한 리더가 목표달성의 경로(path to goal)를 분명히 하고 코칭과 지도를 통해 그 경로를 쉽게 통과할 수 있도록 도와주며 업무 그 자체에 대한 개인적인 만족감을 높여 줄 때 구성원들의 행동을 유발시킬 수 있다고 주장하였다.[26] 경로-목표이론의 기본적인 아이디어를 한 문장으로 요약 정리하면, 리더의 명확한 목표 및 경로 제시, 장애물 제거, 지원 제공을 통해 구성원들의 성공적인 과업수행과 만족도 증진을 촉진시키는 것이다.

House(1996)은 최초의 경로-목표 모델에 대한 많은 실증연구들을 바탕으로 [그림 2-8]과 같은 개정된 모델을 제시하였다.[27]

최초의 경로-목표이론 모형에 포함되며 새로운 모형에도 반영된 요소들에 대해 간단히 설명하자면 다음과 같다. 지시적 리더 행동은 오하이오주립대학교 연구에서 발표했던 작업지시, 업무수행방법, 규칙이나 규정 명확화, 업무의 기한 제시 등을 포함하는 구조주도행동과 유사하다. 지원적 리더 행동 또한 오하이오주립대학교 연구에서 발표했던 친절하고 접근하기 쉬운 리더 행동을 의미하며, 구성원들의 복지와 욕구에 관심을 가지는 배려행동 개념과 유사하다. 참가적 리더 행동은 구성원들을 의사결정 과정에 참여시키는 행동을 의미하는 것으로, 그들의 아이디어, 의견, 제안 등을 받아들여 의사결정에 반영한다. 성취지향적 리더 행동은 구성원들에게 업무에 대한 도전적인 자세를 요구하며 그들이 최대한 높은 업적을 완수하도록 촉진제 역할을 한다. 이러한 리더의 네 가지 행동 유형은 구성원들이나 상황에 따라 하나 이상 혹은 모두를 혼합적으로 활용할 수 있다고 주장하기 때문에 어느 한 가지 리더십에 한정시키는 기존의 리더 특성 이론과는 차이가 있다.

[그림 2-8] 경로-목표 모델

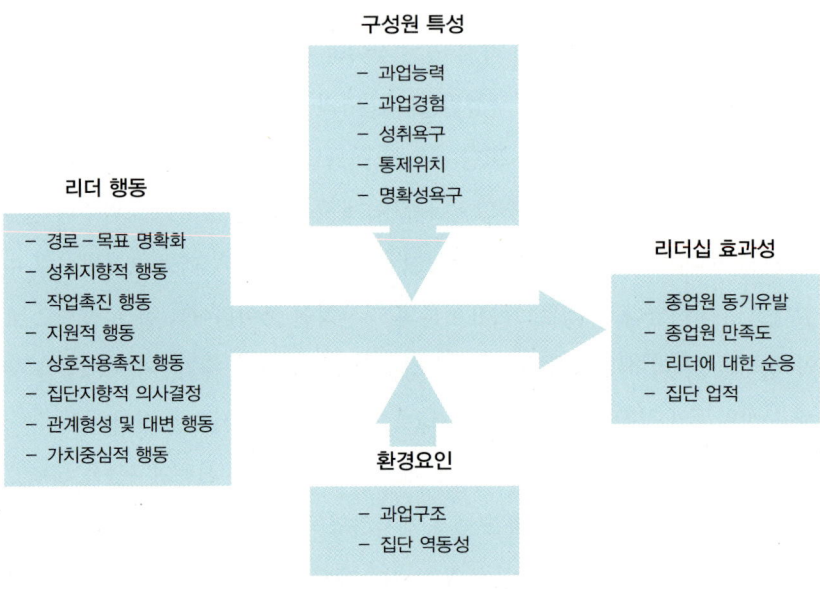

〈출처 : House, R. J. (1996)〉

구성원 특성은 주어진 업무상황에서 그들이 리더의 행동을 지각하는 데 영향을 미친다. 예를 들어, 친화욕구가 강한 구성원들은 지원적 리더십을 선호하는 반면, 독단적이고 권위주의적인 구성원들이 불확실한 상황에서 업무를 진행하고 있는 경우에는 지시적 리더십이 선호될 수 있다. 또한, 구성원들의 통제위치는 내적·외적 통제위치(internal and external locus of control) 두 가지로 구분하여 살펴볼 수 있다. 내적 통제위치의 구성원들은 자신의 인생에서 일어나고 있는 사건들의 책임이 자신에게 있다고 믿는 반면, 외적 통제위치의 구성원들은 이러한 사건들은 우연이나 운명 혹은 외부세력에 기인한다고 생각한다. 경로-목표이론에서는 내적 통제위치의 구성원들은 참가적 리더십에 대한 만족도가 높고, 외적 통제위치의 구성원들은 지시적 리더십을 선호한다고 주장한다. 구성원 특성 이외에도 과업 특성 또한 리더의 행동이 구성원들의 동기유발에 주요한 영향을 미친다. 과업 특성에는 과업 설계, 조직 내 공식적 권한 시스템 등이 포함된다. 예를 들어, 어떤 특정 업무상황에서 명확하게 구조화된 과업이 있다면 리더의 지나친 지도나 코치는 필요 없을 것이다. 반면, 과업의 내용이 불명확하거나 모호할 경우 구성원들에게는 리더의 지원적 리더십이 필요할 것이다.

House(1996)에 의해 새롭게 개정된 경로-목표이론 모델은 기존의 이론을 확대하여 8가지 유형의 리더십 행동을 제시한다. 새로운 이 이론도 핵심내용은 최초 모델과 동일하다. 리더십 효과성을 위해 리더는 작업환경에 부족한 것들을 제공·지원함으로써 구성원들을 도와주어야 하며 그들의 능력상의 결함 역시도 보완해 주어야 한다는 것이다. 따라서, 제시된 8가지 유형의 리더십 행동 각각의 특성들은 구성원 특성 및 과업 특성에 맞게 적절히 처방되어 조직 내 리더십 효과성을 높일 수 있다. 유능하고 효과적인 리더는 특정 업무상황에서 구성원들과 과업 특성이 요구하는 것이 무엇인가에 유의하여 그 필요성에 가장 잘 부합되는 리더십 유형을 선택해야 한다.

4. 영향력이론 : 변혁적 리더십을 중심으로

변혁적 리더십 접근법(transformational leadership approach)은 1980년대 초부터 많은 연구자들의 주목을 받고 있는 비교적 최근의 리더십 접근법들 중 하나이며, 새로운 리더십(new leadership) 패러다임의 일부이기도 하다. Lowe와 Gardner(2001)는 리더십 분야의 저명한 국제학술지인 *The Leadership Quarterly*에 게재된 논문들 중 3분의 1이 변혁적 또는 카리스마적 리더십에 관한 것임을 발견하였다.[28] 그만큼 많은 연구자들이 변혁적 리더십을 연구해 왔으며 리더십 연구의 중심에 있다고 말할 수 있다. 변혁적 리더십은 리더가 구성원들의 정서, 가치관, 윤리, 행동규범, 장기적 목표 등에 영향을 미쳐 구성원들을 변혁시키는 과정이다. 또한, 변혁적 리더십은 카리스마적(charismatic) 리더십과 비전적(visionary) 리더십 개념을 포함하며, 리더십의 폭넓은 범위를 설명하기 위해 사용될 수 있는 포괄적인 접근방법이라 할 수 있다.

1) Burns의 연구

정치사회학자인 Burns(1978)는 그의 저서 *Leadership*에서 "리더란 부하와 리더의 목표에 보다 더 효과적으로 도달할 수 있도록 부하에게 동기부여하는 사람"이라고 정의하였다.[29] 또한, 그는 리더십을 두 가지 형태, 즉 거래적 리더십(transactional leadership)과 변혁적 리더십(transformational leadership)으로 구분하였다. 거래적 리더십은 리더와 구성원 사이에 발생하는 교환관계에 초점을 두고 있으며, 기존의 많은 리더십 모델들은 리더십을 이와 같이 거래관점에서 파악하려고 하였다. 예를 들어, 목표를 초과 달성하는 구성원에게 그 대가로 보상이나 승진을 약속하는 리더들은 거래적 리더십을 나타내고 있는 것이다. 조직 내 교환이란 것은 매우 일반적인 현상이며, 거의 모든 유형의 조직과 계층에서 관찰될 수 있다.

거래적 리더십과는 대조적으로 변혁적 리더십은 리더가 구성원들과 함께 리더와 구성원 모두의 동기유발 및 도덕수준을 높이는 연결관계를 창조해 가는 과정이다. 따라서, 변혁적 리더는 구성원들의 동기와 욕구에 관심을 기울임으로써 그들의 능력을 최대한 발휘할 수 있도록 도와주는 데 힘써야 한다. 여기서 우리는 마하트마 간디와 아돌프 히틀러를 비교해 볼 수 있다. 수많은 국민들의 요구와 희망 수준을 높이는 과정에서 자기 자신을 변화시켜 나갔던 간디는 변혁적 리더십의 고전적인 사례이다. 반면, 자기파괴적이고 착취적이며 권력지향적이고 도덕적 가치를 왜곡한 아돌프 히틀러는 변혁적이었으나 부정적

[표 2-8] 거래적 리더십과 변혁적 리더십

구 분	거래적 리더	변혁적 리더
현상	현상을 유지하기 위해 노력함	현상을 변화시키고자 노력함
목표 지향성	현상과 너무 괴리되지 않은 목표 지향	현상보다 매우 높은 이상적인 목표 지향
시간	단기적 전망, 기본적으로 가시적인 보상으로 동기부여	장기적인 전망, 부하들에게 장기적 목표를 위해 노력하도록 동기부여
동기부여 전략	구성원들에게 즉각적이면서 가시적인 보상으로 동기부여	구성원들에게 자아실현과 같은 높은 수준의 개인적 목표를 동경하도록 동기부여
행위표준	구성원들이 규칙과 관례를 따르는 것을 선호함	구성원들을 변혁적이고 새로운 시도에 도전하도록 격려함
문제해결	구성원들을 위해 문제를 해결하거나 해답을 찾을 수 있는 방법을 알려 줌	질문을 통해 구성원들이 스스로 해결책을 찾도록 격려하거나 함께 노력함

〈출처 : Bass, B. M. (1985)〉

인 방식의 변혁을 시도했다. 이러한 리더들을 가리켜 거짓된 변혁적 리더십(pseudo transformational leadership), 또는 자기지향적 리더십(personalized leadership)을 가진 리더라 부른다(Bass & Steidlmeier, 1999).[30] 진정한 변혁적 리더십(authentic transformational leadership), 또는 사회적 리더십(socialized leadership)을 가진 리더들은 다른 사람들을 위해 자신의 이익을 초월하는 리더이다(Howell & Avolio, 1993).[31]

2) House(1976)의 연구 : 카리스마적 리더십

Burns의 저서 *Leadership*이 소개되던 거의 비슷한 시기에 House(1976)는 카리스마적 리더십에 대한 이론 서적을 출판하였으며 그 이후, 많은 연구자들의 주목을 받게 되었다.[32] 카리스마적 리더십은 변혁적 리더십과 거의 동일시 되거나 혹은 매우 유사한 개념으로 설명되고 있다. 가장 널리 알려진 카리스마의 정의는 사람에게 초인간적이거나 혹은 비범한 능력이 부여된 특별한 성격적 특성이라는 것이다. 카리스마적 리더십의 몇 가지 특성들을 살펴보면 다음과 같다. 카리스마적 리더는 구성원들이 받아들이기를 원하는 가치관과 신념의 확실한 역할모델이 되며, 구성원들에게 유능한 사람으로 비추어진다. 그러한 리더들은 도덕성을 함축하고 있는 이념적 목표를 분명하게 설명한다. 또한, 카리스마적 리더들은 구성원들의 능력에 대한 강한 신뢰를 나타내며, 그들의 마음속에 내재되어 있는 협력, 자신감, 자존감, 자기효능감(self-efficacy) 등 과업과 관련된 동기요인들을 일깨워 준다. 마지막으로, 카리스마적 리더는 업무에 대한 외적 보상보다는 내적 보상을 중요시하며, 그러한 과정에서 구성원들과 자신의 자아개념을 조직의 정체성과 결합하려고 노력함으로써 효과적인 리더십을 발휘한다.

[표 2-9] 카리스마적 리더십

성격적 특성	행 동	구성원에 대한 영향
남을 지배하는 우월성	강력한 역할모델로서 행동함	리더가 가진 이상이나 이념을 신뢰함
영향을 미치고 싶은 강한 욕망	역량을 나타내 보이고 싶어 함	리더와 구성원 간 신념의 유사성이 생김
강한 자신감	목표에 대한 주장이 분명함	리더의 목표나 주장을 적극적으로 수용
강한 가치관	구성원에 대한 높은 기대를 표출함 구성원에 대해 신뢰를 표현함 구성원의 동기를 일깨워 줌	리더를 향한 애정을 가짐 리더와 일체감을 갖게 됨 높은 목표를 설정하고, 자신감이 커짐

〈출처 : House, R. J. (1976)〉

3) Bass(1985)의 연구

1980년대 중반 Bass(1985)는 Burns와 House의 선행연구들을 토대로 하여 변혁적 리더십의 개념적 차원을 보다 확장하고 개선된 모형을 통해 제시한다.[33] 그는 거래적 리더십과 변혁적 리더십을 상호 독립적으로 구분하기보다는 단일선상의 연속체로 설명함으로써 Burns의 연구를 확장하였다. 또한, House가 주장했던 리더의 카리스마적 특성은 변혁적 리더십의 필요조건이기는 하지만 충분조건은 아니라고 설명하였다. 그의 정의에 따르면, 변혁적 리더는 이상적인 목표의 가치와 중요성에 대한 구성원들의 의식수준을 끌어올림으로써 그들이 조직을 위해 자신들의 이익을 초월하도록 만들며, 보다 높은 수준의 욕구에 관심을 기울이도록 유도하는 사람을 말한다.

[표 2 - 10] Bass의 변혁적 리더십 모형

리더십 연속체		
변혁적 리더십	거래적 리더십	자유방임적 리더십
이상적 영향력 (idealized influence)	업적에 따른 보상 (contingent reward)	자유방임적 리더십 (laissez-faire)
고무적 동기부여 (inspirational motivation)	적극적 예외 관리 (management by exception-active)	
지적 자극 (intellectual stimulation)	소극적 예외 관리 (management by exception-passive)	
개별적 배려 (individualized consideration)		

〈출처 : Bass, B. M. (1985)〉

변혁적 리더십은 네 가지의 하위차원으로 구성된다. 이상적 영향력은 구성원들에게 강력한 역할모델이 되는 리더들을 가리키며, 이들은 매우 높은 도덕적·윤리적 행동기준을 가지고 있고 구성원들에게 항상 비전과 사명감을 심어 줌으로써 많은 존경과 신뢰를 얻는다. 고무적 동기부여는 리더가 구성원들에게 높은 기대를 표출하며, 구성원들 간에 공유된 비전을 실현하는 데 최선을 다하도록 동기유발시킴으로써 그들의 의욕을 끊임없이 고무시키는 리더십 행위를 의미한다. 지적 자극은 리더가 구성원들의 창의성과 혁신성을 자극하고, 그들뿐만 아니라 리더와 조직의 신념과 가치까지도 새롭게 바꿔 나가려고 노력하는 리더십 행위를 말한다. 개별적 배려는 리더가 구성원들의 개인적인 욕구에도 세심한 관심을 기울이고 지원적 분위기를 조성하려는 리더 행위를 일컫는다. 이때 리더들은 코치와 조언자로서의 역할을 수행하며 권한위임을 활용하기도 한다.

거래적 리더십은 세 가지의 하위차원으로 구성된다. 업적에 따른 보상은 리더와 구성원 사이의 교환과정을 의미한다. 즉, 리더는 수행되어야 할 과업이 무엇인지를 명확히 제시하고, 그것을 수행하는 구성원에게 주어지는 보상에 대해 그들의 합의를 얻어 내려고 노력한다. 예외관리는 적극적 형태와 소극적 형태의 두 가지 형태를 취한다. 적극적 형태를 취하는 리더는 구성원들의 실수나 규칙위반을 항상 관심 있게 지켜보고 그때그때 즉각적으로 수정조치를 취한다. 반면, 소극적 형태를 취하는 리더는 구성원들의 행동이나 성과가 기준에 미달하거나 문제가 겉으로 표면화된 이후에만 개입을 한다.

한편, 자유방임적 리더십은 한마디로 리더십이 없는 상태, 즉 리더십의 부재를 의미한다. 이러한 리더는 책임을 포기하고, 의사결정을 지연시키며, 피드백 역시도 제공하지 않고, 구성원들을 도와 그들의 요구를 만족시키거나 지원하려는 노력마저도 별로 하지 않는다.

4) Bass & Avolio(1990)의 연구 : 변혁적 리더십의 추가적 효과

Bass와 Avolio(1990)에 따르면, 변혁적 리더십은 거래적 리더십에 대한 추가적인 효과를 갖는다.[34] 변혁적 리더십은 구성원들의 업적과 관련되어 있으며 그들의 잠재력을 최대한 개발할 수 있도록 도와주는 것과도 관련이 있다. 변혁적 리더는 대부분 강한 내적 가치관과 이상을 가지고 있으며, 그들은 구성원들이 자신의 이익을 뛰어넘어 공동체의 이익을 먼저 생각하고 헌신하도록 만드는 데 자질이 있는 사람들이다. 따라서 거래적 리더십이 기대된 성과를 올리게 한다면, 변혁적 리더십은 기대를 훨씬 초과하는 성과를 가져오게 한다. Lowe, Kroeck과 Sivasubramaniam(1996)은 단지 거래적 리더십만을 발휘하는 리더들보다 변혁적 리더십을 발휘하는 리더들이 구성원들의 더 높은 업무성과를 초래하여 더 효과적인 리더로 인지된다는 사실을 밝혀낸 바 있다.

[그림 2-9] 변혁적 리더십과 거래적 리더십의 상호작용

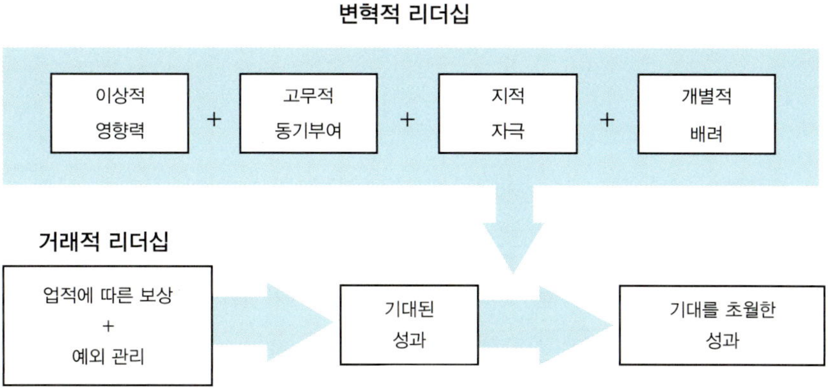

변혁적 리더십

| 이상적 영향력 | + | 고무적 동기부여 | + | 지적 자극 | + | 개별적 배려 |

거래적 리더십

업적에 따른 보상 + 예외 관리 → 기대된 성과 → 기대를 초월한 성과

〈출처 : Bass, B. M. and Avolio, B. J.(1990)〉

제3절 예수님의 리더십 모델

예수님의 리더십을 연구하기 위해서는 개념적 틀(conceptual framework)이 필요하다. 그런데 리더십 연구의 분석단위와 접근방법들은 크게 네 가지 차원, 즉 개인, 일대일 관계, 집단 및 사회(조직) 차원으로 나눌 수 있다. 위대한 리더 예수님의 리더십을 위의 네 가지 차원에 모두 담아낼 수 없다는 한계가 있음에도 불구하고 여기서는 예수님의 리더십을 개인, 관계, 집단, 사회(조직)의 네 가지 차원에서 간략히 살펴보려고 한다.

1. 개인 차원 : 자기를 알고 사명을 따르는 셀프 리더십(self leadership)

개인 차원에서 예수님의 리더십은 여러 가지 측면에서 살펴볼 수 있겠지만 한마디로 요약한다면 '자기를 알고 소명을 따르는 셀프 리더십'이라고 말할 수 있다. 이하에서는 예수님의 자기 인식, 사명 의식, 팔로워십(followership), 셀프 리더십(self leadership)에 관해서 차례로 설명하려고 한다.

1) 자기 인식

리더십은 어디에서 나오는가? 리더십의 원천은 관계, 지위, 시스템, 사회 등 여러 가지가 있겠으나 가장 본원적인 원천은 리더 자신이라고 볼 수 있다. 그리고 리더 자신이 '나는 누구인가'를 아는 것이 리더십을 갖게 하는 출발점이다. 예수님에게도 사역을 시작하시기 전에 분명한 자기 인식을 하는 사건이 있었다. 그것은 예수님이 세례를 받고 물에서 올라오실 때 하늘이 열리고 성령이 임하시고 하늘의 소리를 들은 것이다. "너는 내 사랑하는 아들이라 내가 너를 기뻐하노라"(막 1 : 11, 마 3 : 17, 눅 3 : 22)라는 하나님의 말씀이다. 세례 사건은 예수님이 '나는 하나님의 아들이며 아버지는 나를 기뻐한다'라는 분명한 자기 인식을 하는 계기가 되었다. 세례 사건은 삼위일체 하나님이 함께 만나는 시간이었다고 할 수 있다. 예수님의 자기 인식은 요한복음에 기록된 '나는~이다'의 예수님의 말씀을 통해서도 알 수 있다. "나는 생명의 떡이다"(요 6 : 35, 48, 51). "나는 세상의 빛이다"(요 8 : 12). "나는 문이다"(요 10 : 9). "나는 선한 목자다"(요 10 : 11). "나는 부활이요 생명이다"(요 11 : 25). "나는 길이요 진리요 생명이다"(요 14 : 6). "나는 참 포도나무이다"(요 15 : 1).

목회자가 어떻게 자기 자신을 알 수 있을까? 자기 자신을 아는 것은 참으로 어려운 과정임에 틀림이 없다. 그렇기에 소크라테스가 무엇보다 "너 자신을 알라."고 말한 것 같다. 모세는 자기 자신을 알기까지 광야에서 40년을 보냈다. 그것도 하나님이 모세에게 자신을 나타내셨기에 가능했다. 모세나 예수님의 자기 인식 사건을 통해서 한 가지 알 수 있는 것은 자기 인식은 초월적 존재인 하나님을 만날 때 가능하다는 진리이다. 그렇다면 어떻게 사람이 초월적 존재인 하나님을 만날 수 있는가? 오늘날도 어느 사람이든 길이요 진리요 생명이신 예수를 그리스도로 믿고 성령으로 거듭나면 하나님 아버지를 만나게 된다. 사람은 삼위일체 하나님 안에 있으면 비로소 자신이 누구인가를 알게 된다. 그리고 그 사람은 생명이신 그리스도 안에 거하며 그리스도와 함께 산다. 그리스도 안에서 자기를 새롭게 인식하며 작은 예수가 되어 가는 사람, 그 사람이 곧 목회자이다.

2) 사명 의식

사명이란 보낸 사람이 맡긴 임무를 의미한다. 바꾸어 말하자면 누군가로부터 보냄 받은 자에게 주어진 임무를 말한다. 예수님은 아버지가 자기를 보내셨고, 보내신 이의 뜻, 즉 자기의 임무가 있다고 말씀했다(마 10 : 40, 15 : 24; 눅

4:18-19; 요 3:34, 4:34, 5:24, 6:39, 44 외 다수). 예수님은 사명 의식 속에서 사셨고 그 사명을 온전히 이루셨다.

> "주의 성령이 내게 임하셨으니 이는 가난한 자에게 복음을 전하게 하시려고 내게 기름을 부으시고 나를 보내사 포로 된 자에게 자유를, 눈먼 자에게 다시 보게 함을 전파하며 눌린 자를 자유롭게 하고 주의 은혜의 해를 전파하게 하려 하심이라"(눅 4:18-19).

> "예수께서 이르시되 나의 양식은 나를 보내신 이의 뜻을 행하며 그의 일을 온전히 이루는 이것이니라"(요 4:34).

> "아버지께서 내게 하라고 주신 일을 내가 이루어 아버지를 이 세상에서 영화롭게 하였사오니"(요 17:4).

목회자 또한 사명 의식 속에서 살고 사명을 완수하는 것이 중요하다. 목회자는 예수 그리스도께서 자기에게 맡기신 임무(예를 들어, 제자 양육의 임무)를 알고, 그 일에 목숨을 거는 것이 중요하다. 목회의 성공 여부는 사명의 완수에 있다고 생각한다. 예수님이 사명에 목숨을 걸었고, 바울도 그랬다. 바울의 사명 의식은 목회자들에게 본이 된다. "내가 달려갈 길과 주 예수께 받은 사명 곧 하나님의 은혜의 복음을 증언하는 일을 마치려 함에는 나의 생명조차 조금도 귀한 것으로 여기지 아니하노라"(행 20:24). 바울은 이방인을 위한 복음의 제사장으로서 자기의 생명을 희생 제물로 바쳤다.

3) 팔로워십(followership)

예수님은 하나님 뜻에 온전히 순종하는 '팔로워'(follower)로 사셨다. 예수님은 하나님의 본체시나 하나님과 동등됨을 취할 것으로 여기지 아니하시고 오히려 자기를 비워 종의 형체를 가지셨다. 그리고 예수님은 자기를 낮추시고 죽기까지 아버지의 뜻에 복종하셨다(빌 2 : 6-8). 십자가의 죽음이라는 잔을 앞에 두고 겟세마네 동산에서 "내 아버지여 만일 할 만하시거든 이 잔을 내게서 지나가게 하옵소서 그러나 나의 원대로 마시옵고 아버지의 원대로 하옵소서"라고 기도하셨다(마 26 : 39). 예수님은 결코 자기 뜻대로 행동하지 않으셨다. 그는 늘 기도로 아버지의 뜻을 분별하고 그 뜻대로 행동하셨다.

목회자 역시 팔로워로서 살아야 한다. 먼저 예수 그리스도의 종으로서 자기를 낮추는 것이 중요하다. 하나님은 겸손한 자를 쓰시고 그런 사람을 높여 주신다. 그리고 자기를 보내신 삼위일체 하나님의 뜻, 즉 사명에 충성하는 것이 목회자의 본분이다. 목회자는 무슨 일을 하든지 그 일이 나의 사명에 부합하는가, 아니면 나의 욕심인가를 분별해야 한다. 그러려면 하나님 앞에 무릎 꿇고 기도하는 것이 중요하다. 사역이 많아질수록, 바빠질수록 기도 시간을 늘리도록 힘써야만이 자기 욕심이 아니라 하나님의 뜻을 따를 수 있다. 또한 목회자는 자기 생각에만 의존하는 것이 아니라 기도하는 교회 지도자들, 멘토, 코치의 의견을 경청하고 따라야 독선에 빠지지 않을 수 있다. 무엇보다 쉬지 않고 말씀을 묵상하고 하나님의 음성을 듣는 훈련이 중요하다는 것은 아무리 강조해도 지나치지 않을 것이다.

4) 셀프 리더십(self leadership)

셀프 리더십은 과업이나 직무를 수행함에 있어 스스로 자신을 리드하기 위해 취하는 책임 있는 행동이며, 자기 주도와 자기 동기부여하에 자율성과 책임감을 가지고 스스로에게 영향력을 행사하는 과정이라고 할 수 있다. 예수님의 셀프 리더십 특징은 초월적인 하나님과의 만남을 통한 자기 인식, 보냄 받은 자로서의 사명 의식, 그리고 아버지의 뜻에 죽기까지 복종하는 팔로워십이다.

목회자에게 왜 셀프 리더십이 중요한가는 목회자가 스스로 다음 질문을 해 보면 알 수 있을 것이다.[35]

- 나는 내가 누구인지 아는 자기 인식이 있는가?
- 나는 사명 의식이 갈수록 굳건해지고 있는가?
- 나는 팔로워로서 자원(시간, 재능, 물질 등)을 효과적으로 사용하고 있는가?
- 나는 내 스스로에게 끊임없이 영향력을 행사하고 있는가?

2. 관계 차원 : 사람을 얻는 서번트 리더십(servant leadership)

"인자가 온 것은 섬김을 받으려 함이 아니라 도리어 섬기려 하고 자기 목숨을 많은 사람의 대속물로 주려 함이니라"(막 10 : 45).

예수님은 이 땅에 오신 이유를 '섬김을 받기 위함이 아니라, 도리어 섬기기 위함'이라는 사실을 분명히 선포하셨다. 예수님은 당신의 목숨을 내어 주기까지 섬기심으로 많은 사람들을 얻기 위해 오셨다. 관계 차원에서 본 예수님의 리더십은 한마디로 '사람을 얻는 서번트 리더십'이라고 할 수 있다. 예수님께서 보여 주신 서번트 리더십에는 4가지 핵심요소가 있다.

1) 성육신

예수님이 우리를 얻기 위해 가장 먼저 하신 일은 성육신 사건이다. 즉, 거룩하신 하나님이 사람의 육체를 가지고 이 땅에 태어나신 것이다. 하나님과 함께 하늘에 계실 수도 있음에도 불구하고 예수님은 우리와 소통하기 위해 이 땅에 찾아오셨다. 이와 같이 사람을 얻는 제1원칙은 자신의 위치를 떠나 자신이 얻고자 하는 사람에게 찾아가는 것이다. 사람을 얻기 위해서는 자신의 위치를 떠나는 것이 중요하다. 예를 들어, 관계가 깨진 아버지와 아들이 있다고 하자. 이때 아들과의 관계를 회복하고 아들을 다시 얻으려면 아버지가 그 권위를 내려놓고 아들에게로 찾아가야 할 것이다. 죄가 없으신 예수님께서는 죄악이 가득한 우리에게 먼저 찾아오셨다. 목회자가 이러한 예수님의 성육신의 삶을 실천할 때 사람을 얻을 수 있을 것이다.

2) 종의 모델

예수님은 우리를 위해 사람으로 이 땅에 오셨을 뿐 아니라, 우리의 종이 되어 주셨다. 예수님은 제자들을 얻기 위해 제자의 종이 되신 것이다. 예수님은 자신이 예루살렘에서 잡히시고, 죽으시고, 삼 일 만에 부활하실 것이라는 사실을 제자들에게 이미 말씀한 바 있다. 그럼에도 불구하고 제자들은 길에서 누가 크냐 하고 쟁론하였다. 그때 예수님은 제자들에게 "누구든지 첫째가 되고자 하면 뭇 사람의 끝이 되며 뭇 사람을 섬기는 자가 되어야 하리라"라고 말씀하셨다(막 9:33-35).

예수님은 뭇 사람을 섬기는 종의 모습을 시청각 교육으로 제자들에게 확실히 가르치기를 원하셨다. 그래서 예수님은 잡히시기 약 10시간 전에 제자들과 마지막 만찬을 하는 자리에서 제자들의 발을 씻기신 것으로 보인다. 당시에 식사 자리에서 발을 씻기는 일은 종이 하는 일이었다. 그런데 예수님이 스스로 종이 되셔서 대야에 물을 떠서 제자들의 발을 씻기시고 그 두르신 수건으로 닦아 주셨다. 그리고 말씀하셨다. "내가 주와 또는 선생이 되어 너희 발을 씻었으니 너희도 서로 발을 씻어 주는 것이 옳으니라 내가 너희에게 행한 것같이 너희도 행하게 하려 하여 본을 보였노라"(요 13:14-15). 예수님이 죽음이 임박한 시간에도 그 어떤 것보다 우선시했던 것은 제자들을 섬기는 것이었다. 그런 예수님을 진실로 안다면 목회자는 성도들의 발을 씻기는 종이 되어야 할 것이다. 나는 마지막 시간에 누구와 함께하며 누구를 섬기고 있을 것인가를 스스로에게 물어 보자.

3) 희생 제물

예수님의 서번트 리더십은 성육신, 종의 모델에 이어 희생 제물이 되신 데서 그 특징을 찾을 수 있다. 나를 위해 죽을 수 있는 사람이 있을까? 성경은 "의인을 위하여 죽는 자가 쉽지 않고 선인을 위하여 용감히 죽는 자가 혹 있거니와 우리가 아직 죄인 되었을 때에 그리스도께서 우리를 위하여 죽으심으로 하나님께서 우리에 대한 자기의 사랑을 확증하셨느니라"(롬 5 : 7-8)라고 말한다. 예수님은 유월절 어린양처럼 우리를 위하여 자신을 버리사 향기로운 제물과 희생제물로 하나님께 드리셨다(엡 5 : 2). 예수 그리스도는 우리가 마땅히 지불해야 할 죄의 대가를 당신의 목숨으로 대신 지불하신 것이다. 그렇게 우리는 예수의 피값 주고 산 그리스도의 소유된 백성이 되었다. 목회자가 사람을 얻는 비밀도 여기에 있지 않을까 생각해 본다. 자기의 가장 소중한 것을 주의 몸 된 교회, 즉 성도들에게 아낌없이 내어 주는 희생의 삶이 있다면 성도들은 그런 목회자를 따를 것이 분명하다.

4) 끝까지 함께하는 사랑

예수 그리스도가 우리에게 보여 주신 서번트 리더십의 마지막 요소는 끝까지 함께하는 사랑이다. 예수님은 자기가 세상을 떠나 아버지께로 돌아가실 때가 이른 줄 아시고 세상에 있는 자기 사람들을 사랑하시되 끝까지 사랑하셨다(요 13 : 1). 몇 시간 후에 잡히시고 죽게 될 것이라는 것을 아시고도 예수님은 제자들과 함께 그 남은 시간을 보내셨다. 만일 나라면 그 시간을 어떻게 보냈을까 생각해 보게 된다. 예수님은 자신을 배신할 가룟 유다마저 끝까지 사랑하고 기회를 주셨다. 그리고 예수님은 부활 후에 두려워하는 제자들에게 나타나 의심하는 도마에게 부활의 표징을 보여 주셨다. 일상으로 돌아가 밤새도록 고기를 잡았지만 한 마리도 잡지 못했던 제자들에게 그물이 찢어질 정도로 고기를 잡게 하시고, 조반을 준비하시고 제자들을 먹여 주신 분이 예수님이다. 또한 예수님은 "볼지어다 내가 세상 끝날까지 너희와 항상 함께 있으리라"고 말씀하신다(마 28 : 20). 부활하신 예수 그리스도는 성령으로 지금도 우리와 함께하신다. 목회자는 예수님처럼 성도들과 마지막을 함께하겠다는 사랑을 배워야 한다.

3. 집단 차원 : 제자들을 성숙하게 만드는 임파워링 리더십(empowering leadership)

집단 차원에서 예수님의 리더십의 특징은 제자들을 성숙하게 만드는 능력부여(empowerment)의 리더십이라고 할 수 있다. '임파워먼트'란 구성원들이 지닌 잠재력을 인정하고 그들이 지닌 재능과 잠재력을 마음껏 발휘하도록 권한을 부여하는 것이다. 그리고 이와 같은 리더십을 '임파워링 리더십'이라고 한다. 예수님은 제자들에게 하나님 나라의 일을 맡기는 동시에 그에 필요한 능력을 부여하셨다.

"내가 하는 일을 그도 할 것이요 또한 그보다 큰 일도 하리니(요 14 : 12)."

"예루살렘을 떠나지 말고 내게서 들은 바 아버지께서 약속하신 것을 기다리라 …… 오직 성령이 너희에게 임하시면 너희가 권능을 받고 예루살렘과 온 유대와 사마리아와 땅끝까지 이르러 내 증인이 되리라 하시니라(행 1 : 4-8)."

"믿는 자들에게는 이런 표적이 따르리니 곧 그들이 내 이름으로 귀신을 쫓아내며 새 방언을 말하며 뱀을 집어 올리며 무슨 독을 마실지라도 해를 받지 아니하며 병든 사람에게 손을 얹은즉 나으리라 하시더라(막 16 : 17-18)."

목회자는 성령의 능력을 받아야 한다. 바울은 성령의 충만함을 받고, 성령의 은사를 사모해야 할 것을 권하고 있다. 성경은 이런 영적 은사를 받는 것은 다른 사람들을 섬기기 위함이라고 말한다. 바꿔 말하면 다른 사람들을 섬기려는 목회자는 영적 은사가 있어야 한다는 뜻이다. 목회자는 자신뿐만 아니라 그를 따르는 사람들도 영적 은사를 받을 수 있도록 도와줘야 한다. 바울과 베드로의 사역을 보면 그들이 기도하고 안수할 때에 권능이 나타나고 다른 사람들도 성령의 은사를 경험했던 것을 알 수 있다.

그리고 목회자는 성도들이 재능을 사용해서 성장하도록 돕는 역할을 해야 한다. 마태복음 25장 달란트의 비유를 보면 한 주인이 종들에게 각각 5달란트, 2달란트, 1달란트씩 주었다. 그런데 1달란트 받은 사람은 그걸 땅에다 묻었고, 2달란트 받은 사람은 장사해서 2달란트를 남기고, 5달란트 받은 사람도 장사해서 5달란트를 남겼다. 받은 재능을 사용해서 남긴 사람에게 주인은 이렇게 말했다. "잘했다. 착하고 충성된 종아! 네가 적은 일에 충성했으니 이제 더 많은 일을 맡기겠다. 와서 네 주인의 기쁨을 함께 나누자!"

사람들은 각각 다른 재능을 가지고 있다. 자기의 강한 재능을 더욱 강화할 때에 더 좋은 결과를 얻을 수 있는 것은 당연하다. 리더가 사람들의 재능을 강화시키려면 '적재적소 배치' 원칙을 지키는 것이 좋다. 적합한 인재를 적합한 장소에 가서 일하도록 하는 것이다. 각자 자기에 맞는 자리에 가야 능력도 개발되고 조직도 건강해진다. 그렇게 하려면 리더는 사람을 볼 때 성품도 봐야 하지만, 그 사람의 재능이 무엇인지 분별할 수 있는 안목이 있어야 한다. 그리고 그에게 맞는 일을 주고, 그 일을 통해 자기 개발을 할 수 있도록 기회를 주는 리더가 되어야 한다. 그러면 그는 기쁨으로 리더를 따를 것이다.

달란트 비유에서 2달란트, 5달란트 받은 종들이 칭찬받고, 하나님의 기쁨에 동참한 것처럼, 진정한 리더는 그를 따르는 사람들이 기쁨이 충만하고, 많은 결실을 거두고, 성공하게 만드는 사람이어야 한다. 그런데 현실은 그렇지 못하고 오히려 따르는 사람들이 이용만 당하는 경우가 많다. 공로는 상사가 독차지하고, 책임은 부하에게 전가한다. 예수님은 그를 따르는 사람들로 하여금 기쁨에 참여하게 하시고, 능력을 개발시켜 주시고, 성공을 맛보게 하신다. 예수 그리스도는 제자들에게 성령을 주시고, 잘할 수 있는 일을 발견하게 하시고, 제자들과 늘 함께하셔서 하는 일마다 형통하게 해 주신다. 때로 실수해서 넘어질 때가 있어도 오래 참아 주시고, 또 해 볼 수 있도록 기회를 주신다. 성취감을 느끼면서 지속적으로 성숙의 과정을 밟아 리더로 만드신다. 리더를 세우는 리더, 그분이 바로 예수님이다.

또한 예수님은 제자들의 능력을 키워 주기 위해 현장학습 방법을 많이 사용하셨다. 예수 그리스도는 제자들에게 병 고치는 모습은 물론 성전에서 가르치시는 것과 하나님 나라의 복음을 선포하는 것을 보여 주셨다. 그리고 70명의 제자들을 택하시고, 그들에게 능력을 주시고, 여러 마을로 보내시고, 하나님 나라의 복음을 전하는 현장학습도 시키셨다. 그리고 예수님은 현장학습과 함께 무엇보다 제자들에게 그들이 성숙해지는 방법으로 제자를 삼을 것을 명령하셨다. 즉, 예수님이 제자들에게 능력을 부여하시고 그들을 성숙하게 하신 것과 같이, 제자들도 또 다른 예수님의 제자들을 삼아 그들을 예수님의 말씀으로 가르치며, 그들의 성숙을 도와주도록 명령하신 것이다. 이 세상에서 가장 좋은 학습방법은 직접 가르쳐 보는 것이다.

이와 같이 예수님은 제자의 성숙을 위해 그들에게 능력을 부여하시고, 그들을 가르치시며 제자들의 성숙을 도모하셨다. 이것이 바로 예수님이 우리에게 보여 주는 임파워링 리더십이다. 목회자가 성도들과 함께 교회의 목적을 이뤄

갈 때에 힘써야 할 일은 성도 한 사람 한 사람을 예수 그리스도의 장성한 분량이 충만한 데까지 이르도록 도와주고, 그들을 목사보다 나은 그리스도인으로 만드는 것이다. 목회자가 할 수 있는 것보다 더 큰 일을 할 수 있는 작은 예수로 자라게 하는 것이 예수님의 임파워링 리더십 모델이다.

4. 사회(조직) 차원 : 하나님 나라를 구현하는 변혁적 리더십

예수 그리스도의 사회 차원의 리더십 특징은 한마디로 하나님 나라를 구현하는 변혁적 리더십이라고 할 수 있다. "요한이 잡힌 후 예수께서 갈릴리에 오셔서 하나님의 복음을 전파하여 이르시되 때가 찼고 하나님의 나라가 가까이 왔으니 회개하고 복음을 믿으라 하시더라"(막 1 : 14-15). 하나님의 나라는 예수 그리스도 복음의 핵심이고, 부활 후 40일 동안 제자들을 가르치신 내용이며, 바울의 핵심 메시지이고, 교회의 존재 목적이다. 하나님 나라는 '이미 그러나 아직'(already but yet)의 시간성을 가지고 있다. 다시 말하면, 하나님 나라는 예수 그리스도와 함께 이미 이 땅에 도래하였다. 그러나 동시에 하나님 나라는 아직 완성되지 않고 예수 그리스도의 재림 때에 완전히 이루어질 나라이다.

하나님 나라는 본질적으로 변혁(transformation)을 내포한다. 예수 그리스도의 하나님 나라 선포는 이 세상의 주권과 질서 및 가치를 하나님의 통치로 변혁하는 운동이라 할 수 있다. 그리고 예수 그리스도가 전파되는 곳마다 실제로 변혁의 역사가 일어났다. 이런 의미에서 그리스도인은 하나님 나라의 대사로서 이 땅 위에 하나님 나라를 구현하는 변혁자라 할 수 있다. 성도는 그의 모든 결정과 그가 속해 있는 모든 곳, 그의 주위에서 일어나는 모든 사건들 속에서 '하나님의 나라를 위한 부르심'을 기억해야 한다. 그리고 그 부르심에 반응하며 살아가야 한다. 하나님 나라의 확장과 하나님의 나라로 부르심을 받은 성도의 삶이 직결되어 있음을 성도는 늘 기억해야 한다.

제3장
교회의 비전 경영과 전략 계획

제1절
교회는 변화되어야 한다

제2절
변화의 목적지를 제시하라 - 비전 경영

제3절
변화의 과정을 전략적으로 관리하라

제3장
교회의 비전 경영과 전략 계획

> 내가 너를 권하노니 내게서 불로 연단한 금을 사서 부요하게 하고 흰 옷을 사서 입어 벌거벗은 수치를 보이지 않게 하고 안약을 사서 눈에 발라 보게 하라 무릇 내가 사랑하는 자를 책망하여 징계하노니 그러므로 네가 열심을 내라 회개하라(계 3 : 18-19).

[도입사례] 전통교회에서 개혁교회로

○○교회는 창립 10주년이 되는 1994년 '은사사역' 중심의 교회로 변화를 시도하였다. 구체적으로 소개하면 아래와 같다.[1]

○ 평신도 훈련
교회와 가까운 지역에 새로운 주거단지 조성 발표가 있었고 이러한 환경의 변화로 다양한 사람들의 교회 유입이 예상되었다. 준비 없이 교회가 포화 상태가 될 경우 교육, 사역, 봉사에 있어서 혼선과 혼란이 빚어질 수 있고, 기존 교인과 새로운 교인들 간의 대립과 갈등, 그리고 거기서 오는 소외감이나 상처가 발생할 수 있다고 보았다. 이를 예방하기 위해 소그룹을 통해 평신도들을 서로 보살피게 할 뿐만 아니라 사역을 중심으로 평신도 훈련을 강화함으로써 환경 변화에 잘 적응하고 성숙한 그리스도인으로 살도록 하였다.

○ 전 교인의 사역 참여

맡은 일 없이 출석하는 것으로 만족해하는 교회의 모든 성도들을 사역 소그룹에 소속되게 하여 일할 수 있는 기회를 마련해 주었다. 새 가족도 전입과 동시에 자신이 원하는 사역 소그룹에 소속되게 하여 사역을 하게 했다. 이로써 자연히 기득권자가 중심이 되는 사역은 배제되며 서로 연합하여 사역하게 될 것을 기대한 것이다. 또한 사역의 배치에서 어느 한 성도에게 과중한 짐이 주어지지 않도록 하는 동시에 어느 성도도 사역에 무관심해지지 않도록 은사사역을 강조했다. 그리고 사역의 전문화를 통한 효율의 극대화를 위해 전문성에 맞게 일을 맡겨 장인 정신을 갖게 하였고 사역의 효율성을 나타내고자 했다.

○ 지역, 연령, 은사에 따른 소그룹 조직화

소그룹은 지역별, 연령별, 은사별로 구분된다. 첫째, 지역별로 구성된 소그룹은 매주 '순'에서 정한 시간에 모여 신앙의 교제를 가지며 열린 순모임을 통한 지역 복음화 사명을 감당한다. '터'는 순보다 더 큰 단위의 지역별 구분으로 1개 터 안에는 보통 10개 내외의 순으로 구성된다. 둘째, 연령별로 구성된 소그룹 '코이노니아'는 결혼한 남녀로 크게 구분된 30명 가량의 모임으로, 신앙의 교제를 목적으로 한 소그룹이다. 교회 안의 대그룹이 예배를 중심으로 모인다면, 코이노니아는 연령별 친화적 소그룹으로써 대그룹에서 소외감을 느낄 수 있는 지체들에게 소속감을 갖게 해 준다. 10개의 코이노니아는 하나의 더 큰 그룹(사랑의 현장)으로 묶여 월 1회 봉사활동을 함께하며 섬김을 실천한다. 셋째, 은사별 소그룹인 '사역팀'은 성도들이 하나님 아버지께 받은 각각의 은사대로 그리스도의 몸 된 교회와 지역사회를 섬기는 소그룹을 말한다. ○○교회는 13개 사역팀과 그 안에 소속된 62개 소속팀을 운영하고 있다.

〈출처 : 장흥길·임성빈 편집, 「건강한 교회 세우기」, 한지터, 2012, PP. 239-246〉

제1절 교회는 변화되어야 한다

1. 왜, 변화가 필요한가?

교회는 환경과의 지속적인 상호작용을 하며 변화의 압력을 받는다. 때로는 교회가 오랫동안 정체기에 있어서 이를 벗어나기 위해서 스스로 변화를 시도한다. 또한 새로운 목회자가 부임하면 그에 의해 교회는 변화되기도 한다. 구체적인 변화의 필요와 범위는 교회의 생명주기, 교회의 환경변화, 목회자의 의지 및 능력에 따라 달라진다.

1) 교회의 생명주기(life cycle)

경영학에서 많이 사용하고 있는 라이프사이클 모델에 따르면, 상품도 인간과 마찬가지로 생명주기를 가진다고 한다. 상품은 활동무대인 시장에 태어나고(도입기), 판매량이 급속히 성장하고(성장기), 판매량 증대가 정체되는 포화상태(성숙기)를 거쳐 언젠가는 신상품의 출현으로 인해 쇠퇴하고 사라진다는 것(쇠퇴기)이다. 오늘도 많은 교회가 개척되고 있다. 그중에 성장하는 교회도 있겠지만 불행히도 문을 닫는 교회가 생길지도 모른다. 기존 교회들도 마찬가지다. 한때 성장하던 교회가 지금은 정체해 있거나 이미 다른 교회에 흡수되거나 통합된 교회도 있다.

예를 들면, 서울 중심에 있는 A교회는 오랜 역사와 전통을 자랑하면서 무한정해 보이는 인적, 물적 자원을 가지고 한국교회는 물론 사회에 엄청난 영향력을 발휘했었다. 많은 교인들은 담임목사의 비전과 메시지를 사랑하고 그 교회의 교인 됨을 자랑스러워하며 열심히 전도하였다. 그러나 담임목사의 은퇴와 함께 교인들은 지도자들로부터 비전과 꿈을 발견하지 못하고 다른 교회로 떠나갔다. 또한 도시와 문화가 변해 가고 있었지만 교회 지도자들은 이런 변화에 상응하는 전략을 마련하는 데에 실패했다. 지금의 A교회는 쇠퇴기에 들어선 것으로 보인다. [그림 3-1]은 교인 수를 기준으로 한 한국교회의 수명주기를 보여 주고 있다.

[그림 3-1] 한국 개신교인 통계

연도	1885	1900	1950	1970	1985	1995	2005
교인수	100명	12,000명	500,198명	3,192,621명	6,489,282명	8,760,336명	8,616,438명

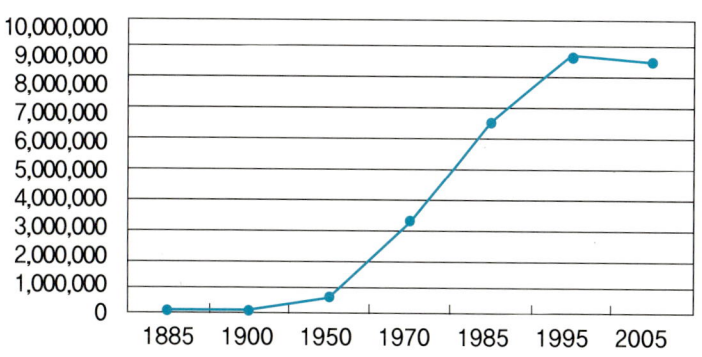

〈연도별 추이〉

2) 교회의 환경변화

　D교회와 H교회는 같은 길 네거리에 위치하고 있다. H교회는 평균 출석교인 5천 명, 기독교학교, 어린이 여름캠프, 교회버스 운행 등으로 매년 성장하며 사역을 확장해 가고 있다. 길 건너에 있는 D교회는 해가 갈수록 쇠락해 가고 있다. 등록교인은 4백 명에서 멈췄고, 출석교인은 약 100명이다. 주일학교에는 겨우 50명만이 출석하고 있어 미래가 어둡다. 목사는 교회가 새 사람들을 유인하지 못하는 것은 그 동네가 쇠퇴하고 있기 때문이라고 설명한다. 그렇지만 그 자신은 내심으로 엄청난 압박을 받고 있다. 'H교회는 발전하는데 왜 우리 교회는 쇠퇴하나?'

　변화는 이런 압박에 대한 반응이다. 생존하려면 교회는 주변의 환경변화로 인한 갖가지 도전들에 대응하기 위해 정기적으로 변해야 한다. 변화는 외부 또는 내부의 압력들에 의해 촉진되거나 혹은 제약될 수 있다. 이런 변화에 대한 압력들은 4가지로 구분할 수 있다.[2]

- 외부 촉진 요소 : 짧아지는 수명주기, 전도 채널의 다양화에 대한 필요, 전도 대상자들의 욕구 변화, 사회 문화 및 가치 변화 등
- 내부 촉진 요소 : 교인들의 영적 만족에 대한 욕구 증대, 의사결정의 민주화에 대한 요구, 지식 수준 증가, 더 높아진 기대 등
- 외부 제약 요소 : 전통을 고수하려는 욕구, 현상유지를 원하는 강한 압력 단체, 효과적인 변화를 추진하기에는 능력이 부족한 그룹 등
- 내부 제약 요소 : 기득권, 사회 관계 및 전통, 이해집단, 모르는 것에 대한 두려움, 변화를 이끌어 내는 전략의 부재, 변화를 견뎌 낼 수 있다는 확신의 부재 등

3) 목회자의 의지와 능력

환경의 변화로 인해 변화의 압력이 있고, 교회가 쇠퇴기에 있어서 변화가 필요하더라도 목회자가 자기 자신을 돌아보고 변화의 필요성을 결단하기 전까지, 교회는 절대로 변화할 수 없다. 따라서 변화를 생각할 때에 목회자는 스스로에게 다음을 자문해 보는 것이 중요하다.

- 이 변화가 나를 위한 것인가 아니면 교회를 위한 것인가?
- 이 변화가 요구하는 대가를 기꺼이 지불할 용의가 있는가?
- 이 변화를 시작하면 어떤 사람을 잃게 될 것인가?
- 변화가 이루어진 후에도 자리를 지킬 수 있을 것인가?
- 시간이 얼마나 걸릴 것인가?
- 변화에 필요한 자원(시간, 사람, 돈, 시설)을 확보할 수 있는가?
- 나를 믿고 따르는 리더 그룹이 얼마나 있는가?
- 변화를 위한 커뮤니케이션 능력은 어떠한가?
- 복합적인 상호관계와 이해갈등을 조정하고 극복할 능력이 있는가?
- 변화를 완수할 수 있다는 확신과 리더십이 있는가?

2. 변화란 무엇인가?

1) 변화의 단계

레빈(K. Lewin)은 조직변화의 단계를 해빙, 변화, 재동결의 3단계로 설명하고 있다.[3] 이 단계들은 얼음으로 만들어진 조각을 다른 형태의 조각으로 바꾸는 과정으로 보면 이해하기 쉽다.

[그림 3-2] K. Lewin의 조직변화 모형

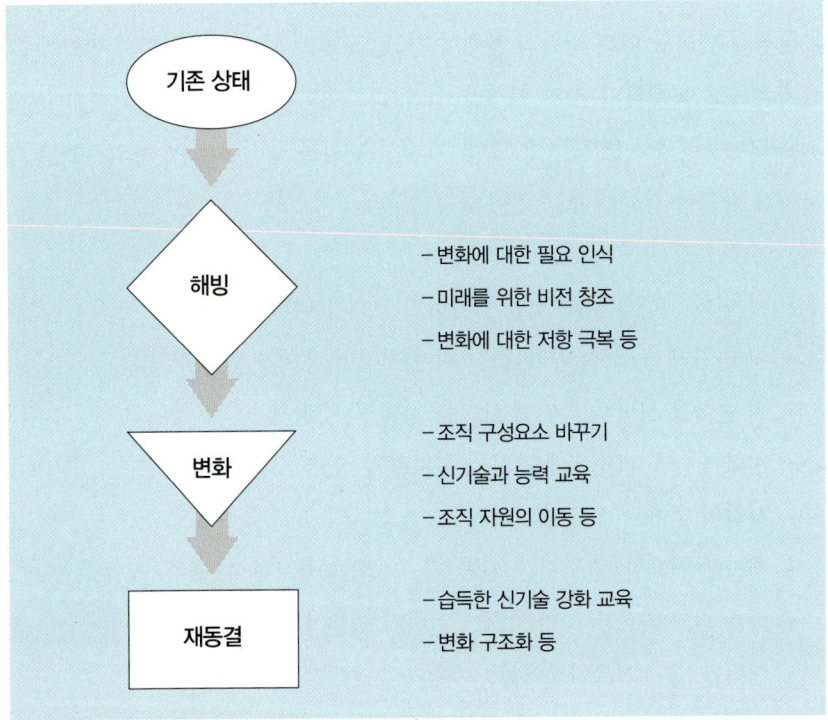

〈출처 : 이진규, 「현대경영학 제5판」, P. 179〉

(1) 해빙 단계

이 단계는 조직변화를 위한 준비단계로 교인들이 변화의 필요성을 인식하게 함으로써 변화에 저항하지 않고 오히려 협조할 수 있도록 고정관념을 깨뜨리는 단계이다. 예를 들어, 교인들에게 위기의식을 고취하고, 미래를 위한 비전을 제시하며, 변화에 대한 저항을 완화시키는 단계이다. 마치 다른 얼음 조각을 만들기 위해 기존 얼음을 녹이는 것과 같다.

(2) 변화 단계

이 단계에서는 변화를 계획하고 있는 영역에서 실제로 여러 가지 변화기법을 사용해 변화를 시도한다. 교회의 구성요소를 바꾸고, 새로운 기술과 능력을 위해 교육훈련을 실시하며, 교회의 자원이 이동하게 되는 단계이다. 이는 기존 상태에서 새로운 상태로 변환되는 단계로서 마치 얼음을 녹인 물을 다시 새로운 모양의 틀에 넣는 것과 같다.

(3) 재동결 단계

이 단계는 실행된 변화노력에 의해 이루어진 변화가 안정적으로 교회 내에 자리 잡게 하기 위해 변화를 지원하고 강화시키는 단계이다. 이 단계에서는 습득한 신기술을 강화하고 시스템을 재구축한다. 마치 틀 속에 부어진 물을 새로운 얼음 조각으로 만들기 위해 다시 얼리는 것과 같다고 할 수 있다.

레빈에 따르면, 변화는 두 가지 행동조치에 의해서 그 수준이 달라진다. 한 가지는 변화에 대한 추진력(예를 들면 인센티브, 또는 직위권력에 의한 강요)을 증가시키는 것이며, 다른 행동조치는 변화에 대한 저항력(예를 들면 실패 및 경제적 손실의 감소, 반대자의 참여 또는 제거)을 감소시키는 것이다. 저항력이 약하다면 추진력을 증가시키는 것만으로 충분할 수도 있으나 저항력이 강할 때에는 두 가지 조치를 다 사용하는 것이 필요하다. 저항력을 감소시키지 않고 추진력을 증가시키면 변화에 대해 격렬한 저항을 불러일으킬 것이고 저항이 계속됨으로써 재동결 단계를 끝마치기가 더욱 어려워질 것이다.[4]

2) 변화의 수용

교회의 변혁은 교인들의 행동 패턴을 수정하게 한다. 따라서 변혁에는 껍질을 벗기는 고통이 있게 마련이다. 그럼에도 불구하고 어떤 사람들은 변화와 혁신을 능동적으로 수용하지만, 모든 사람들이 혁신을 동시에 수용하지는 않는다. 처음에는 단지 소수의 혁신가들이(innovators) 혁신을 수용하게 된다. 그러나 시간이 지나면서 혁신에 대한 정보와 지식이 전파되고, 그 혁신이 필요하고 유익한 것이라는 판단이 서면 점차 많은 사람들이 혁신을 수용하게 된다. 혁신에 대해서 수용하는 시기는 사람에 따라 현저한 차이가 있다. 수용시기에 따라 수용자들을 [그림 3-3]과 같이 다섯 가지 그룹으로 나눌 수 있다.[5]

[그림 3-3] 혁신수용자의 범주

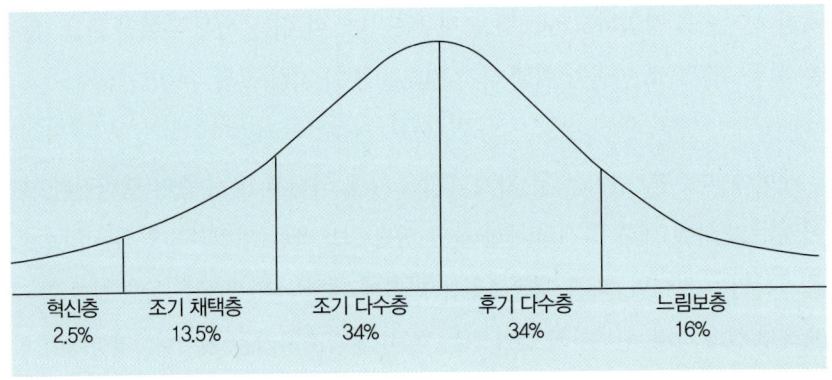

- 혁신층(Innovators) : 이들은 최초로 혁신제품을 받아들이는 수용자층을 말하는데, 모험심이 강해서 새로운 사고에 대하여 감수하며 수용하려고 한다.
- 조기 채택층(Early adopters) : 이들은 사회에서 지도층의 위치에 있으며, 일찍 그러나 신중하게 새로운 사고를 수용한다. 이들은 대중매체에 대해 즉각적이면서도 직접적인 반응을 보이기 때문에 마케팅 활동의 주요 목표가 된다.

- 조기 다수층(Early majority) : 이들은 일반 사람들보다는 비교적 일찍 새로운 사고를 수용하나 사회의 지도적인 위치에 있다고는 할 수 없는 계층이다.
- 후기 다수층(Late majority) : 이들은 주로 회의론적인 사고를 가지며, 다수의 사람들이 혁신제품을 시험해 본 후에야 수용하는 성향을 가지고 있다.
- 느림보층(Laggards) : 이들은 보수적인 성향을 지닌 계층으로서 변화와 다른 사람의 사고를 받아들이기를 꺼려 한다. 그들은 변화 자체에 대해 의심을 하고 전통에 얽매이기 때문에 단지 혁신이 하나의 전통으로 정착될 경우에만 혁신을 수용한다.

한편, 일반적으로 혁신을 먼저 수용한 혁신자나 조기채택자들이 아직 혁신을 수용하지 않았거나 수용하기를 꺼려하는 사람들에게 혁신을 수용하도록 영향을 미치게 된다. 따라서 혁신의 성공여부는 혁신자 및 조기채택자들의 호의적 태도 및 구전효과(worth-of-mouth effects)를 제고하는 데 있다고 볼 수 있다. 따라서 이들에 대한 특별 관리가 매우 중요하다. 교회의 관점에서 보면 개척기에 교회에서 잘 훈련받고 성장한 초창기 리더 그룹에 대한 특별한 관심이 필요하다.

3) 변화에 대한 저항

변화에 대한 저항은 가장 흔하고 그 형태도 다양하지만, 변화가 개인에게 영향을 미치게 될 때 가장 거셀 것이다. 따라서 어떠한 부정적인 생각이나 행동에도 알맞게 대처하여야 한다. 다수의 사람들이 변화의 필요를 수용하기 전까지는, 개혁은 매우 어렵거나 혹은 불가능할 수도 있을 것이다. 교회나 다른 종교단체들은 기업들보다 변화에 대해서 더 심하게 저항하는 경향을 보이곤

한다. 다음은 흔히 나타나는 저항의 이유들이다.[6]

(1) 목적보다는 단체에 맞춰진 초점

최고의 조직은 목적이 이끄는 조직이다. 그들은 그들이 존재하는 이유를 알고 있다. 그러나 단체에 초점을 둔 자들은 단체에 해가 될까 해서 변화를 거부하는 경향을 보인다.

(2) 사회적으로 자기를 존속시키려는 경향

대부분의 교회들과 종교단체들은 기존의 구성원들과 비슷한 성향의 사람들을 선호한다. 흔한 공통분모로는 인종, 소득, 교육수준, 교리상의 특징, 지도자에의 충성심, 특정한 라이프스타일에의 집착 등 어떠한 것이 될 수도 있다. 이러한 자기 존속적인 경향이 짙은 조직은 매우 안정적일 수는 있으나 변화에 둔감하다.

(3) 소수의 지배

다수결의 원칙이 보편화되었다고 해서 모든 세상일이 그렇게 이루어지는 것은 아니다. 종종 다수는 소수를 맹종하곤 한다. 그 소수가 변화를 원치 않을 수도 있고, 이러한 소수는 때로는 교회를 불구로 만들곤 한다.

(4) 어제의 혁신가

어떤 조직들은 매우 뛰어난 혁신가를 가지는 축복을 받았다. 그들은 너무 뛰어나서 아무도 그들과는 경쟁하려 하지 않고, 시도조차 하지 않는다. 하지만 때로는 혁신적인 생각들도 유효기간이 지나 버릴 수 있고, 이것은 혁신을 저해하는 요소가 되기도 한다. 남은 것은 어제의 혁신들을 곱씹으며 어제의 꿈들을 뒤쫓아 실패에 이르는 일뿐이다.

(5) 위험을 기피하는 경향

모든 변화는 위험을 동반한다. 변화가 클수록 위험도 커지게 마련이다. 특히 교회의 전통과 품위를 유지하면서 현대의 청년문화를 수용하려는 시도는 정말 높은 위험을 수반한다. 하지만 오늘날 변화에 대한 일반적인 답변은 "보수적이 되어라."이다.

(6) 고통을 감수하지 않으려는 태도

변화는 항상 조직 내의 어떤 사람들에게는 불편한 일이다. 문제를 고치느라 고통을 받고, 의도하지 않게 다른 사람들에게 고통을 주느니 그냥 이대로 사는 것을 택하는 종교단체들이 대부분일 것이다.

(7) 자기만족

어떤 교회는 이미 성공적이라 아무도 자기비판과 변화가 절실하다고는 생각하지 않는다. "이미 충분한데 좀 내버려 두자."고 사람들은 말한다.

(8) 인간관계의 붕괴

때로는 변화로 인해 호흡이 척척 맞던 두 사람이 헤어져 서로 다른 일을 하게 될 수도 있고, 이로 인해 우정과 사회적인 활동들이 방해를 받을 수도 있다. 또한 사람들은 자기가 극단적으로 싫어하는 어떤 사람들과 동역하게 될 수도 있다는 가능성 때문에 변화를 기피할 수 있다.

(9) 현상에의 위협

업무와 활동을 재분배하는 일은 종종 변화의 대상이 되는 사람의 자아정체성과 현재상황을 위협한다. 그들은 동료들에게 버려졌다는 느낌을 받을 수도 있다.

(10) 가중된 책임에의 두려움

어떤 사람들은 가중된 책임을 두려워하여 변화에 대해 저항한다. 따라서 이런 사람들은 특정한 사역을 맡기를 거부하게 된다.

3. 성공적 변화를 위한 8단계 전략

교회를 변화시키는 일은 성공의 확률이 매우 낮다. 그러므로 교회의 변화는 단계적이고 점진적인 접근이 필요하다. 이하에서는 성공적인 변화를 위해서 John P. Kotter가 제시한 8단계 변화 전략을 교회에 적용해서 소개하려고 한다.[7]

1) 위기감 조성

교인들에게 위기의식을 가지게 하라. 설교 때는 물론 여러 가지 커뮤니케이션 수단을 통해서 교회의 사명 및 목표들의 중요성과 그것들이 어떻게 성취될 것인지를 계속 강조하라. 이것은 교인들이 변화를 준비하는 데 필요한 위기를 만든다. 영상 이미지 등을 이용해서 아직 이루어야 할 목표들이 있다는 것을 환기시켜라. 가능하면 교회의 물적 환경을 단순하게 유지하라. 만일 교회 건물이나 환경이 너무 화려하면 교인들은 이미 목적지에 도달했다고 느끼고 편안해 할 것이기 때문이다.

2) 변화 안내 팀 구성

변화를 안내할 팀은 ① 조기 자원봉사자, ② 긍정적 비판자, ③ 비공식적 권한, ④ 융통성, ⑤ 감성능력 등의 특성을 가진 사람들로 구성하는 것이 좋다. 비공식적 권한이란 교회에서 공식적인 위치 및 직책을 가지고 있지 않지만 전문성을 가지고 영향력이 있는 사람을 의미한다. 대부분의 교회들은 당회를 가지고 있으나 그들의 목적은 대부분 현상유지를 하는 것이다. 그러므로 변화과정을 진행하기 위해서는 변화를 만드는 것이 목적인 전문가 그룹을 사용하는 것이 좋다.

3) 비전과 전략의 개발

교인들에게 변화의 여정을 보여 주고 목적지에 안전하게 도달할 것이라는 확신을 심어 주어라. 사람들은 그들이 어디로 가고 있는지를 알기 원한다. 마치 승객들이 미리 목적지를 확인하거나 비행이 끝나면 안전하게 착륙할 것이라는 믿음을 가지고 비행기에 탑승하는 것과 같다. 비전을 제시하는 것이 변화의 방향과 목적지를 보여 주는 것이라면, 전략은 어떻게 그곳에 도착할 것인지와 안전하게 도착할 것이라는 믿음을 주는 것과 같다. 사람들은 그들의 목적지에 안전하게 도달할 수 있다는 확신을 필요로 한다.

4) 지속적이고 반복적인 커뮤니케이션

사람들은 그들이 어디를 가고 있으며, 안전하게 도착할 것이라는 것에 대해서 분명하고도 반복적으로 듣기를 원한다. 비전 메시지는 단 한 번의 선포로 끝내서는 안 되며 최소한 5~6회 정도 전달되어야 한다. 사람들이 메시지의 중요성을 마음에 깊이 새기고 또한 그것을 새롭게 환기시키기 위해서는 메시지를 반복해서 들을 필요가 있다. 아는 것을 행동에 옮기는 데에는 상당한 시간이 걸리기 때문에 비전 메시지를 반복하고 또 반복해서 교인들에게 들려주어라.

5) 임파워먼트(empowerment)

사람들이 변화를 이끌어 가도록 권한을 부여하라. 변화의 바람이 불기 시작하면 어떤 교인들은 자신들이 이제 더 이상 교회에 가치가 없게 되었고, 이전에 교회에 헌신했던 것도 소용이 없다고 생각할지도 모른다. 그들에게 책임을 부여해서 주인의식을 느끼게 하라. 고된 일, 희생, 헌신의 요청은 그들에게 목적의식을 주고 자연스럽게 돌아오게 한다. 그들이 현재 진행되고 있는 변화에 대해서 주인의식을 갖게 되면 새로운 프로젝트를 향해서 그들의 에너지를 불사른다. 그들에게 그들이 좋아하는 일을 주어라. 그들은 그들의 열정을 사역에 쏟게 되고 성공하는 것을 보게 될 것이다. 그리고 그들은 새로운 프로젝트에 헌신하게 될 것이다. 반대로 목사가 모든 권한을 가지고 통제하려 하면 교인들은 뒷짐을 지고 방관자가 되고 말 것이다.

6) 단기적 승리의 실현

눈에 보이는 단기적 성공이 없다면 사람들은 새로운 도전에 대해서 믿음이 생기지 않거나 또는 그럴 만한 자격이나 능력이 없다고 생각한다. 그러나 교회가 어려운 과제를 성취할 수 있다는 것을 눈으로 목도하면 교인들은 다른 도전을 시도한다. 단기적 승리를 실현하는 것은 할 수 있다는 자신감을 만든다. 그러나 조심해야 할 것이 있는데 그것은 안정을 추구하는 것이다. 교회가 열심히 일해서 어떤 목표에 도달한 후에는 더 이상의 노력을 하지 않는 경우가 많다. 어떤 교인들은 이미 목적지에 도달했다는 생각을 하기도 한다. 이때 필요한 것은 새로운 성취를 만들어 낼 수 있도록 교인들을 고무하는 것이다.

7) 성과의 통합

교인들이 조그만 성취에 안주하지 않고 새로운 성취를 만들 수 있게 하는 방법은 이미 얻은 성과들을 통합하는 것이다.

- 더 많은 변화 : 매번의 단기 승리는 다음의 새로운 프로젝트에 도전하는 데 발판이 된다.
- 더 많은 도움 : 새로운 사람들이 참여하고 훈련받고 책임을 갖게 된다.
- 담임목사의 리더십 : 담임목사는 교인들이 자기 자리에서 책임을 감당하도록 격려한다.
- 프로젝트 관리자의 리더십 : 부목사 및 직원들이 프로젝트를 수행하고 진행 상황에 대해 보고를 하게 한다.
- 장애물 제거 : 변화의 장애물들과 불필요한 절차들을 제거하라. 예를 들면 교회에 영기준예산(zero-based budget)을 도입하는 것도 한 방법이다.

8) 성과의 정착

성과물을 교회의 새로운 가치들로 만들고 비전과 사명선언문을 새로 쓰라. 새로운 목표와 가치들을 축하하고 그래서 교인들이 새로운 문화를 경험하게 하라. 문화가 새롭게 변하기 전에 개인의 행동이 변화되도록 도와야 한다는 것을 기억하라. 이 단계는 아마도 수개월 또는 수년이 걸릴지도 모른다. 그러나 그렇게 해야 한다. 너무 지치거나 방향을 잃어서 변화의 항해를 마치지 못하는 사람들이 있는데 이것은 너무 긴 항로를 택했기 때문이다.

제2절 변화의 목적지를 제시하라 - 비전 경영

교회가 변화에 성공하기 위해서는 비전을 제시하는 것이 중요하다. 비전은 미래의 바람직한 모습이다. 그래서 비전은 변화의 방향을 보여 주는 동시에 변화의 목적지를 제시하는 기능을 한다.

1. 하나님의 비전을 발견하기

교회의 비전은 하나님의 비전이어야 한다. 그리고 그 비전을 발견하기 위해서는 현실 속에서 고통받고 있는 하나님의 백성들을 볼 수 있어야 하고 동시에 지도자를 준비시키는 하나님을 알아야 한다.

1) 현실 문제에 대한 하나님의 해답

하나님의 비전은 현실 문제에 대한 하나님의 해답이라 할 수 있다. 하나님은 이집트에서 종살이하고 있는 이스라엘 백성들의 부르짖음을 들으시고 그들이 당하는 고통을 보시며 그 슬픔을 아시고 견딜 수 없어 하셨다. 그리고 하나님은 모세를 부르시고 이스라엘 백성들의 고통과 슬픔에 대한 하나님의 해답, 즉 출애굽과 가나안 땅에 대한 비전을 말씀하신 것이다.

> "여호와께서 이르시되 내가 애굽에 있는 내 백성의 고통을 분명히 보고 그들이 그들의 감독자로 말미암아 부르짖음을 듣고 그 근심을 알고 내가 내려가서 그들을 애굽인의 손에서 건져 내고 그들을 그 땅에서 인도하여 아름답고 광대한 땅, 젖과 꿀이 흐르는 땅 …… 지방에 데려가려 하노라 이제 가라 이스라엘 자손의 부르짖음이 내게 달하고 애굽 사람이 그들을 괴롭히는 학대도 내가 보았으니 이제 내가 너를 바로에게 보내어 너에게 내 백성 이스라엘 자손을 애굽에서 인도하여 내게 하리라"(출 3 : 7-10).

비전은 현실에 대한 거룩한 불만족으로부터 나온다. 현실을 하나님의 관점에서 보는 눈이 열려야 한다. 하나님이 들으시는 것처럼, 보시는 것처럼, 느끼시는 것처럼, 그렇게 현실을 이해하는 사람을 찾으신다. 그 사람은 현실에 결코 만족할 수 없게 된다. 죄가 가득한 이 땅에서 수고하고 짐 진 사람들의 고통과 눈물에 견딜 수 없기 때문이다. 하나님의 사랑을 느끼고 가슴 아파한다. 그래서 하나님의 구원하심을 간구하게 되고, 하나님은 그 사람에게 당신의 구원 계획을 나타내신다. 그것이 하나님의 비전이다.

2) 리더에게 임하는 하나님의 비전

비전은 하나님이 그의 택한 리더에게 보여 주시는 바람직한 미래의 모습이다. 출애굽기 1~3장을 읽으면 모세가 하나님으로부터 비전을 얻게 되는 과정을 알 수 있다. 하나님의 비전은 한 사람의 탄생에서부터 죽음까지의 전 생애, 그리고 그 시대와 오는 시대에 연관되어 있음을 알 수 있다. 그러므로 리더는 자기를 성찰하는 것이 하나님의 비전을 이해하는 데 도움이 된다. 다음의 질문들은 매우 어렵지만 리더가 스스로 솔직하게 답을 써 본다면 하나님의 비전을 발견하는 데 도움이 될 것이다.[8]

- 어떤 성경 말씀이 당신의 상상력을 자극하는가? 그 이유는?
- 무엇이 당신의 삶에 가치를 갖게 하는가?
- 무엇이 당신을 울게 하는가? 그 이유는?
- 만약 당신이 생애에 오직 한 가지 과제만을 성취할 수 있다면, 그것이 무엇인가?
- 당신의 묘비에 무엇이 기록되기를 원하는가?
- 현재 당신이 전적으로 빠져들고 있는 활동들은 무엇인가?

- 당신의 영적 은사는 무엇인가? 당신의 특별한 재능은?
- 성공적인 교회를 당신은 어떻게 정의하는가?
- 성공한 목사를 당신은 어떻게 정의하는가? 무엇이 당신을 그렇게 만들 것인가?
- 당신이 개인적으로 아는 가장 닮고 싶은 영적 리더들은 누구인가? 그 이유는?
- 어떤 그룹의 사람들이 목회자로서의 당신을 열정에 설레게 하는가?
- 당신이 목회자로서 느끼는 보람은 무엇인가?
- 당신은 어떤 사역에 가장 만족하는가? 어떤 사역이 당신을 가장 크게 실망시켰는가?
- 당신은 현재 비전에 기초하여 목회를 하고 있는가? 그렇다면, 누구의 비전에 기초하고 있는가? 그 비전을 어떻게 가지게 되었는가?

2. 교회가 비전을 공유하기 [9]

1) 교인들의 참여

목회자가 변화를 만들어 가기 위해서는 교인들의 능동적인 참여와 협조가 중요하다. 한 명의 담임목사가 많은 교인들에게 호소할 수 있는 비전을 개발하는 데 필요한 지식을 모두 가지고 있을 수는 없다. 심지어 목회자가 비전을 위한 기초 개념을 고안해 냈을 때도 이 개념을 호소력 있는 비전선언문으로 상세히 서술하기 위해서는 교회 지도자들을 참여시키는 것이 바람직하다. 선언문을 만드는 목적은 교회의 사명, 비전, 핵심가치를 교인들 모두가 공유하도록 하여 교인들이 같은 방향으로 움직이게 하는 데 있다고 할 수 있다. 그런데 만일 비전선언문이 교인들의 참여 없이 소수의 집사, 장로들로부터 나왔다면 교인들을 움직이지 못할 것이다. 따라서 모든 교인들의 참여가 선언문 작성에서 필수적이다.

2) 공유가치와 이상

비전의 호소력은 그것이 제시하는 이상과 내용이 교회가 당면하고 있는 도전들과 얼마나 관련이 있느냐에 달려 있다. 만일 비전이 대부분 교인들의 가치와 이상을 담아내고 있다면 그들의 헌신을 이끌어 내는 것은 더욱 쉬울 것이다. 따라서 비전에 포함될 가치와 이상을 파악하고 이해하는 것이 중요하다. 만일 조직의 핵심가치와 이상에 대해서 교인들 사이에 심각한 불일치가 존재한다면 비전을 발견하는 것은 어려울 것이다. 이때 한 가지 방법은 리더들에게 그들이 보고 싶어 하는 이상적인 조직에서의 각자의 역할을 그려 보고 개인의 비전선언문을 만들어 보도록 하는 것이다. 공유가치와 이상을 찾아내는 또 다른 방법은 교인들에게 그 조직의 미래 모습을 기술하도록 요청하는 것이다.

3) 전략목표

복잡한 비전보다 전략목표에 대한 동의를 구하는 것이 더 쉽다. 전략목표에 대한 집단토의는 가치와 이상에 대한 통찰력을 제공할 수 있다. 사람들에게 교회의 사명과 관련된 도전적인 목표를 알게 하는 것이 첫 번째 단계이다. 그 다음에 사람들에게 그 목표들의 상대적인 중요성과 그 목표들이 왜 중요한지를 토론하게 한다. 토론을 통해서 보다 넓은 호소력을 가지는 목표를 파악하라.

4) 이념 및 철학

비록 교회에 근본적인 변화가 필요한 때라 해도 현재 이념 및 철학의 몇몇 요소는 보호할 가치가 있을 수도 있다. 예측 가능한 미래에 교회와 계속 관련될 만한 가치와 이상을 찾아보라. 때로는 파괴되거나 무시된 전통적인 가치가 새로운 비전의 기초가 될 수 있는 경우가 있기 때문이다.

5) 비전과 핵심역량의 연결

성공적인 비전은 호소력이 커야 할 뿐만 아니라 신뢰할 수 있어야 한다. 사람들은 달성이 불가능해 보이거나 너무 많은 것을 약속하는 비전에 대해서는 회의적이다. 따라서 리더는 도전적이고 신뢰할 수 있는 비전을 만드는 어려운 과제에 직면해 있다. 우수한 비전은 혁신적인 전략을 필요로 하는데, 테스트를 거치지 않은 전략은 위험하고 평가하기 어렵다. 검증된 전략이 없을 때에는 사람들은 그 비전이 달성 가능하다는 것을 믿을 만한 하나의 기초를 필요로 한다. 이때 교회의 핵심역량과 과거의 성공 이야기는 사람들에게 자신감을 구축하는 데 하나의 기초가 될 수 있을 것이다.

6) 비전의 지속적 평가와 정교화

성공적인 비전은 계속해서 발전할 것이다. 비전을 달성하는 전략이 성공할수록 사람들은 무엇이 실행 가능하고 무엇이 그렇지 않은지 배울 수 있다. 비전을 달성하는 데 있어 진전이 있을수록 새로운 가능성이 발견될 수 있고, 비현실적으로 보이는 비전도 갑자기 달성 가능해질 수 있다. 비전의 연속성이 필요하지만 리더는 계속해서 비전을 강화하는 데 필요한 호소력 있는 방법(표어, 상징 등)을 찾아내야 한다. 비전을 개발하는 일은 비전에서 전략으로, 전략에서 행동으로 가는 간단한 선형적 진행이 아니라 상호작용하는 순환적 과정이다.

3. 비전 선언문 만들기

변화지향적인 리더들은 비전을 말과 글로 표현하여 남들과 비전을 나눈다. 비전을 글로 표현하는 것은 다음의 세 가지 효과를 가져온다. 첫째, 비전을 글로 표현한다는 것은 자신이 현재에 대하여 만족하지 못하고 있다는 것을 의미한다. 둘째, 비전을 글로 표현할 때 자신이 꿈꾸는 미래를 세상 사람들이 알게 되며, 다른 이들의 비전과 상충할 가능성에 노출된다. 셋째, 비전을 글로 표현하는 것은 자신의 행동이 항상 비전에 합치되도록 강제하는 자기강제의 수단이 된다. 비전을 세우고 알린 후에는 그것은 자신의 모든 행동을 평가할 수 있는 벤치마크의 역할을 하게 된다.

1) 선언문의 결정요소 [10]

(1) 핵심 성경구절

교회의 사명이나 비전을 구체화하는 데 있어서 성경구절을 사용하는 것은 교인들이 명확하게 이해할 수 있으므로 효과적이다. 예를 들어 마태복음 28 : 19~20의 선교명령은 지속적이고 세계적인 복음전파와 새로운 신자들의 교회 참여, 그리고 그들을 가르치고 제자 삼는 것을 요청한다. 다른 성경말씀들은 궁핍한 사람들과 아픈 사람들과 고와와 과부들을 돌봐 줄 것을 말하고 있다. 또 다른 성경말씀들은 지역사회에서 선교활동과 세계선교를 말하고 있다. 또한 성경말씀은 개인적으로나 공동체적으로 하나님을 예배할 것을 요청한다.

(2) 사회의 고통과 필요

역사적으로 교회는 사회적 약자를 위해서 섬기고 나누는 활동들을 책임져왔다. 예를 들면 대부분의 병원들은 교회 활동들로부터 나타났다. 대학들과 많은 학교들도 교회나 교단 지도자들로부터 발생했다. 고아원이나 양로원 그리고 비슷한 기관들도 교회와 교회조직들의 산물이 많다.

(3) 교회의 사명

성경과 현실을 이해하고 우리 교회가 해야 할 일을 깨달아야 선언문을 작성할 수 있다. 교회의 사명을 알기 위해서 다음과 같은 질문을 해 보는 것은 도움이 될 것이다.

- 성경적인 관점에서 우리는 무엇을 해야 하는가?
- 역사적인 관점에서 우리는 무엇을 해야 하는가?
- 오늘날 우리의 독특한 부르심에 부응하기 위해서 무엇을 해야 하는가?
- 이 시대와 장소 그리고 우리에게 주어진 자원들을 가지고 우리 교회는 무엇을 할 것인가?

2) 선언문 예시

선언문을 쓰는 데 있어서 모범 답안이라는 것은 존재할 수 없기에, 각각의 선언문은 그 형식과 내용에 있어 각기 개성을 지니고 있다. 선언문은 간단하고 직접적이고 명료하고 포괄적이 되도록 하라. 배우고 반복하기에 충분할 만큼 단순하고, 말하고자 하는 바를 다 담아낼 수 있게끔 완전해야 한다. ○○교회의 선언문을 예로 제시한다.

- 우리는 복음전도와 이웃 사랑으로 민족을 치유하고 세상을 변화시키는 하나님 나라의 비전을 실현하는 교회가 되고자 한다.

- 민족치유를 위한 3N 비전
  North Korea(북한 땅을 향한 하나님의 계획)
  Next Generation(다음 세대를 위해)
  New Family(변화하는 사회 속의 새로운 가족들을 향해)
- 세상변화를 위한 3G 비전
  Great Commission(지상대명령인 선교/전도)
  Global Church(세계교회를 향한 섬김과 나눔/영향력)
  Godly Leaders(경건한 리더)

4. 비전 커뮤니케이션 전략

변화지향적인 리더들은 비전을 성취하기 위해 가장 중요한 것이 커뮤니케이션이라는 사실을 알고 있다. 교회에서 변화를 이끌어 내기 위해서는 목회자가 교인들과 끊임없이 소통하며 교인들의 능동적 참여를 이끌어 내야 한다. [그림 3-4]는 효과적인 변화 커뮤니케이션의 순서를 보여 주고 있다.

목회자는 교인들이 목사의 판단과 결정을 믿고 그저 말없이 따라 주기를 기대할지도 모른다. 그러나 그런 기대는 하지 않는 것이 좋다.

1) 변화의 주체들과 소통하라.

일반적으로 변화는 소수의 사람들에 의해서 주도되기 마련이다. 확산이론에 의하면 변화를 가장 먼저 이끄는 혁신층(innovator)은 전체 구성원의 2.5%에 불과하다. 교회의 변화도 이런 주도 그룹에 의해서 이루어질 것이다. 목회자는 교회 지도층 중에서 변화를 함께 만들어 가기에 적합한 사람과 일대일 성경공

[그림 3-4] 변화 커뮤니케이션 순서

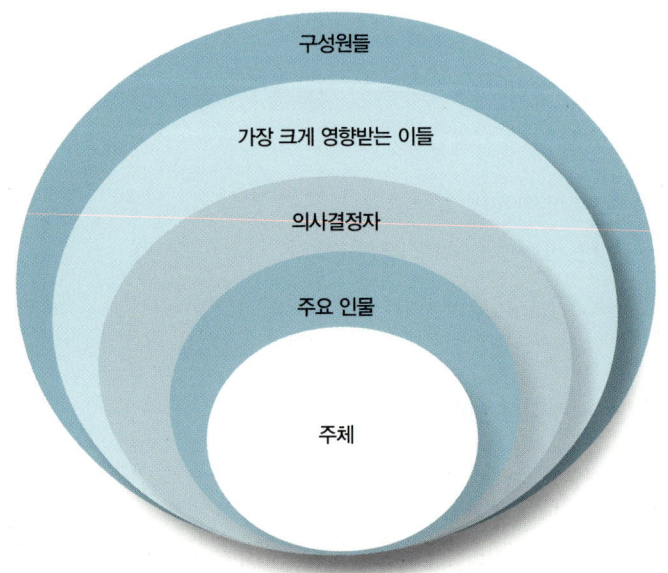

부 등을 통해 신뢰관계를 구축하고 교회변화의 비전을 공유하는 것이 중요하다. 이 변화에 끝까지 함께할 사람들(숫자는 전 교인의 약 2-3%)을 확보하기 전에는 변화를 공식화하지 않는 것이 좋다. 그리고 이들이 변화의 추진팀이 되도록 하는 것이 바람직하다.

2) 교회의 주요 인물들을 설득하라.

변화를 공식화하기 전에 먼저 목회자가 설득해야 할 교회의 주요 인물들은 그 교회의 '원로 그룹'이다. 그들은 교회의 이야기꾼이다. 교회의 역사를 잘 알고 있고 그만큼 교회의 전통을 자랑스러워하며 변화를 싫어한다. 만일 이들이 변화를 반대한다고 상상해 보라. 그렇게 되면 목회자가 변화를 제대로 시작하기도 전에 기운이 빠지게 된다. 따라서 이들 원로 그룹을 설득해서 변화의 지원자로 만드는 것이 중요하다. 그러면 그들은 교회의 역사와 함께 새로운 비전을 곁들여서 교인들에게 재미있고 의미 있는 이야기를 해 줄 수 있을 것이다.

3) 의사결정자들과 변화의 공감대를 조성하라.

교회의 최고 의사결정기구(예 : 당회)의 회원들은 물론 여러 위원회의 위원장 등 의사결정자들과 교회 변화의 필요성에 대한 공감대를 형성하는 것이 필요하다. 무엇보다 위기의식을 공유하는 것이 가장 중요하다. 교회가 변화하지 않는다면 어떻게 될 것인지를 정확하고 자세한 자료를 가지고 의사결정자들에게 설명해야 한다. 이때 의사결정자들이 너무 많아서 목회자가 혼자 상대하기 어렵다면 몇 개의 그룹으로 나누는 동시에 앞에서 설명한 주도 그룹 또는 원로 그룹과 함께 간담회 형식의 만남을 가지는 것도 좋다. 이와 같은 사전 공감대 형성은 불필요한 루머를 미연에 방지하고 비판적인 태도를 저지하는 데 도움이 된다. 그리고 공식적인 기구에서 의사결정을 하기 전에 사람들이 변화를 받아들이는 시간을 갖도록 하는 데 도움을 준다. 너무 급격한 변화는 사람들에게 두려움을 일으킨다.

4) 가장 크게 영향 받을 사람들을 배려하고 설득하라.

변화로 인해 손해를 보거나 어려움에 처할 사람들이 있을 수 있다. 예를 들면, 예배시간의 변경 또는 주차장소의 이동 등은 많은 사람들을 불편하게 할 수 있는 변화이다. 그리고 교회건물을 증축 또는 신축하는 경우에는 이웃 주민들이 영향을 받게 된다. 이때 교회가 이런 사람들의 어려움을 잘 이해하고 어루만지는 진실된 노력을 하지 않는다면 변화를 추진하는 과정에서 이들은 반대세력이 된다. 그러므로 변화를 시작하기 전에 누가 가장 크게 손해를 볼 것인가를 미리 생각하고 이들을 배려하고 설득해서 최소한 적극 반대하지는 않도록 하는 것이 필요하다.

5) 교인들에게 비전을 제시하고 옹호하라.

비전이 만들어지는 과정에서 목회자가 해야 할 중요한 과제는 비전에 포함되어야 할 교회의 핵심가치를 강조하는 것이다. 그리고 비전과 목표 및 기대되는 결과들을 정리해서 교인들이 한눈에 볼 수 있도록 해야 한다. 그래서 교인들이 교회의 비전을 가슴속에 새기고 비전에는 자신들의 마음을 새길 수 있도록 하라. 또한, 목회자는 비전을 중심으로 교회의 사역들을 한군데로 모으고 사역의 평가표준을 비전과 합치하는 방향으로 정해야 한다. 비전이 실현될 때까지 비전을 옹호하는 것이 중요하다.

6) 감사하며 축제를 베풀라.

변화의 과정에서 또는 완수 후에도 감사와 축제의 행사를 기획하는 것이 필요하다. 교인들이 기여한 모든 것들에 대해서 공개적으로 인정해 주고 감사를 표하라. 필요하다면 언론기관이나 여러 매체들을 통해서 교회의 변화를 알리고 교인들이 이룬 성과에 대해서 자긍심을 갖도록 하는 것이 필요하다. 교회 변화와 관련된 이웃 주민들도 초청해서 그들과 함께 축제행사를 개최한다면 향후 그들이 교회의 협력자가 될 것이다.

제3절 변화의 과정을 전략적으로 관리하라

1. 전략의 수립

조직의 비전을 성취하기 위해서는 구체적인 수단이 필요하다. 여기서 말하는 수단을 쉽게 말해서 우리는 전략이라고 말한다. 교회에서 왜 전략이 중요한가? 그 이유는 첫째, 전략은 변화하는 외부환경에 교회가 유연하게 대처할 수 있도록 하는 교회의 환경적응 능력을 촉진시키기 때문이다. 둘째로 전략은 교회의 자원을 장기적 관점에서 효율적으로 배분한다. 마지막으로 전략은 교회의 다양한 활동들을 통합하는 기능을 한다. 교회에서의 전략은 담임목사가 아래와 같은 질문을 하는 데서 시작된다.

- 현재 우리 교회의 위치는 어디인가?
- 만약 우리 교회가 변하지 않는다면, 5년 또는 10년 후 교회는 어디에 위치할 것인가? 그 답변은 수용할 만한가?
- 만약 답변이 수용할 만하지 않다면, 우리 교회는 어떠한 특정행동을 취해야 하는가?
- 그 행동에 수반되는 위험과 보상은 무엇인가?

전략은 미래를 경영하는 것이다. 교회의 미래는 전략에 따라 달라진다고 해도 과언이 아니다. 목회자가 전략적 관리과정을 이해하고 이를 교회에 활용할 수 있다면 교회는 변혁될 수 있을 것이다. 전략적 관리(strategic management)의 과정은 환경 조사, 전략 수립, 전략 실행, 평가와 통제 등의 네 가지 기본 요소를 포함한다. [그림 3-5]는 이러한 네 가지 요소들이 어떻게 상호작용하는지를 나타내고 있다. 교회 전체의 관점에서 전략 관리 프로세스는 교회의 사명 공표에서 성과평가에 이르는 범위 내 모든 활동들을 포함한다.[11]

[그림 3-5] 전략적 관리 과정

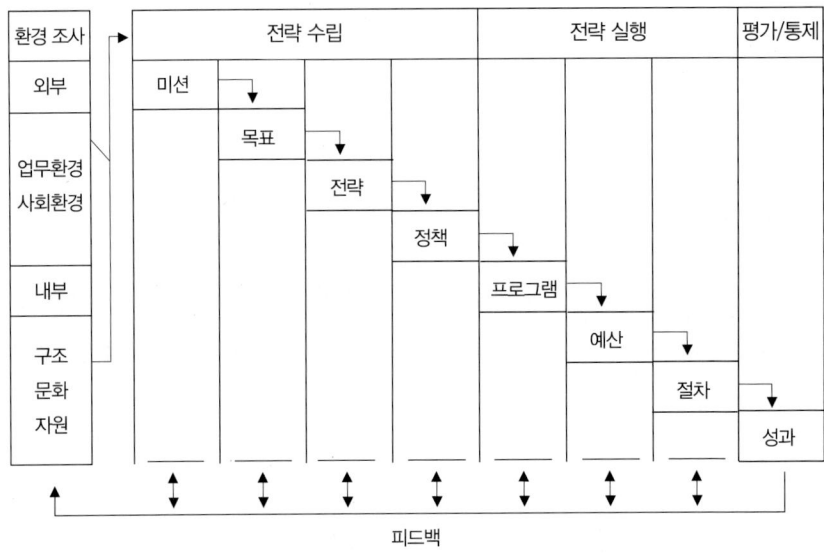

2. 전략적 관리의 사례 연구

서울 근교에 있는 ○○교회는 전략 개념을 활용하여 성공한 가장 대표적 교회로 보인다. 10여 년 전의 교회변화 성공사례이지만 목회자들에게 매우 유용한 사례이기에 ○○교회가 전통교회에서 목장교회로 전환할 당시의 교회의 전략적 관리를 소개하려고 한다. 이하에서는 이 교회의 변화전략 사례를 전략의 수립, 전략의 실행, 전략의 평가 등 세 단계로 나누어 설명한다.

1) 전략의 수립 – 비전, 사명, 목표의 설정

비전 : 우리는 예수 그리스도의 전도 명령과 사랑의 명령에 순종함으로써 민족을 치유하고 세상을 변화시키는 교회가 되고자 한다.

사명 : 우리 교회의 모든 성도들은 소속된 목장교회를 통하여 선교사적 삶을 살아가는 평신도 선교사로 훈련되어 나아가고자 한다.

목표 : 주후 2010년까지 ① 30,000명의 교회가족 ② 3,000명의 평신도 선교사 ③ 300명의 해외선교사를 파송한다.

○○교회는 비전을 실현하기 위한 전략적 목표로서 다음을 제시하고 있다.

- 우리 교회 내 가정주부들을 적극적으로 훈련시켜 마을목자가 되도록 격려한다.
- 헌신적인 형제들로 하여금 형제목장이나 부부목장의 리더가 되게 한다.
- 직장인들은 직장 내의 신우회 활동에 적극 참여케 하거나 직장 내에서 성경공부 그룹을 인도하도록 돕는다.
- 사업가들은 기독교적 비전에 근거한 회사 경영과 회사 복음화에 헌신하도록 격려한다.
- 위의 비전을 성취하기 위하여 마을목자 훈련을 강화하고, 21세기를 대비하여 본 교회 내에 개설된 "평신도 선교대학"에 적극 참여하도록 한다.

전략 수립은 목표를 설정하는 것으로 충분하지 않다. 이에서 한 걸음 더 나아가 그 목표까지 어떻게 갈 것인지를 명확히 보여 주는 지도(road map)가 필요하다. ○○교회의 경우는 위에서 보는 것처럼 다섯 가지의 분명한 전략적 목표들을 설정하고 있다. 뿐만 아니라 목장교회라는 개념을 명확히 하기 위해 목장사역의 비전, 철학, 방향, 목자상을 자세히 설명하고 있다. 그리고 교인들을 모두 목장에 소속시키고, 목자를 훈련시켜 목장을 맡기고, 예비목자를 훈련하여 목장을 배가시켜 나가고 있다.

교회가 궁극적으로 추구하는 제자상을 이 교회는 이렇게 제시하고 있다.

- 예수 그리스도를 구주와 주님으로 고백한다.
- 예수 그리스도의 인격을 닮아 가는 것을 평생의 목표로 한다.
- 예수 그리스도의 사역인 하나님 나라의 확장을 지상의 과업으로 삼는다.
- 이와 같은 하나님의 나라는 우리들의 가정과 직장, 사업, 캠퍼스의 장에서 우선적으로 실현되어야 한다고 믿고 이를 위해 살아간다.
- 그리하여 그의 삶의 자리에서부터 민족복음화에 헌신하며 동시에 지구촌을 가슴에 품고 살아간다.

2) 전략의 실행

효과적으로 전략을 실행하기 위해서는 누가, 무엇을, 어떻게 실행할 것인가를 결정해야 한다. 전략이 실행되는 데 있어 가장 중요한 것은 무엇보다도 담임목사의 의지라고 할 수 있다. 담임목사가 추진팀을 만들어 권한을 부여하고, 실행계획을 만들고, 자원을 투입하고, 노력을 집중하면 전략은 성공적으로 실행될 수 있다.

(1) 추진팀 조직

전략의 실행은 그 전략을 추진할 사람들이 정해져야 성공할 수 있다. 그리고 그 사람들에게 권한이 주어져야 하고 동시에 책임도 함께 져야 한다. 누가 무슨 일을 하고, 누구에게 보고할 것이며, 최종적으로 누가 의사결정을 할 것인가를 명확히 하지 않으면 그 조직은 고장 난 기계와 같다. 교회 안에 추진팀을 만들고 역할(role), 권한(authority), 책임(responsibility)을 명확히 하는 것이 필요하다.

(2) 실행계획

프로그램을 정하고, 보상체계를 세우고, 일정계획을 세우는 일 등이 실행계획에 속한다. ○○교회는 전략의 실행 측면에서도 목회자들이 배울 만한 구체적 사례를 보여 주고 있다. 담임목사는 1999년 1월 교회 탄생 5주년에 목장교회의 비전을 선포했다. 10주년이 되는 2004년에는 1,000개의 지역목장과 100개의 특수목장을 설립한다는 목표를 제시했다. 그리고 2000년 7월부터 1년의 안식년 동안 셀(cell)교회 모델을 연구하고 교회에 복귀하자 본격적으로 셀교회 출범준비에 착수하였다. 2001년 사역자 수련회를 통해 셀교회 전환 3개년 계획을 수립하고, 2002년 1월 첫 주일에 셀교회 출범식을 가졌다. 이어서 목장교회 오픈하우스, 사역축제, 예비 마을장 수련회, 마을장 임명식, 목자셀 운영, 셀 컨퍼런스를 통해 목장교회의 비전을 실행해 나가고 있다. 목장교회의 조직구조는 목장(목자) – 마을(마을장) – 지구(담당목사)로 되어 있다.

(3) 자원의 투입

교회가 보유한 자원은 한정적이다. 그러므로 어떤 원칙을 정하고 그에 따라 자원을 배분할 필요가 있다. 자원 배분과 관련해 제기되는 질문들은 다음과 같다. "신규 사역을 위해 추가 재원을 어디서 마련할 것인가? 기존 재산을 처분해서 마련할 것인가, 특별헌금을 할 것인가, 아니면 기존 예산에서 조금씩 줄여서 충당할 것인가? 몇 년 동안 지속될 사역인가, 그리고 지금 당장 시작해야 할 사역인가, 아니면 조금 더 있다가 시작해도 되는가?" 이런 질문들을 검토한 후에 예산을 확보해야 전략 실행이 가능해진다.

(4) 노력의 집중

전략 실행에 성공하는 조직은 에너지가 전략 목표로 집중된다. 그런 조직의 특징은 다음과 같다.

- 교인들이 교회 일에 적극적으로 개입하도록 서로 격려한다.
- 그들의 기본 실행단위는 소그룹이고 적정 인원은 12~20인이다.
- 소그룹 지도자는 교회의 다양한 기능을 담당함에 있어 궁극적 책임을 진다.
- 위원회를 통해 의사소통이 원활히 진행되고 공통의 리더들과 위원들에 의해 부서가 통합된다.
- 소그룹 안에서 직접 만남이 이루어진다.
- 그룹 회의는 따뜻하고, 가깝고, 친절한 분위기 속에서 자유롭게 진행된다.
- 교인들은 리더십이 개방적이고 지원적이라고 느낀다.

이런 맥락에서 보면 ○○교회에서 채택한 '목장교회'의 조직구조는 교인들의 참여를 극대화시킬 수 있는 좋은 시스템이라고 보인다.

3) 전략의 평가

전략적 관리에 있어서 전략 수립과 전략 실행에 이은 마지막 단계는 전략의 평가이다. 오늘의 성공이 내일의 성공을 의미하는 것은 아니기에 전략의 평가가 필요한 것이다. 성공은 언제나 새롭고도 다른 문제들을 만들어 낸다. 실행의 성패를 알기 위해서는 성과에 대한 측정이 필요하다. 그리고 평가항목을 정하는 것이 필요하다.[12]

평가항목 1. 내부적 일관성
① 전략이 교회의 내부적 강점, 목표, 그리고 정책과 일관성을 유지하고 있는가?
② 전략이 다른 교회의 전략과 상충하지는 않는가?
③ 전략은 강점을 극대화하고 약점을 피해 가도록 수립되었는가?
④ 교회의 구조가 전략과 일관성을 유지하고 있는가?

⑤ 전략이 교회의 성과에 이바지하는가?
⑥ 전략이 혹시 새로운 행정적 문제들을 야기하지는 않는가?
⑦ 전략이 영적 가치관과 철학에 부합하는가?

평가항목 2. 외부적 일관성
① 교회 구성원들이 전략을 수용하고 있는가?
② 전략이 형제사랑과 조화를 이루고 있는가?
③ 전략이 교회가 경쟁우위를 가지도록 해 주는가?
④ 전략에 기반을 둔 예측들은 믿을 만한가?
⑤ 전략이 성경적인 가이드라인들에 부합하는가?

평가항목 3. 타당성
① 교회가 전략을 수행할 만큼 영적으로 헌신하고 있는가?
② 교회가 전략을 성공적으로 실행할 만한 충분한 자본을 확보하고 있는가?
③ 전략에 자본을 분배하는 것이 재정에 어떤 결과를 가져올 것인가?
④ 현재와 미래의 시설에 비추어 봤을 때 전략이 타당한가?
⑤ 시설의 수용력을 충분히 활용하는 전략인가?
⑥ 전략을 실행함에 있어 헌신된 리더들이 확보되었는가?
⑦ 리더들이 전략을 성공시키기 위한 기능과 지식을 습득하고 있는가?

평가항목 4. 위험적정성
① 전략이 물질적으로나 영적으로나 적절한 타당성 분석을 거쳤는가?
② 전략에 수반되는 자본이나 인력의 양은 얼마큼인가?
③ 전략이 교회의 주된 미션을 빗나가게 하는가?

평가항목 5. 헌신의 지속성

① 전략은 교회의 현재와 미래의 모습에 비추어 봤을 때 타당한가?
② 한 세대 전체가 충분히 공감하는 전략인가?
③ 전략이 혹시 너무 성급하게 진행되고 있지는 않은가?

평가항목 6. 운용가능성

① 전략은 효율적으로, 그리고 효과적으로 실행될 수 있는가?
② 전략의 올바른 실행을 담보할 만한 리더들의 헌신이 있는가?
③ 적절한 타이밍인가?
④ 교회의 문화가 변화를 필요로 하는가?

제시된 전략이 이 여섯 가지의 평가를 통과했다면 교회는 올바른 전략을 가지게 된 것이다. 이 척도들이 성공을 보장하지는 못하지만, 많은 의사결정 기회를 가지게 해 줄 것이다. 또한 불만족스러운 답변들은 교회가 전략을 바꾸거나 사후적, 예방적 조치를 취할 수 있도록 경각심을 불러일으킬 것이다.

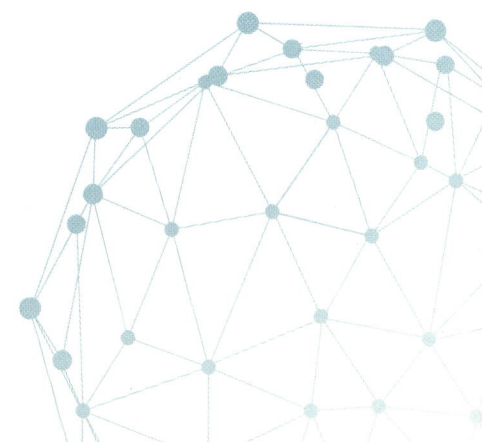

제2부

교회의 사역 전략

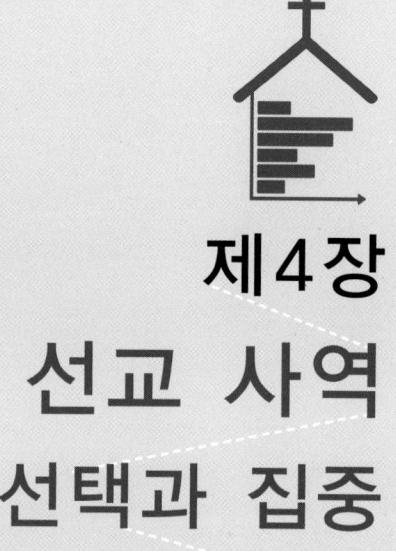

제4장
선교 사역
선택과 집중

제1절
해외선교의 전략적 관리

제2절
복음전도의 전략적 관리

제3절
사회선교의 전략적 관리

제4장
선교 사역
선택과 집중

> 성령이 아시아에서 말씀을 전하지 못하게 하시거늘 그들이 브루기아와 갈라디아 땅으로 다녀가 무시아 앞에 이르러 비두니아로 가고자 애쓰되 예수의 영이 허락하지 아니하시는지라 무시아를 지나 드로아로 내려갔는데 밤에 환상이 바울에게 보이니 마게도냐 사람 하나가 서서 그에게 청하여 이르되 마게도냐로 건너와서 우리를 도우라 하거늘 바울이 그 환상을 보았을 때 우리가 곧 마게도냐로 떠나기를 힘쓰니 이는 하나님이 저 사람들에게 복음을 전하라고 우리를 부르신 줄로 인정함이러라(행 16 : 6-10).

[도입사례] 선교에도 전략이 필요한가?

○○교회는 많을 때는 교회 예산의 60%를 선교에 사용하며, 지난 35년간 170억 원을 선교를 위해 사용하는 등 해외선교를 여러 사역 중 가장 높은 우선순위에 두고 있는 교회이다. ○○교회가 그동안 섬겨 온 80여 개

국의 여러 사역지 중 다른 사역지보다 조금 더 집중적으로 선교의 노력을 들이고 있는 사역지가 있는데, 그 나라는 바로 네팔이다. 특히 교육에 집중하여 교육선교를 통해 네팔을 변화시키고 있다. 초등학교부터 대학까지 ○○교회가 세운 학교에서 40여 명의 교사가 570여 명의 학생을 가르치고 있다. 영어로 이뤄지는 교육과정 등의 이유로 네팔에서 명문학교로 자리 잡았으며, 이제까지는 장소를 임대해서 학교를 운영했는데, 앞으로는 학교 건물을 지어 종합적 학교로 세울 계획을 가지고 있다. ○○교회는 한국에 선교사들이 세워 이제까지 여러 훌륭한 인물들이 나온 연세대학교처럼, 이 학교가 네팔의 미래를 이끌어 갈 인물을 배출해 낼 것이라는 믿음과 목표로 학교를 운영하고 있다.

○○교회가 네팔 선교를 목표로 삼은 이유는 네팔을 '전방개척지역'이라 생각했기 때문이다. 학교가 12년 전에 설립되기 13년 전 네팔에 들어가서 조사하고 선교하는 과정을 시작했는데, 그 당시만 해도 네팔은 복음을 전할 경우 3년 징역, 세례를 줄 경우 6년 징역 처벌을 내리는 나라였으며, 힌두교 세계본부가 위치한 나라였다. ○○교회는 오히려 이 이유 때문에 네팔을 선교 집중의 사역지로 삼았다. 사역의 형태에 있어서는, 교육이 한국의 발전 원동력이 된 것처럼, 네팔 또한 교육을 통해 변화될 것이라는 판단을 통해 교육선교에 집중하게 되었다. 이렇게 나라와 선교 수단을 집중한 결과, 현재 운영하고 있는 학교는 여러 글로벌 인재들을 길러 내고 있으며, 이 학교 안에서 많은 학생들이 큰 꿈을 꾸는 등, 교육적 접근을 통해 네팔을 변화시키겠다는 목표를 이뤄 나가고 있다.

해외 사역지에서 교육을 통해 사람들을 키워 나갈 뿐 아니라 국내 성도들 중에서도 많은 글로벌 인재들과 각 분야에서 뛰어난 인재들이 배출되어 영향력 있는 평신도 선교사로 성장할 수 있도록 교회 장학금을 통해 해외에서 석박사 과정을 밟을 수 있도록 하고 있다. 교회 내외부적으로 하나님 나라 확장을 위한 장기적인 인재 양성을 꾸준히 담당하고 있는 것이다.

이뿐 아니라 현지인을 선교사로 키워 나가기 위한 사역도 하고 있다. 네팔 현지인을 한국에 초청해 신학대학원에서 교육 받기 위해 필요한 모든 경비를 지원하는 등 현지인 인재를 키우는 데 집중하는 이유는 현지인이 선교의식을 가지고 사역하면 현지에 파송된 한국인보다 훨씬 더 효과적으로 사역할 수 있고, 그에 따라 더 큰 결실을 맺을 수 있기 때문이다.

ㅇㅇ교회는 수많은 사역지를 섬기고 있지만, 집중적으로 하나의 나라와 사역 분야를 선택하고, 그렇게 선택한 교육 분야에서 전방위적으로 사역하고 있다. 현지에 학교를 세워 교육하고, 현지인에게 신학교육을 시켜 현지에서 더 큰 사역을 할 수 있도록 도우며, 전 세계 다양한 분야로 뻗어 나가 평신도 선교사의 역할을 감당해 나갈 인재들을 기르고 있다.[1]

〈출처 : 「선교신문」, 2015년 1월 20일〉

제1절 해외선교의 전략적 관리

미션(mission)이라는 단어는 본래 사명 또는 존재 목적을 의미하는데 교회에서 미션은 선교를 의미한다. 교회의 사명은 곧 선교라는 이중적 의미를 나타낸다고 볼 수 있다. 교회의 사명과 관련해서 선교의 개념은 제1장에서 이미 설명하였다. 본 장에서는 해외선교 전략에 초점을 맞추어서 선교수단의 선택, 현지 선교환경의 평가, 선교 대상국 선택에 관해서 살펴보려고 한다.

1. 선교수단의 선택

1) 복음전도

우리가 전도라고 번역하는 영어 단어 evangelism은 '기쁜 소식을 전하는 것'

으로서 헬라어의 명사 euangelion(기쁜 소식, 복음)과 동사 euangelizomai(기쁜 소식을 전하다)에서 나왔다. 마이클 그린은 복음전도를 "성령의 능력으로 예수 그리스도를 소개하여 사람들이 그리스도를 통해 하나님을 신뢰하고, 그리스도를 자신의 구주로 영접하고, 하나님의 교회의 교제 가운데 그리스도를 그들의 왕으로 섬기게 하는 것이다."[2]라고 정의하고 있다. 이 정의 속에는 몇 가지 중요한 강조점들이 있다. 먼저 기쁜 소식의 내용은 예수 그리스도이고, 그 안에는 하나님의 사랑과 성령의 역사가 빠져서는 안 된다는 것이다. 또한 복음전도는 회개와 결단을 통해 그리스도의 몸인 교회의 일원이 되게 하는 것과 그들을 그리스도의 제자로 만드는 것을 포함한다.

2) 교회 개척

도날드 맥가브란(Donald McGavran)을 중심으로 하여 시작된 교회성장운동(church growth movement)은 20세기 선교의 가장 두드러진 특징이라 할 것이다.[3] 교회성장운동은 선교의 수단을 교회성장에 두는 것을 의미했다. 이 운동은 엄청난 인적, 물적 자원을 투자하고도 저조한 열매를 거두던 당시 선교상황과 선교방법에 대해 근본적인 회의를 하면서, 선교는 복음전도와 영혼구원에 열매가 있어야 한다는 점을 강조하였다. 교회성장운동은 맥가브란의 수제자 피터 와그너에 의해 계승되면서 큰 발전을 이루게 되었다. 그리고 와그너 이후 이 운동은 선교현장에 대한 연구로부터 개 교회 성장연구로 변화하였다. 교회성장학자들이 정의하는 교회성장학은 "모든 족속으로 제자를 삼으라는 하나님의 대위임령의 효과적인 실행과 관련하여 기독교 교회들의 본질, 확장, 개척, 재생산, 기능, 그리고 건강을 연구하는 학문분야이다."[4]

3) 사회개발

효과적인 선교활동을 위해 적용 가능한 사회개발 프로그램은 아래와 같다.[5]

- 교육사업 : 개발도상국의 선교에서 교육사업은 필수적이다. 구체적으로 각급 학교 설립, 컴퓨터 및 영어 교실 등 직업교육, 장애인 등을 위한 특수학교 운영 등이 있다.
- 보건의료사업 : 교육사업과 함께 보건의료사업은 한국 초기선교에서 증명된 것처럼 개발도상국에서 매우 효과적이다. 보건소 또는 병원을 세우고 보건 위생, 예방접종, 임산부 건강관리, 의약품 공급, 응급치료 등 의료 서비스를 제공한다.
- 농업지원사업 : 농업 기술과 농기구 지원, 관개시설 건설, 개량 영농법 교육, 신품종 소개, 비료 및 살충제 지급, 농업기술학교 설립 등이 있다.
- 소득증대사업 : 주민들이 가축 사육, 목공예품 제작, 직물 및 의상 제조, 식품 가공 등의 가내수공업을 할 수 있도록 순환 융자금을 운영한다. 상품 판매를 위한 시장조사와 판로 제공을 병행하면 더욱 효과적이다.
- 주택개량사업 : 주민들이 노동력을 제공하고 지역에서 구할 수 있는 건축자재를 스스로 구해서 직접 참여할 수 있도록 동기를 부여하면 주인의식을 심어 줄 수 있다.
- 조직개발사업 : 지역개발위원회, 부녀회, 청년회, 청소년 클럽, 마을금고 등의 조직을 개발하도록 돕는다. 이런 조직들을 통해서 주민들 스스로 지역사회 문제를 해결할 수 있는 역량을 키워 준다.

2. 현지 선교환경의 평가

1) 사회 및 문화 환경요소[6]

(1) 자연 및 사회적 요소

- 지형과 기후 : 현지의 지형이나 기후와 같은 자연적 환경은 그곳에 사는 사람들의 생활방식을 형성하는 데 크게 영향을 미친다. 예를 들어, 인도네시아나 필리핀은 국토가 많은 섬들로 이루어져 있어서 한 지역에서 다른 지역으로의 이동이 쉽지 않다. 또 동남아 지역은 보통 1년 기후가 건기와 우기로 나누어지는데, 대부분 하수시설이 발달되어 있지 않고 평야지대에 대도시가 위치하고 있는 경우가 많아 우기 때면 도시의 많은 지역이 침수된다.

[표 4-1] 주요국의 인구연령층 분포

(2013년 기준, %)

	선진국				중진국			개발도상국				
	독일	미국	영국	일본	한국	말레이시아	싱가포르	태국	베트남	인도	인도네시아	중국	필리핀
0~19	17.9	26.4	23.4	18.3	21.5	37.9	21.4	27.1	33.3	38.0	35.5	24.2	44.0
20대	11.8	13.9	13.7	10.4	13.2	16.2	21.3	14.5	19.5	17.2	16.2	16.5	17.5
30대	11.7	13.1	12.6	13.0	15.9	14.9	18.3	16.4	15.9	15.1	16.0	14.8	14.3
40대	15.8	13.3	14.7	13.7	16.8	12.9	14.7	15.2	13.1	12.3	12.9	18.1	10.2
50대	15.2	13.6	12.8	12.2	15.6	9.6	11.8	12.4	9.7	8.5	9.7	12.2	7.1
60대 이상	27.5	19.7	22.7	32.4	17.0	8.4	12.5	14.4	8.5	8.9	9.7	14.2	6.9
계	100	100	100	100	100	100	100	100	100	100	100	100	100

자료 : US Census Data(2013).

〈출처 : 이장로·신만수, 앞의 책, P. 560〉

- 인구 분포 : [표 4-1]에서 보는 것처럼 개발도상국과 선진국의 인구분포는 많은 차이를 보여 준다. 필리핀, 인도, 말레이시아, 베트남, 인도네시아는 20대 이하가 전체인구의 50~60% 수준으로 인구가 젊은 층에 집중되어 있다. 반면 선진국들은 60대 이상 인구 비중이 상대적으로 높다.

[표 4-2] 사회적 환경 요소

(2013년 기준, 명, %)

국가	가구구조			도시 거주비율	연간 근무주 수	실업률
	평균 가구원 수	1명 가구비율	5명 이상 가구비율			
독일	2.0	38.8%	1.2%	85.7%	35.5	5.5
미국	2.6	27.7%	9.0%	84.5%	34.5	8.1
영국	2.3	34.4%	12.1%	91.6%	35.4	7.9
일본	2.5	31.8%	10.7%	82.8%	40.1	4.4
한국	2.7	24.6%	13.4%	82.4%	41.9	3.2
말레이시아	4.2	7.6%	25.8%	74.4%	47.0	3.0
싱가포르	3.5	10.6%	13.8%	100.0%	46.3	2.8
태국	3.2	12.8%	18.2%	36.7%	—	0.7
베트남	4.3	4.1%	30.2%	32.1%	—	2.3
인도	5.3	6.0%	21.1%	31.6%	46.9	8.9
인도네시아	3.9	11.3%	11.9%	45.9%	44.6	6.2
중국	3.1	15.7%	21.1%	56.2%	45.3	4.1
필리핀	4.7	4.4%	14.8%	68.0%	41.4	7.0

〈출처 : 앞의 책, P. 563〉

- 사회적 환경 요소 : [표 4-2]는 선진국, 중진국, 개발도상국들의 가구 구조, 도시거주 비율, 근로시간, 실업률 등 사회적 환경요소를 보여 주고 있다. 평균 가구원 수가 국가에 따라 다른데 독일, 영국, 일본 등은 1명 독신가구 비율이 매우 높은 편이다. 도시화 자료를 보면 선진국과 태국을 제외한 중진국에서는 도시거주 비율이 70~90% 수준인데 비해서 베트남과 인도는 30% 수준으로 매우 낮다. 근로시간은 아시아의 모든 국가에서 연간 평균 40주 이상을 근무하고 있어 여전히 근면한 삶을 보여 주고 있다. 실업문제는 대체로 개발도상국일수록 심각한데 특히 인도, 필리핀, 인도네시아는 높은 실업률을 보이고 있다.

(2) 문화적 요소

문화적 환경은 크게 문화적 상징물, 관습 및 의식, 그리고 가치관 등 세 가지 요소로 구성된다.

- 문화적 상징물 : 가장 외형적인 문화요소는 구성원들이 상호 공유하는 상징적인 요소이다. 현지인들이 선호하거나 기피하는 말, 의상, 음악, 색깔, 숫자 등이 이에 속한다. 예를 들어, 중국인들은 문화적으로 빨간색을 좋아하고 숫자 중에서는 8을 좋아하며 4를 싫어한다. 반면에 미국인들은 7을 좋아하고 13을 기피한다.
- 관습 및 의식 : 결혼식, 장례식 등의 의식과 인사법, 손님 접대, 식사예절 등에서의 절차는 나라마다 특징이 있다. 예를 들면, 한국 사람들은 다른 사람을 처음 만났을 때 비교적 정중하고 공식적인 자세가 관행이다. 반면에 미국 사람들은 처음 만나는 사람에게도 오랜만에 다시 만난 친구처럼 서로 격의 없이 대하며, 브라질 사람들은 사람을 처음 만날 때 인사로 가끔 포옹을 하기도 한다.

- 가치관 : 사람의 행동과 생각의 기준이 되는 중요한 가치와 덕목을 말한다. 따라서 가치관에 따라 특정 사물, 아이디어, 태도, 행위 등에 대해 긍정적 또는 부정적인 판단을 하게 된다. 예를 들면, 아랍인들은 경제적 가치보다는 종교적인 가치를 더 중요하다고 보고, 교통사고가 나면 누가 과실이 있는지를 따지기도 하지만 쌍방 중 누가 더 경제적으로 여유가 있는지 등을 따져서 손해책임을 결정하는 사례가 많다고 한다.

2) 할(E. Hall)의 문화모형 : 의사소통 방식에 따른 문화분류

[표 4-3] 고배경문화와 저배경문화의 의사소통 방식 차이

특 징	고배경(high-context)문화	저배경(low-context)문화
법, 변호사	덜 중요하다.	아주 중요하다.
개인의 말	그 개인에 대한 보증이다.	신뢰되지 않으며, 서면으로 남겨 둔다.
공간개념	서로 어울리는 공간을 중요시한다.	개인적 공간을 중요시하며 침해받기 싫어한다.
실패에 대한 책임	조직의 최고위층이 진다.	조직의 최하위층으로 돌려진다.
시간개념	시간구분이 분명하지 않다.	시간은 돈이며, 매사는 한 번에 하나씩 처리된다.
협상	협상은 오래 걸린다. 협상의 목적은 당사자들을 서로 아는 데 있다.	신속하게 진행된다.

〈출처 : 앞의 책, P. 575〉

할(E. Hall)은 각국의 문화를 의사소통 방식에 따라 고배경문화(high-context culture)와 저배경문화(low-context culture)로 구분하고 있다. 고배경문화는 의사소통에서 대화내용 자체보다는 배경, 즉 대화 시의 외부환경, 상황, 비언어적 표현 등을 중요하게 여기는 문화를 말한다. 따라서 고배경문화의 구성원은 의사소통 상황에서 '배경'(context)에 대한 암묵적 의미를 해석하는 방법을 습득하게 된다. 반면에 저배경문화에서는 외부환경과 비언어적 행위는 중요하지 않고, 주로 대화내용 자체와 문서화된 계약서를 중요시하며 의사소통을 한다. [표 4-3]은 고배경문화와 저배경문화의 의사소통 방식 차이를 보여 준다.

3) 홉스테드(G. Hofstede) 문화모형

홉스테드는 다국적기업 IBM에 근무하는 여러 국적의 종업원들을 대상으로 가치성향에 대한 연구를 1970년 초부터 수년간 수행한 결과, 국가의 문화특성을 비교할 수 있는 네 가지 문화차원을 도출하였다. 그 네 가지 차원은 아래와 같다.

(1) 개인주의 · 집단주의

개인주의(individualism) 문화는 집단의 이익보다 개인에게 주어지는 시간적 자유나 자기 자신의 이익을 중요시하는 가치성향을 나타낸다. 반면에 집단주의(collectivism) 문화는 구성원들이 자기 가족이나 종족에 대한 귀속감이 강하고 자기 자신의 이익보다는 집단의 이익을 중요시한다. 홉스테드의 연구에 따르면 미국, 영국, 호주, 그리고 네덜란드 등은 매우 개인주의적인 국가들이고, 대만, 인도네시아, 한국 등은 매우 집단주의적인 국가들이다.

(2) 권력간격

권력간격(power distance)이 높은 문화의 구성원들은 조직 내에 존재하는 부와 권력의 불평등에 대하여 쉽게 용인하는 태도를 가진다. 반면에 권력간격이 낮은 문화에서는 구성원들이 권력의 불평등을 용인하지 않고 해소하려고 노력한다. 권력간격이 클수록 권위주의적 성향이 강하고 집권화된 조직구조를 선호한다. 연구 결과, 필리핀, 말레이시아, 멕시코, 인도 등은 권력간격이 가장 큰 국가군에 속하고, 반면 스웨덴, 네덜란드, 호주 등은 권력간격이 가장 낮은 국가군에 속한다.

(3) 불확실성 회피

불확실성 회피(uncertainty avoidance) 차원은 사회 또는 사람들이 미래의 불확실성이나 모호함을 어떻게 받아들일 것인가를 나타낸다. 불확실성 회피가 강한 문화에서는 불안 등이 뚜렷하게 나타나며 불확실성을 줄이기 위해 각종 제도적 장치를 만든다. 또 조직 구성원들의 행동은 비교적 적극적이고 활동적이며 공격적인 성향을 보인다. 반면 불확실성 회피가 약한 문화에서는 미래의 불확실성에 대해 크게 위험을 느끼지 않는다. 불확실성 회피가 높은 국가는 일본, 멕시코, 아르헨티나 등이고, 낮은 국가는 싱가포르, 덴마크, 오스트리아 등이다.

(4) 남성성·여성성

남성성(masculinity), 여성성(femininity) 차원은 사회나 조직 구성원들이 남성과 여성의 역할을 얼마나 분명하게 구분하는지를 나타낸다. 남성과 여성의 사회적 역할이 명확하게 구분되는 사회를 '남성적 문화'로 보고, 상대적으로 불분명하게 구분되는 사회를 '여성적 문화'로 본다. 남성성이 높은 사회에서 남성은 자기주장이 강하고 거칠고 물질적인 성공을 중요시한다. 반면 여성성이 높은 사회일수록 남성과 여성이 모두 겸손하고 부드러우며 물질적인 성공보다는 상호의존적인 관계를 중요시하고 삶의 질 등을 강조한다. 연구 결과, 남성적 문화가 높은 나라는 일본, 벨기에 등이 있고, 여성적 문화가 높은 나라는 덴마크, 스웨덴, 노르웨이 등으로 나타났다.

[그림 4-1] 권력간격과 불확실성 회피

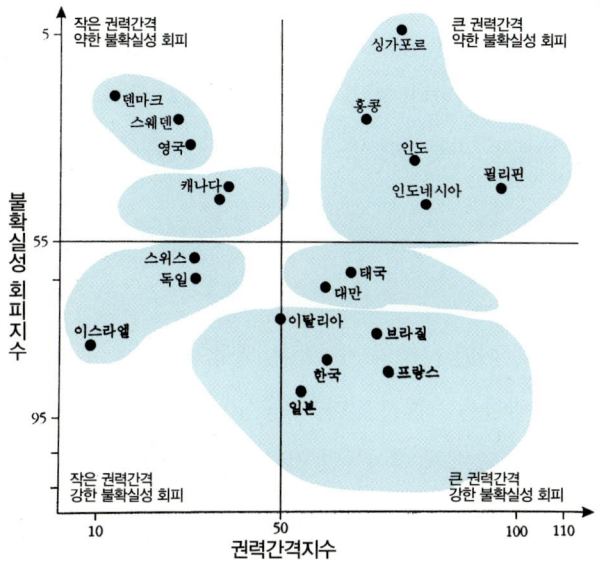

〈출처 : 앞의 책, P. 579〉

3. 선교 대상국 선택방법

선교기관 또는 교회는 세계 모든 나라에 선교하기를 원하겠지만 인적, 물적 자원에 한계가 있기 때문에 감당할 만큼의 소수 국가에 선교를 집중할 수밖에 없다. 그렇다면 교회는 어떤 국가를 어떻게 선택할 것인가, 그리고 그 국가에 어떻게 진입하고 어떤 사역을 할 것인가 하는 문제에 직면하게 된다.

1) 선교 대상국 평가 요소

선교 후보지로 검토하고 있는 국가들에 대해서 선교지로서의 적합도를 평가할 때 고려해야 할 요소들은 아래와 같다.

(1) 선교 잠재력

하나님 나라를 구현할 만한 그 국가의 잠재력을 평가하는 것이다. 구체적으로 복음전도, 교회 개척 및 성장, 사회봉사와 사회활동, 사회복지와 개발사업 등에 대한 잠재력을 평가한다. 이를 위해서는 앞에서 살펴본 인구, 국민소득, 경제성장률, 소득분포, 가구형태, 도시화 지수 등 사회·경제적 통계자료를 활용할 수 있다.

(2) 선교 수용성

역사적으로 볼 때 어떤 나라의 사람들은 외국의 문물을 쉽게 받아들이지만 또 어떤 나라의 사람들은 그렇지 않다. 수용성(receptivity)이란 한 나라의 사람들이 복음을 어느 정도 쉽게 받아들일 것인가를 나타낸다. 맥가브란은 교회가 수용성이 높은 지역들이나 그룹들을 파악하고 거기에 선교와 전도를 집중해야 한다고 제안하였다. 그는 복음에 수용성이 높은 환경으로 사회적 무질서와 혼돈, 급격한 변화를 언급하였다.[7] 또한 외국 문물에 대해서 개방적이고 여러 나라와 국제관계를 가지고 있는 나라도 폐쇄적인 나라에 비해 수용성이 높다고 볼 수 있다. 그러나 수용성을 강조하게 되면 복음에 적대적인 국가들을 소홀히 할 가능성이 있다는 점을 간과해서는 안 된다.

(3) 전략적 중요성

어느 나라는 선교 측면에서 다른 나라에 비해 전략적으로 더 중요한 국가일 수 있다. 전략적으로 중요한 국가는 미전도 종족의 비율이 높은 나라, 청소년 인구 비율이 높은 나라, 인구가 많은 나라, 다른 종교와의 영적 전쟁이 치열한 나라, 교회가 도입기에 있는 나라 등이 될 수 있다. 예를 들어, '10/40 윈도우 전략'은 북위 10도~40도 사이에 있는 미전도 국가들을 집중적으로 전도하는 전략이다. 또 '4/14 윈도우 전략'은 4세에서 14세 사이의 어린이들을 집중적으로 선교하는 전략이다.

(4) 교회의 선교 목적

교회가 선교하는 목적은 크게 보면 하나님 나라의 구현이라고 할 수 있다. 다만 사역 측면에서 선교 방법을 구체적으로 보면 선교사 파송, 복음전도, 교회 개척, 교육 봉사, 의료 봉사 등 다양하므로 각각의 방법들이 선교 목적에 부합하는가를 평가하는 것도 중요하다.

(5) 비용

선교지 평가에 있어서 반드시 고려해야 할 중요한 요소는 소요 비용이다. 선교에 필요한 인적·물적 자원의 확보에 드는 비용은 물론 이를 이동시키기 위해서 소요되는 비용, 현지활동비 및 선교투자비 등은 국가에 따라 다르므로 이들 비용 요소들을 예측하고 국가별로 평가하는 것이 필요하다.

(6) 위험 및 불확실성

현지국의 위험요소와 불확실성을 평가하는 것이 필요하다. 선교사들에 대해서 어떤 제한이나 규제가 있는지, 테러나 납치의 위험은 없는지, 주거지역은 안전한지, 질병이나 풍토병의 위험은 없는지 등을 자세히 조사하고 평가할 필요가 있다. 그리고 출입국 시의 불확실성은 없는지, 비자 상황은 어떠한지도 조사해야 한다.

(7) 영적 경쟁상황

마지막으로 중요한 요소는 영적 경쟁상황이다. 먼저 해당 지역에 얼마나 많은 종교들이 있고 그 분포는 어떠한지를 살피는 것이 필요하다. 피터 와그너(Peter Wagner)는 제3세계에서는 영적 능력 대결이 일어난다고 보고, 영적 싸움을 통해 전도의 열매를 얻어야 한다고 주장한다. 각 지역마다 어둠의 영적 세력이 있다는 것이다.[8]

이상의 평가 요소들을 다시 분류하자면 처음 세 가지는 국가 요소, 다음 세 가지는 교회 요소, 마지막 한 가지는 영적 경쟁 요소로 구분할 수 있다. 이들 요소를 고려해서 선교 대상국가 및 지역 선택 과정을 그림으로 나타내면 [그림 4-2]와 같다.

[그림 4-2] 선교 대상국가 평가 요소

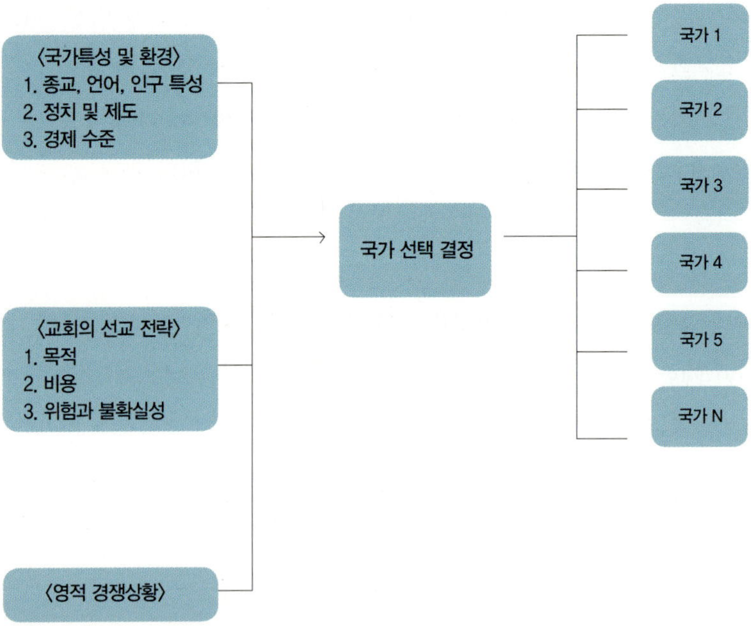

〈국가특성 및 환경〉
1. 종교, 언어, 인구 특성
2. 정치 및 제도
3. 경제 수준

〈교회의 선교 전략〉
1. 목적
2. 비용
3. 위험과 불확실성

〈영적 경쟁상황〉

국가 선택 결정 → 국가 1, 국가 2, 국가 3, 국가 4, 국가 5, 국가 N

〈출처 : 앞의 책, P. 229〉

2) 선교 대상국 선택 모형

위에서 고려한 평가 요소들을 활용해서 선교 대상국가를 선택하는 모형을 제시하려고 한다. 이 모형은 원래 기업들이 해외시장을 선택하기 위해서 사용하는 시장 포트폴리오 모형을 선교지 선택에 응용한 것이다.[9]

(1) 현지국의 선교 매력도

선교 매력도는 앞에서 제시한 평가항목들, 즉 선교 잠재력, 선교 수용성, 전략적 중요성, 교회의 선교 목적과의 부합도 등의 각 항목에 대하여 후보 국가들을 점수(예를 들어 1점에서 10점까지)로 평가하고 항목별로 가중치를 주어서 국가별 종합점수를 산정한다. 예를 들어, 항목별 가중치를 잠재력 0.3, 수용성 0.3, 중요성 0.2, 목적 부합도 0.2라 하자. 그리고 A국가의 항목별 평가 점수가 잠재력 10점, 수용성 8점, 중요성 7점, 목적 부합도 7점이라고 하자. 그렇다면 A국가의 선교 매력도 점수는 $(0.3 \times 10)+(0.3 \times 8)+(0.2 \times 7)+(0.2 \times 7)=8.2$가 된다.

(2) 교회의 영적 경쟁력

현지국에서 우리 교회 또는 선교기관이 갖게 될 영적 경쟁력은 앞에서 제시한 평가항목들 중에서 선교 전문가들의 의견을 들어 평가할 수 있다. 예를 들어 영적 경쟁상황, 위험 및 불확실성, 비용을 경쟁력 변수로 선택했다면 이 항목들에 대해서 가중치를 부여하고, 후보 국가들의 항목별 점수를 매긴 다음, 앞에서처럼 가중 평균해서 종합점수를 산정한다. 항목별 가중치로 경쟁상황 0.4, 위험 및 불확실성 0.3, 비용 0.3을 부여했다고 하자. 그리고 A국가의 항목별 평가점수가 경쟁상황 9점, 위험 및 불확실성 8점, 비용 6점이라고 하자.

그렇다면 A국가의 현지에서의 영적 경쟁력 점수는 $(0.4 \times 9)+(0.3 \times 8)+(0.3 \times 6)=7.8$로 표시할 수 있다.

(3) 선교 대상국가 선택

앞의 절차에 따라 현지국의 선교 매력도 점수와 교회의 영적 경쟁력 점수를 국가별로 측정한 후, 이 점수에 따라 후보 국가들을 [그림 4-3]에 표시한다. 그런 다음에 여러 후보 국가들 중에서 선교 매력도와 영적 경쟁력 모두 높은 국가, 즉 [그림 4-3]에서 좌측 상단에 위치한 국가를 최우선 선교지로 선택한다. 여기에 위치한 국가에 대해서 선교 역량을 집중적으로 투자해서 가능한 빨리 진입하되 단독 선교도 가능하다.

만일 어느 국가가 좌측 하단에 위치한다면 선교 매력도는 높으나 교회의 영적 경쟁력은 약하므로 단계적으로 진입하고, 다른 교회 또는 기관과 합작 투자를 고려한다. 만일 후보국가가 우측 하단에 위치한다면 선교 후보 국가에서 제외시킨다.

제2절 복음전도의 전략적 관리

왜, 전도의 열매가 생각보다 부족할까? 교회가 전도를 효과적으로 하기 위해서는 먼저 누구를 전도할 것인가를 분명하게 설정하는 것이 필요하다. 이를 위해서 대상 지역에 어떤 사람들이 살고 있는지를 살펴보고, 우리 교회가 가장 잘 전도할 수 있는 사람들을 결정해야 한다. 그리고 그 전도 대상에게 가장 효과적인 전도 방법을 찾는 것이 필요하다. 여기서는 전도 대상을 세분화하고, 목표 대상을 결정하고, 전도 전략을 개발하는 과정을 설명하려고 한다. 그리고 구체적으로 '맞춤전도' 사례를 제시한다.

[그림 4-3] 선교 매력도, 영적 경쟁력 모형

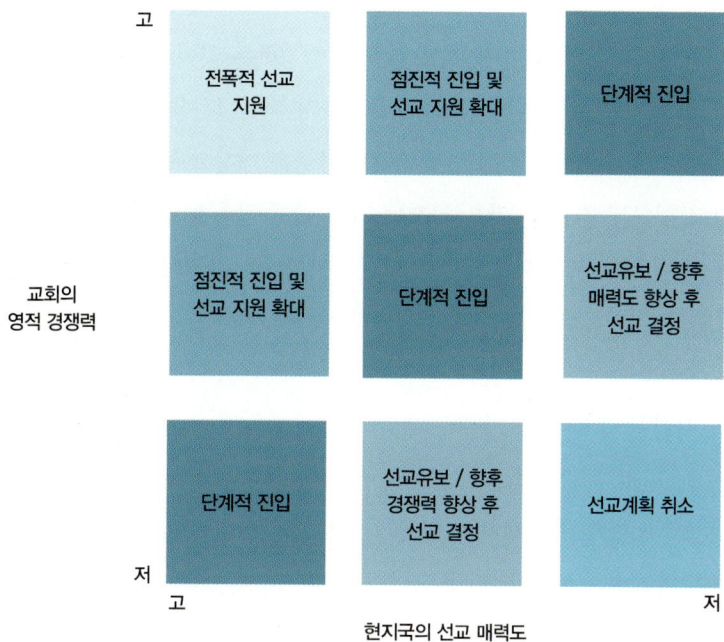

〈출처 : 앞의 책, P. 238〉

1. 전도 대상 세분화하기

1) 전도 대상의 설정[10]

전도 대상을 설정하는 것은 성경적 원리다. "예수께서 이 열둘을 내보내시며 명하여 이르시되 이방인의 길로도 가지 말고 사마리아인의 고을에도 들어가지 말고 오히려 이스라엘 집의 잃어버린 양에게로 가라"(마 10 : 5-6). 바울은 이방인을 자신의 사역 대상으로 정했고, 베드로는 유대인을 사역 대상으로 삼았다(갈 2 : 7). 복음서 및 서신들도 특정한 대상을 염두에 두고 쓰였다. 전도 대상을 설정해야 한다는 것은 지상 명령에도 담겨 있다.

작은 교회들도 전도 대상을 설정하는 것이 필요한가? 사실은 작은 교회일수록 자원이 제한되어 있기 때문에 전도 대상을 설정하는 것이 더 중요하다. 또한 작은 교회는 대상을 분명히 정해야 여러 가지 의사결정을 하는 데 도움이 된다. 큰 교회의 유리한 점은 여러 종류의 사람들을 대상으로 전도할 수 있는 자원을 갖고 있다는 것이다. 작은 교회는 가장 쉽게 접촉할 수 있는 사람들에게 자원을 집중하고, 교회가 커질수록 다른 대상들을 전도하는 '점진적 확대' 방법이 효과적이다.

2) 지역 사람들의 세분화 기준

전도 대상을 설정하기 위해서는 먼저 지역사회에 어떤 종류의 사람들이 살고 있는지를 파악해야 한다. 사람들을 여러 가지 기준에 의해서 동질적인 집단으로 나누는 것을 세분화라고 하는데, 세분화의 기준으로는 지역별, 인구통계적, 문화적, 영적 기준 등을 사용할 수 있다.

(1) 지역별 세분화(geographic segmentation)

예수님은 세계복음화를 위해 전도의 대상을 4개의 지역별로 나누셨다. "오직 성령이 너희에게 임하시면 너희가 권능을 받고 예루살렘과 온 유대와 사마리아와 땅끝까지 이르러 내 증인이 되리라 하시니라"(행 1 : 8). 실제로 사도행전을 보면 복음전도는 예루살렘, 온 유대, 사마리아, 유럽으로 점차 확대되었음을 알 수 있다.

대상 지역을 세분화하기 위해서는 우편번호를 사용하거나 행정구역 지도를 이용하는 것이 좋다. 또는 교회를 기준으로 해서 반경 2km, 4km, 8km 등으로 구분하거나, 자동차 주행거리로 구분하는 것도 가능하다. 그리고 해당 지역 및 마을에 얼마나 많은 사람들이 살고 있는지 인구수를 파악하는 것이 중요하다.

(2) 인구통계적 세분화(demographic segmentation)

지역에 어떤 사람들이 살고 있는지를 알기 위해서는 인구분포 통계를 알아야 한다. 인구분포 통계는 나이, 결혼 상태, 소득 수준, 교육 수준, 직업 등이다. 이런 요소들은 누구에게 복음을 전하고, 어떻게 사역할 것인가에 영향을 미친다. 예를 들면, 젊은 사람들은 은퇴한 노인들과는 다른 희망과 두려움을 갖고 있고, 결혼한 사람들은 독신들과는 다른 관심을 갖고 있다. 교회가 지역사회에 영향력을 갖기 위해서는 그 지역에 대한 전문가가 되어야 한다.

(3) 문화적 세분화(cultural segmentation)

효과적인 전도를 위해서는 지역사회의 문화를 이해하는 것이 중요하다. 일반적으로 사람들의 가치관, 생활 방식 및 의식구조를 문화라고 한다. 지역사회 안에도 문화에 따라 여러 가지 소집단이 있을 수 있다. 이 각각의 집단에 접근하기 위해서는 그들의 관심사가 무엇인지, 가치관은 어떠한지, 그들의 아픔과 슬픔 및 두려움은 무엇인지, 생활 방식의 두드러진 특징은 무엇인지, 좋아하는 음식과 음악 및 방송은 무엇인지를 파악하는 것이 필요하다.

(4) 영적 세분화(spiritual segmentation)

전도 대상을 파악하기 위해서는 지역에 사는 사람들의 영적 배경이나 종교 생활을 조사할 필요가 있다. 이때 기독교인, 천주교인, 불교인 등의 분포를 아는 것도 중요하지만 더 중요한 것은 전혀 종교를 갖지 않은 무교인을 파악하는 것이다.

2. 전도의 목표 대상 결정하기[11]

우리 교회가 가장 잘 전도할 수 있는 대상을 파악하고 그 사람들에게 교회의 자원을 집중하는 것이 효과적이다. 전도의 목표 대상을 명확히 하는 것이 필요하다는 말이다. 목표 대상을 결정하기 위해서는 교회가 지역 사람들과 문화적으로나 영적으로나 잘 맞아야 한다.

1) 문화적 적합성

우리 교회가 가장 잘 접근할 수 있는 대상은 우리 교회의 문화와 맞는 사람들이다. 우리 교회의 문화를 알기 위해서는 교회에 이미 출석하고 있는 교인들이 어떤 종류의 사람들인지를 보면 된다. 왜냐하면 어떤 종류의 사람들이 이미 출석하고 있든지 간에 그들은 비슷한 사람들을 데리고 올 확률이 높기 때문이다. 또한 방문자들 역시 '여기에 나와 비슷한 사람이 있는가' 살펴볼 것이다. 예를 들면 노인들이 구성원의 대부분인 교회가 청소년을 전도하려고 했을 때, 그 성공률은 매우 희박할 것이다.

또한 우리 교회가 접근하기에 가장 적합한 대상이 누군지를 알기 위해서는 '우리 교회 지도자들의 문화적 배경과 성격은 어떠한가' 물어보아야 한다. 사람들이 교회를 선택하는 가장 큰 이유는 목사들과 동질감을 느끼기 때문이라고 한다. 그러므로 당신이 목사라면 '나는 어떤 사람인가, 나의 문화적 배경은 무엇인가, 나는 어떤 사람들과 쉽게 친해지는가'를 솔직하게 물어보라. 당신은 당신이 편하게 관계를 형성할 수 있는 사람들에게 가장 잘 접근할 수 있고, 또한 당신과 같은 부류의 사람들을 교회로 끌어들일 수 있기 때문이다. 때때로 목사들은 어떤 대상들에게 접근하기를 원하는 나머지 자신들이 누구인지에 대해 올바르게 판단하지 못할 때가 있다. 또한 문화적으로 맞지 않아서 지역사회의 주민들에게 접근하는 데 어려움을 겪는 목사들도 있다.

2) 영적 수용성

우리 교회가 지역사회와 잘 맞기 위해서는 지역사회의 영적 수용성을 파악하는 것이 중요하다. 예수님은 씨 뿌리는 자의 비유(마 13:3-23)에서 사람들의 영적 수용성이 다양함을 가르치셨다. 가장 효과적인 전도를 위해서는 옥토에 씨를 뿌려야 한다. 계획성 없이 복음을 전하는 것은 바른 청지기의 자세가 아니다. 그런데 영적 수용성은 마치 바다의 조수와 같아서, 밀려오기도 하고 사라지기도 한다. 삶의 어떤 순간에 사람들은 다른 때와 달리 영적 수용성이 높을 때가 있다. 그렇다면 영적으로 가장 수용적인 사람들은 누구인가? 새들백교회의 릭 워렌 목사는 변화의 과도기에 있는 사람들과 긴장감 속에 있는 사람들이라고 말한다.

변화의 과도기에 있는 사람들은 영적 안정에 대한 갈구를 느끼게 된다. 미래학자 앨빈 토플러는 변화가 극심해질 때 사람들은 "안정의 섬"을 찾는다고 말했다. 즉, 사람들은 결혼, 아기의 탄생, 새 집 마련, 새 직장, 새 학교 등과 같은 변화를 맞이할 때 복음에 더 수용적인 태도를 보인다.

긴장감 속에 있는 사람들, 예를 들어 이혼의 아픔, 사랑하는 사람의 죽음, 실직, 재정적 어려움, 가정생활의 문제, 외로움, 죄책감, 두려움, 불안감 그리고 온갖 스트레스 등으로 고통받는 사람들은 하나님을 찾기 시작한다. 릭 워렌 목사는 자신이 전도했던 사람들 중에서 복음을 가장 잘 받아들였던 10개 그룹의 사람들을 아래와 같이 제시하고 있다.

- 교회를 두 번째 방문하는 사람들
- 새로 결신한 사람의 가까운 사람 또는 친구나 친척들

- 이혼절차를 밟고 있는 사람들
- 회복을 위한 프로그램(술, 마약, 성 중독 등)의 필요를 느끼는 사람들
- 처음으로 부모가 된 사람들
- 불치병에 걸린 사람들과 그 가족들
- 심각한 결혼생활의 문제를 안고 있는 부부들
- 문제아의 부모들
- 최근에 실직했거나 심각한 재정적 어려움을 겪고 있는 사람들
- 지역사회에 새로 이사 온 사람들

3. 전도 전략 개발하기

"나를 따라오라 내가 너희를 사람을 낚는 어부가 되게 하리라"(마 4 : 19).

효과적인 전도의 비결은 예수님의 방법을 따르는 것이다. 예수님은 전도 전략을 가지고 계셨다. 예수님은 전도를 위해 제자들을 파송하기 전에, 그들이 누구와 시간을 보내야 하며, 어떻게 복음을 나눠야 하는지에 대한 분명한 지시사항을 주셨다(마 10장, 눅 10장). 예수님이 제자들에게 주신 명령을 중심으로 5가지의 전도 전략을 소개한다.[12]

1) 당신이 전도하려고 하는 사람을 알라.

당신이 전도하려는 대상이 당신의 전략을 결정한다. 이것은 마치 낚시꾼이 잡으려는 고기에 따라 그 잡는 방법을 달리하는 것과 같다. 예수님은 제자들을 전도여행에 내보내실 때 전도 대상을 분명히 정해 주셨다. "예수께서 이 열 둘을 내보내시며 명하여 이르시되 이방인의 길로도 가지 말고 사마리아인의

고을에도 들어가지 말고 오히려 이스라엘 집의 잃어버린 양에게로 가라"(마 10 : 5-6). 예수님은 제자들이 가장 잘 전도할 수 있는 대상, 즉 그들과 같은 사람들을 대상으로 정해 주셨던 것이다.

2) 영적 수용성이 높은 사람들을 찾아가라.

고기가 미끼를 물지 않는 곳에 가서 낚시를 하는 것은 시간낭비다. 효과적인 전도를 위해서는 영적 수용성이 높은 사람들을 찾아가야 한다. 어떤 때는 불신자들이 영적으로 더 민감하게 반응할 때가 있다. 성령님은 그 사람들의 마음을 준비해 놓으시고 우리가 그들에게 다가가기를 원하신다. 그러나 예수님을 받아들이려고 하지 않는 사람들에게 시간을 쓰는 것은 좋지 않다. 예수님은 "누구든지 너희를 영접하지도 아니하고 너희 말을 듣지도 아니하거든 그 집이나 성에서 나가 너희 발의 먼지를 떨어버리라"(마 10 : 14)고 말씀하셨다.

3) 불신자들의 생각을 이해하라.

고기를 잡기 위해서는 고기들의 습관, 좋아하는 미끼, 미끼를 먹는 방식들을 이해하는 것이 도움이 된다. 우리가 불신자들을 얻기 위해서는 그들의 생각과 행동을 이해해야 한다. 오랫동안 그리스도인으로 살게 되면 불신자들과는 다른 생각을 갖게 된다. 따라서 우리가 불신자들과 소통하기 위해서는 의도적으로 나의 생각을 불신자들의 생각에 맞추어 봐야 한다. 불신자들의 생각을 알기 위해서는 다음과 같은 질문이 유익하다.

- 당신은 이 지역의 가장 큰 필요가 무엇이라고 생각하십니까?
- 왜 많은 사람이 교회에 다니지 않는다고 생각하십니까?

- 만약 당신이 다닐 교회를 찾는다면 어떤 종류의 교회를 원하십니까?
- 목사인 내가 당신을 위해 도움을 줄 수 있는 일이 무엇이겠습니까?
- 교회에 주고 싶은 충고는 무엇입니까?

4) 전도 대상자들에게 적응하라.

고기를 잡기 위해서는 고기들이 좋아하는 미끼를 사용해야 한다. 회사가 상품을 팔기 위해서는 고객들이 좋아하는 방식으로 접근하고 그들의 필요에 적응해야 한다. 마찬가지로 교회가 사람들을 얻기 위해서는 사람들의 문화에 적응하고, 그들이 좋아하는 방식을 따르고, 그들의 필요를 이해하고, 그들의 불편을 고려해 주어야 한다. 그리고 이를 위해서는 필요한 경우 언제라도 접근방식을 바꾸어야 한다.

(1) 사람들의 문화를 이해하고 그것에 적응하라.

"어느 동네에 들어가든지 너희를 영접하거든 너희 앞에 차려 놓는 것을 먹고"(눅 10 : 8). 예수님이 이 말씀을 하신 것은 단지 음식에 관한 명령이 아니라 그 지방의 문화에 민감할 것을 충고하신 것이라고 생각한다. 복음은 언제나 기존 문화 속에서 전달된다. 어떤 문화 속으로 들어가기 위해서는 방식에 있어서 어느 정도 양보하고 그 지역의 문화에 적응할 필요가 있다.

(2) 전도 대상자에 따라 접근방식을 차별화하라.

고기를 잡으려면 고기에 맞는 미끼와 바늘을 사용해야 한다. 바울은 언제나 전도 대상자들에 따라 자신의 접근방식을 달리했다. "약한 자들에게 내가 약한 자와 같이 된 것은 약한 자들을 얻고자 함이요 내가 여러 사람에게 여러 모습이 된 것은 아무쪼록 몇 사람이라도 구원하고자 함이니"(고전 9 : 22). 바울은 전도 대상자에 따라 접근방식을 차별화했다. 전도는 표준화 전략보다는 차별화 전략이 효과적이다.

(3) 전도 대상자들의 필요에서부터 출발하라.

예수님은 어떤 사람을 만날 때마다 그들의 고통과 필요와 관심에서부터 출발하셨다. 제자들에게도 "병든 자를 고치며 죽은 자를 살리며 나병환자를 깨끗하게 하며 귀신을 쫓아내되 너희가 거저 받았으니 거저 주라"(마 10 : 8)고 말씀하셨다. 사람들을 얻기 위해서는 그들의 고통의 자리로 찾아가서 그곳에서부터 출발해야 한다.

(4) 사람들의 불편을 이해하고 이에 반응하라.

불신자들은 교회가 헌금을 요구하거나, 죄책감이나 두려움을 주거나, 사람들 앞에서 일어서게 하고 소개시키려 하면 불편해 한다. 사람들의 불편이나 불평을 조사해서 이에 신속히 대응하는 것이 필요하다.

5) 다양한 수단을 사용하라.

고기를 많이 잡으려면 하나의 줄에 여러 개의 바늘을 다는 것이 좋다. 성장하는 교회들은 다양한 프로그램과 대상에 따라 차별화된 예배를 제공한다. 그들은 여러 종류의 사람들에게 접근하기 위해서 다양한 수단을 사용한다. 그렇게 하려면 비용이 들지만, 보다 중요한 것은 어떤 대상을 얼마나 전도하느냐이다.

4. 맞춤전도 전략 사례[13]

○○교회는 2001년부터 '맞춤전도 집회'라는 마케팅 개념을 활용해서 기대

이상의 성과를 거두고 있다. 첫 번째 맞춤전도 집회의 대상은 40대 남성이었다. 전도사역본부는 인터넷과 각종 미디어 자료들 및 관련 서적 등을 통해서 40대 남성들을 이해하기 위한 기초자료를 마련하고 이를 근거로 집회의 콘셉트와 대상자의 필요를 분석했다. 그리고 대상자들에게 꼭 맞는 서비스를 제공하려고 최선을 다해 노력했다. 동시에 교인들에게 대상자들을 어떻게 접촉하고 교회로 초청할 것인가를 교육훈련했다. 효과적인 커뮤니케이션을 위해 콘셉트, 메시지, 홍보자료 및 매체, 전달 방법을 세밀히 기획하고 실행했다. 첫 번째 맞춤전도 집회의 결신자율은 약 50% 수준이었다.

1) 세분화(segmentation)

종래의 전도집회는 성인 전체를 하나의 동질적인 집단으로 간주하고 누구나 초청하는 것이 관례였다. 소위 '아무나 와도 좋소' 식이었다. 그러나 ○○교회는 이런 통념을 깼다. 모든 성인들을 대상으로 전도집회를 기획하지 않고 특정한 층을 목표로 한 것이다. 즉, 40대 남성 불신자를 전도집회의 목표대상으로 선정했다.

○○교회는 불신자들이 복음이나 교회에 대해서 반응하는 것이 사람마다 서로 다를 것이라고 가정했다. 그렇지만 개인전도가 아닌 이상 각 사람의 필요에 모두 부응할 수는 없으므로 어느 정도 비슷한 필요를 가지고 있으리라 생각되는 불신자들을 하나의 집단으로 묶었다. 연령층과 성별에 따라 30대 남성, 40대 남성, 50대 남성, 33~44세 여성, 44~55세 여성, 55~66세 여성 등 여러 집단으로 분류해 보았다.

○○교회가 사용한 방법은 기업 마케팅에 널리 알려진 세분화 개념이다. 기업들이 세분화 기법을 사용한 배경을 살펴보자. 기업이 개별 고객의 필요에 맞춰 제품과 서비스를 제공한다면 그 고객의 만족도는 올라갈 것이다. 그러나 기업

이 그렇게 주문형 맞춤 생산을 하면 비용이 올라가고 고객들은 높은 가격을 치러야 한다. 롤스로이스 승용차가 하나의 예라 할 수 있다.

산업화가 진전되고 대량생산이 이루어지면서 기업들은 생산비용을 절감하게 되었지만, 똑같은 제품이 공급되면서 고객들의 다양한 필요는 무시되었다. 대량생산으로 기업들 사이에 경쟁이 치열해지자 고객들의 필요를 충족시켜 주는 제품이 점차 많이 팔리게 되었다. 기업들은 고객의 다양한 필요를 고려하는 동시에 생산비용을 절감하는 것이 중요하게 되었다. 이런 상황에 적합한 마케팅 기법이 바로 세분화 개념이다.

세분화는 전체 고객들을 유사한 필요를 가진 여러 집단으로 세분하고 집단에 따라 마케팅을 차별화하는 것이다. 집단의 필요에 맞는 제품과 서비스를 공급하고, 그 집단에 맞는 광고와 커뮤니케이션을 통해서 판매 증대를 꾀하는 전략인 것이다.

세분화를 하려면 어떤 기준이 있어야 한다. 보통 기업에서 가장 많이 사용하는 기준은 소득, 연령, 성별 등 인구통계 변수이며, 지역에 따라 시장을 세분화하기도 한다. 때로는 추구하는 가치 또는 편익에 따라 구분하기도 한다. 예를 들면 치약의 경우 충치 예방, 표백효과, 구취 제거 등을 추구하는 집단으로 고객을 세분화하는 것이다. 세분화가 효과적이 되려면 그 집단 내 고객들의 필요가 유사한가, 회사는 그 필요에 맞는 제품과 서비스를 차별화할 수 있는가, 고객들은 기업의 마케팅에 비슷하게 반응할 것인가 등을 검토해야 한다.

2) 목표대상(target segment)과 필요 분석

세분화가 이루어지면 여러 집단 중에서 하나를 목표시장으로 선택해서 거기에 자원과 노력을 집중하는 것이 효과적이다. 기업은 그 집단의 수요가 충분할 때, 다른 기업보다 경쟁우위가 있을 때, 그리고 수익성이 있을 때 목표시장으로 선정한다.

　전도사역본부는 40대 남성을 맞춤전도 대상으로 우선적으로 선정하게 된 이유를 다음과 같이 설명하고 있다. 첫째로 교회 내에 믿지 않는 40대 남편을 가진 여성도들이 약 2,000명이나 되었기 때문이다. 그 성도들의 최대의 필요는 남편의 구원이었고, 교회는 이를 위해 섬길 수 있었음에도 불구하고 최선의 노력을 기울이지 못해 왔다고 볼 수 있다. 채워지지 않은 욕구와 필요가 존재하고 있었던 것이다. 둘째로 40대 남성들의 고통과 아픔을 고려했다. IMF체제에 들어가면서 많은 40~50대 남성들이 구조조정의 대상이 되며 아픔을 겪었다. 한 광고기획사의 조사에 따르면 우리나라의 40대 남성이 다른 연령대에 비해서 삶에 대한 만족도가 가장 낮았으며, 가장 많은 스트레스를 받는 세대로 나타나고 있었다.

　대상 그룹의 필요를 조사하는 방법은 먼저 인터넷과 미디어 자료, 관련 서적 등 2차 자료를 활용하는 간접적인 접근방법이 있다. 다음으로는 대상자를 집회에 초청하기 원하는 교인들을 통해 직접 조사하는 방법이 있다. 주요 조사내용은 40대의 사회, 정치, 경제, 문화, 가정, 교육, 세대별 특징을 먼저 조사하고 더불어 대상자의 복음에 대한 수용도, 경제적인 형편, 사회적인 지위, 특별한 개인적 사항 등을 파악한다. 그리고 이를 통계적으로 분석하면 대상자들의 소위 영적 지도, 문화적 지도, 세대별 지도를 그릴 수 있다.

　1차 맞춤전도 대상이었던 40대 남성들의 심리적인 특성은 "쉬고 싶다", "탈출하고 싶다"는 쉼과 탈출에의 열망이었다. 40대들에게 필요한 것은 '쉼'과 '자신감'이었다. 즉, 그들은 스트레스와 불안, 소외에서 벗어나 진정으로 쉬고 싶어 하는 욕구가 있다. 그리고 40대의 나이라고 해서 이미 끝난 게 아니라 이제부터 시작이라는 새로운 용기와 비전을 필요로 하고 있다.

　교회에 대한 그들의 인식을 보면 40대의 교회관은 대부분이 부정적이거나 무관심하였다. 40대들이 가진 교회에 대한 생각은 다음과 같이 열거할 수 있다. '끼리끼리 모이는 곳', '광적이고 종교적 인간들의 집합소', '현실 도피적 군락들', '돈 달라고 헌금만 강요하는 곳', '대형화된 기업 같은 곳', '나를 제약하고 부자연스럽게 만드는 곳', '나에게는 잘 못하면서 교회에는 열심을 내는 아내가 다니는 곳' 등이다. 40대는 교회가 그들의 삶의 진정한 필요에 대해서 관심이 있다거나, 잘 알고 있다거나, 진정한 해결책을 제시할 수 있다고 생각하지 않는다.

3) 영적 서비스 개발

기업은 목표고객을 확정하고 그들의 필요를 파악한 다음에는 그들에게 꼭 필요한 제품과 서비스를 개발한다. 제품은 보통 핵심 요소, 포장 요소, 그리고 보조서비스 요소로 구성되어 있다. 핵심 요소란 고객들이 진정으로 구매하고자 하는 핵심적인 혜택으로서 제품의 성능, 디자인, 스타일, 재료 등을 말한다. 포장 요소란 핵심 제품의 가치나 효용 증대에 결정적 역할을 하는 브랜드, 등록상표, 포장 및 표찰 등을 말한다. 보조서비스 요소란 기업에서 추가적으로 제공하는 혜택을 말하는데 배달서비스, 설치, 신용판매, 보증, 애프터서비스 등이 포함된다.

교회가 맞춤전도 집회를 통해서 40대 남성들에게 제공하려는 제품과 서비스는 무엇인가? 그것의 핵심 요소는 물론 복음, 즉 예수 그리스도를 믿음으로 말미암은 구원의 소식이라고 할 수 있다. 포장 요소는 '40대 남성을 위한 전도집회 – 비상구'였다. 집회명을 브랜드화한 것이다. 보조서비스 요소는 고급 뷔페식당에서 볼 수 있는 라운드테이블, 자기 이름이 표시된 좌석과 명찰, 친절한 안내, 잘 차려진 뷔페식 저녁식사 등이다. 최대한 개별 서비스를 맞춤으로 받고 있다는 생각을 주려고 노력했다.

여기서 목회자들은 우리 교회의 영적 서비스는 무엇인가를 질문해 보면 좋겠다. 물론 성경에서 해답을 찾아야 하지만 이와 동시에 교인들의 필요를 깊이 생각해 본 적이 있는지 스스로에게 물어보라. 어부가 고기를 잡으려면 고기를 알아야 하듯이 목회자가 사람을 낚는 어부가 되기 위해서는 사람을 잘 알아야 한다. 이를 위해 목회자는 교인들에게 교회에서 얻는 유익이 무엇인가를 질문해 볼 수도 있다. 나아가 교인과 불신자(잠재교인)들을 대상으로 교회에서 무엇을 얻기를 원하는가를 질문할 수 있을 것이다.

한 가지 알아야 할 사실은 교인들이 찾는 영적 필요는 목회자들이 생각하는 그것과 다를 수도 있다는 점이다. 또한 교인들마다 추구하는 영적 필요가 다를 수 있다. 교인들은 메시지 내용, 예배 스타일, 찬송가의 장르, 성가대의 의상, 예배당 디자인, 의자(장의자 또는 접는 의자), 건물 공간의 구조, 주차장 등 모든 요소에서 선호를 달리한다. 청년세대와 기성세대 사이에 생각 차이가 많아서 갈등이 일어나기도 하고 심지어는 청년들이 떠나기도 한다.

기업들은 고객의 필요에 따라 제품과 서비스를 끊임없이 새롭게 개발하고 있다. 교회도 복음의 핵심을 잃지 않는 선에서 교인들과 불신자(잠재교인)들의 영적 필요에 따라 영적 서비스를 혁신해 가지 않는다면 경쟁에서 도태될 수밖에 없을 것이다. 경쟁은 타 종교와의 경쟁일 수도 있고, 회사 또는 여가 산업 등 다른 기관과의 경쟁일 수 있다. 가깝게는 바로 옆 교회와의 선의의 경쟁인 경우가 많다.

4) 커뮤니케이션

커뮤니케이션 과정은 원천(source), 메시지(message), 목적지(destination) 등의 요소로 구성된다. 메시지의 전달경로는 판매원, 광고, 판촉 행사, 홍보 등이다. 가장 효과적인 전달경로는 제품의 성격과 수명주기에 따라 다르므로 유의해서 선정해야 한다.

제품의 채택이나 사용에 있어 많은 위험이 수반될 경우에는 고객들은 신중을 기할 수밖에 없고, 이 경우 가장 믿을 수 있는 커뮤니케이션 경로는 이미 사용한 경험이 있는 친지라고 할 수 있다. 한편 제품의 수명주기를 볼 때 도입기에 있는 경우에는 많은 사람들에게 정보를 전달하는 것이 중요하므로 광고, 특히 TV 광고가 효과적이다. 한국에서 예수 그리스도와 하나님 나라의 복음을 전하는 데 가장 효과적인 커뮤니케이션 경로는 이미 복음을 믿고 교회생활을 하고 있는 친지가 가장 효과적이라고 할 수 있다.

○○교회 '40대 남성을 위한 전도집회-비상구'의 커뮤니케이션 사례는 다음과 같다.

- 커뮤니케이션 메시지 : 40대 남성들의 필요 분석을 통해 습득한 메시지 포인트는 '쉼 그리고 시작'이다. 그리스도 안에서만 진정한 쉼이 가능하다. 교회를 쉼을 주는 곳으로 포지셔닝하는 것이 필요하다. 그리고 예수님과 함께할 때에만 새로운 시작이 가능하다. 인생의 전반기는 혼자서 달려왔다면 인생의 후반기는 외롭게 가지 않아도 된다. 교회는 소망과 비전을 주는 곳이다. 그들에게 전한 메시지의 핵심은 예수 그리스도께서 바로 그들의 진정한 쉼, 비전, 친구를 얻는 비상구가 된다는 것이다.
- 대상자 접촉 : 전도 대상자를 초청하고 일차적으로 접촉하는 사람(이하 요청자)은 교회를 출석하는 아내, 자녀, 친지로 한다. 요청자로부터 대상자의 사진을 접수하면서 영화표를 두 장씩 배부하고, 두 사람이 영화를 함께 보게 한다. 이를 통해 자연스럽게 요청자가 대상자에게 전도 초청 및 재확인을 할 수 있는 4시간 정도의 시간을 확보하도록 돕는다. 또한 테이블 리더를 세우고 대상자에 대한 정보를 사전에 입수하도록 한다. 테이블 구성은 직업과 신앙 정도를 고려하여 적절히 흐름을 타며 배치하되, 상대적으로 어려운 처지에 있는 사람을 본당 가운데와 전방으로 배치한다.
- 커뮤니케이션 매체 : 교회 앞 주차장과 교회 벽면에 "목격자를 찾습니다"

라는 긴급문구가 적힌 티저 광고문을 가장 먼저 부착했다. 그리고 포스터를 요청자용과 대상자용으로 차별화해서 제작했다. 또한 집회 당일에는 '전도집회'라는 단어 대신에 '모임'이라는 단어를 사용해서 대상자로 하여금 불필요한 부담을 주지 않고 편안함을 주려는 교회의 배려를 보여 주려고 노력했다. 플래카드 역시 집회 전까지는 요청자와 교인을 목표로 하여 제작하고, 집회 당일에는 대상자를 목표로 제작한다. 대상자들에게 보내는 초청장(DM)은 교회의 언어가 아닌, 대상자의 일상용어를 사용한다. 초청의 글도 파격적이다. "초청장을 열기 전에 먼저 힘껏 박수를 쳐 주세요. 가족을 위해, 회사를 위해 몸을 아끼지 않고 달려오신 아름다운 분이 여기 계시니까요."라는 멘트를 사용해서 대상자의 마음을 연다. 초청장의 재질은 최고급 용지를 사용해서 환영의 마음을 고급스럽게 표현한다. 또한 대상자들의 사진을 요청자들로부터 확보해서 '사람들'이라는 노래를 배경으로 영상화하여 오프닝 영상으로 활용한다.

제3절 사회선교의 전략적 관리

1. 기독교 사회봉사, 무엇이 다른가?

1) 성경적 의미[14]

봉사(diakonia)란 본래 식탁에서 봉사하는 것, 즉 웨이터의 역할을 하는 것과 같은 의미로 사용되었다. 그것은 다른 사람에게 도움을 주기 위해 종이 되는 것이다. 그리스 사람들뿐만 아니라 오늘날 많은 사람들은 다른 사람의 종이 되어 섬기는 일을 열등한 일이라고 생각한다. 그러나 예수 그리스도가 이 땅에 오신 것은 봉사하기 위해서였다. 봉사는 예수 그리스도의 사명이라고 할 수 있다. "인자가 온 것은 섬김을 받으려 함이 아니라 도리어 섬기려 하고 자기 목숨을 많은 사람의 대속물로 주려 함이니라"(막 10 : 45).

또한 봉사는 예수 그리스도를 따르는 제자들의 삶이기도 하다. 예수님은 "가난한 자는 언제나 너희와 함께 있을 것이다."(마 26 : 11)라고 말씀하셨다. 제자들은 그들을 필요로 하는 다른 사람들, 가난한 자, 지극히 작은 자들 속에서 삶의 의미를 발견한다. 그렇기에 제자들은 언제나 그들을 필요로 하는 사람들, 가난한 자들과 함께하려고 한다.

그리고 봉사는 예수 그리스도를 섬기는 것이다. 예수님은 "여기 내 형제 중에 지극히 작은 자 하나에게 한 것이 곧 내게 한 것이니라"라고 말씀하시고, 또 "지극히 작은 자 하나에게 하지 아니한 것이 곧 내게 하지 아니한 것이니라"라고 말씀하셨다(마 25 : 31 – 46). '지극히 작은 자'는 예수 그리스도의 형제이며 그리스도의 현존이다.

예수님은 교회가 그리스도를 섬기듯이 지극히 작은 자들을 섬기라고 요구하신다. 그들의 눈물이 예수님의 눈물이기에 그 눈물을 닦아 주고, 그들의 필요가 예수님의 필요이기에 그 필요를 채워 주고, 그들의 고통이 예수님의 고통이기에 그들을 위로하라고 요구하신다.

2) 복음전도와 사회봉사

존 스토트는 복음전도와 사회봉사에 관련해서 다음과 같이 말한다.[15] "모든 그리스도인들은 복음전도는 물론 사회봉사에도 부름 받았다. 그리스도인들은 예수 그리스도를 따르는 사람들이다. 그런데 예수 그리스도는 하나님 나라의 복음을 전파하셨을 뿐만 아니라, '나는 섬기는 자로 너희 가운데 있다.'고 말씀하셨다. 이처럼 예수 그리스도는 증인이셨으며 또한 종이셨다. 따라서 그리스도인들이 예수님을 따르는 사람들이라면 그들 역시 증인이고 또한 종이어야 한다. '디아코니아'(diakonia, 봉사)와 '마르투리아'(marturia, 증거)는 분리될 수 없는 쌍둥이다."

　복음전도와 사회봉사는 둘 다 사랑의 표현이다. 그러므로 전도와 봉사는 모두 인간의 필요에 대해 민감하게 반응해야 한다. 복음전도를 위해서 전도인은 사람들의 죄의식, 수치심, 공포감, 도덕적 실패, 개인적 고독, 자존감 부족, 가정의 불행, 영원에 대한 갈구, 교육의 부족, 사회적 억압, 또는 여러 가지 정신적 질환과 마귀의 억압 등을 발견하기 위해 노력해야 한다. 마찬가지로 사회봉사를 위해서는 먼저 인간의 사회적 필요를 파악해야 한다. 그것은 육체적 필요(음식, 의복, 주택, 건강), 심리적 문제(두려움, 소외, 정서불안), 경제적 필요(가난, 문맹, 실업 문제) 등 다양하고 광범위하다. 복지국가에 이른다 해도 정부와 NGO들이 충분히 채워 줄 수 없는 인간의 필요가 여전히 존재한다. 그래서 교회는 이런 채워지지 않는 사회적 필요를 가지고 있는 사람들에게 주도적으로 다가가야 한다.[16]

3) 사회봉사와 사회활동

　기독교는 사회적 책임에 대해서 명확하지 못한 상태로 지내 왔다. 예를 들면 사회적 책임, 사회적 사역, 사회적 지원, 사회적 봉사, 사회적 활동, 사회정의, 사회 정치적 활동 등 다양한 용어를 사용해 왔다. 이렇게 다양한 용어들을 사용함으로써 때로는 기독교의 여러 가지 사회봉사 및 활동들에 대해서 의구심을 갖는 사람들도 생겨났다.

　그래서 "그랜드 래피즈 보고서"는 기독교의 사회적 책임을 [표 4-4]에서 보는 것처럼 '사회봉사'와 '사회활동' 두 가지 종류로 구분하였다. 사회활동은 한

마디로 사회정의를 추구하는 것이다. 그것은 개인을 넘어 구조를, 죄수의 재활을 넘어 감옥제도의 개혁을, 공장조건을 개선하는 것을 넘어 근로자들의 보다 참여적인 역할을 보장하는 것을, 가난한 자를 돌보는 것을 넘어 경제제도와 정치제도를 개선하는 것을 말한다. 그리고 필요하다면 변혁하는 것도 포함한다. 복음주의자들은 이와 같은 사회변화가 자주 일어나는 것을 두려워한다.

성경은 정의와 평화를 매우 강조한다. 왜냐하면 하나님이 정의와 평화의 창조자이시며, 정의와 평화는 하나님 나라의 본질적인 특징들이기 때문이다. 그러므로 하나님 나라의 백성임을 주장하는 그리스도인은 다른 사람들을 위한 정의와 평화를 추구해야 하고, 할 수만 있으면 모든 사람과 평화롭게 살아야 한다(롬 12 : 18). 하나님 나라의 정의와 평화를 가시적으로 나타내는 일은 바로 교회가 해야 할 역할이다. 소금은 그 맛을 잃으면 아무짝에도 쓸모가 없어 다만 밖에 버려지고 사람들에게 밟힐 뿐이다. 교회도 마찬가지이다.[17]

[표 4-4] 사회적 책임 : 사회봉사와 사회활동

사회봉사	사회활동
인간의 필요를 경감함	인간의 필요의 원인을 제거함
자선활동	정치적·경제적 활동
개인과 가족들에 봉사하려고 노력함	사회구조를 변혁시키려고 노력함
자비의 행위	정의의 추구

〈출처 : 존 스토트 편, 「그랜드 래피즈 보고서 : 복음전도와 사회적 책임」, 두란노서원, 1986, P. 56〉

2. 마을목회 전략

"나는 교회를 목회하는 것이 아니다. 나는 지역공동체를 목회한다." - 테리 인먼

1) 목회 목표의 전환 : 지역공동체를 목회한다.

'목회하다'(pastor)라는 단어는 원래 '양을 치다'라는 뜻의 라틴어 원어에서 파생된 말로 한 떼의 가축들을 인도하고 보살피며 보호하는 역할을 온전히 떠맡는 것을 뜻한다. 목회자들에게 있어서 이 단어는 교회를 이끄는 역할 및 책임과 결부되는 경향이 있다. 보통 목회자들에게 한 떼의 가축은 교인들이다. 그러나 캘리포니아 하버라이트교회의 담임목사인 테리 인먼은 그 가축이 교회가 아니라 지역공동체라고 본다.[18] 그는 교회의 모든 자원을 집중하여 지역공동체를 목회하도록 조직화했고, 그 교회는 다른 40개 교회와의 연합체에서 핵심적인 역할을 감당하고 있으며, 주요한 자원봉사단이 되어 캘리포니아 지역 세 개 도시에 있는 비영리기관들을 섬기고 있다.

이것은 목회 패러다임의 전환을 의미하는데, 단순히 '교회'를 목회하는 것이 아니라 '지역공동체'를 목회하는 것으로 전환하는 것이다. 예수님은 교회가 주린 자, 목마른 자, 나그네 된 자, 헐벗은 자, 병든 자, 옥에 갇힌 자, 그리고 지극히 작은 자들 모두를 섬길 것을 요구하신다. 그들의 눈물이 그리스도의 눈물이기에 그 눈물을 닦아 주고, 그들의 필요가 그리스도의 필요이기에 그 필요를 채워주라고 말씀하신다. 이 말씀을 깨닫고 실천하는 교회들은 지역공동체를 목회하는 일에 주일예배를 기획하고 실행하는 것만큼 높은 사역적 중요성을 부여한다.

2) 지역공동체 목회 전략

호킨스와 파킨슨은 1,000여 개의 미국 교회들이 참여한 조사 및 분석결과를

통해서 지역공동체를 목회하는 세 가지 주요 전략 및 여러 교회들의 사례를 아래와 같이 제시하고 있다.[19]

- 전략 1 : 교회와 지역공동체를 동시에 섬기도록 높은 목표를 설정한다.

목사가 교인들에게 교회 밖에서 더 많이 봉사할 것을 요구할 때 교회 안에서의 봉사 열정과 의지가 줄어들 것이라고 걱정하지 말라. 성령님이 교인들의 마음을 붙들어 주실 것을 믿으라. 그리고 교인들을 격려해 주어라. 성도들에게 높은 수준을 기대하는 교회가 되게 하고, 교회가 가장 우선적으로 필요로 하는 사안에 대해서 성도들에게 명확히 알리고, 담임목사가 섬김의 현장에 나타나서 관심을 표명하는 것이 중요하다.

또한 교인들이 지역공동체를 섬기는 무거운 의무를 이행하느라 교회 안의 봉사에 소극적이 되지 않도록 하는 방법은 교회 활동 속에 지역공동체 봉사, 아웃리치 프로젝트를 통합시켜 넣는 것이다. 미국 디트로이트 '믿음의 요새 교회'는 가끔 주일예배 안에 지역공동체를 대상으로 한 아웃리치 프로젝트를 포함시킨다. 때로는 교인들에게 책가방을 준비해 주고 마을의 주민들을 찾아가서 그 가방을 전달하면서 현관에서 기도해 주는 프로젝트를 하고, 마을의 마약거래 장소로 알려진 골목에 가서 핫도그를 구워서 마약거래를 방해하기도 한다.

- 전략 2 : 교회들과 지역공동체 사이에 다리를 만든다.

교회들이 다른 교회들이나 비영리기관, 지역공동체의 지도자들과 공고한 관계를 구축하거나 파트너십을 맺게 하라. 그리하면 교회는 지역공동체에서 가장 시급한 필요를 항상 인지하여 관여하기 쉬워지고, 다른 교회들과 협력함으로써 최대의 영향력과 효과를 낼 수 있다. 이와 같은 전략을 사용한 사례는 다음과 같다.

샌프란시스코 남동부 지역의 40개 교회들은 매달 모임을 가지면서 그 지역의 고유한 필요를 두고 기도하기 시작하였다. 먼저 이들은 인구의 4%만이 교회에 다니는 그 지역에 거주 중인 수많은 잃어버린 자들을 위해 기도했다. 그리고 미국에서 도시 면적에 비해 가장 다양한 인종과 문화가 공존하는 지역으로 알려진 그곳에 인종적, 문화적 다리가 세워지기를 기도했다. 얼마 후 테리 인먼 목사를 비롯한 동료 목사들은 아래와 같은 행동을 시작했다.

- 시장과 지방 관료를 만났고, 그들로부터 그 도시를 위해 봉사하는 최선의 방법은 자원봉사자들을 필요로 하는 비영리기관과 파트너십을 맺는 것이라는 조언을 들음.
- 컴패션 네트워크를 만들어 자금을 모은 후에 이미 25개 단체의 거처를 마련한 실적이 있는 그 도시의 비영리기관에 전달함.
- 참여 교회들로부터 매월 기부금을 받아 전임 관리자와 인턴들을 고용해서 교인들 사이에 네트워크를 형성하게 하고 지역공동체의 필요를 채워주는 사역을 관리하게 함.
- 모든 참여 교회들은 매주 자원봉사자가 필요한 영역들을 열거한 이메일을 받고, 그 자원봉사자들은 보통 몇 시간 이내에 다 공급됨.

• 전략 3 : 섬김의 자리를 복음전파를 위한 연결통로로 만든다.

복음전도인가, 사회봉사인가? 이것은 교회의 자원과 시간과 관심을 배분하는 데 있어 항상 고민하는 고전적인 줄다리기이다. 그러나 모범적인 교회들은 이 두 가지 활동을 서로 다른 것으로 인식하지 않고, 오히려 섬기는 것이 사람들에게 다가가는 가장 좋은 방법이라고 믿는다. 예를 들면, 일리노이 주 사우스홀랜드의 성령펠로우십교회는 마약중독과 조직폭력, 살인, 부패로 유명한 지역에 회복위원회를 만들고 두 개의 입주 시설을 운영하면서 어린아이들과 노인들을 위한 28개의 프로그램을 진행하고 있다. 몇 가지 프로그램을 예로 들면 아래와 같다.

- 복싱 클럽 : 한때 중독자였던 사람들이 80명의 아이들에게 복싱을 가르쳐 준다. 이들의 좌우명은 "길거리에서 피 흘리기보다는 체육관에서 땀 흘리는 것이 낫다."이다.
- 인터셉트 프로젝트 : 방과 후 프로그램으로 개인교습과 미술 지도, 농구 클럽, 컴퓨터클럽 등을 운영하고 자원봉사자들이 이를 이끈다.
- 멘토링 : 한때 중독자였던 사람들이 지역의 한 초등학교에서 멘토링 과정을 진행한다.

이렇게 '내 형제 중에 지극히 작은 자 하나'에게 다가가면 정말로 예수님의 메시지가 전파될까? 성령펠로우십교회는 이 물음에 대한 긍정적 답을 보여 주는 사례이다. 8,000명이 넘는 사람들이 교회의 사역을 통해 예수님께 삶을 바치게 되었다고 증언한다. 이 교회의 공동 개척자인 바바라 설리번은 가장 실의에 빠진 사람들, 곧 살면서 완전히 바닥으로 떨어져 만신창이가 된 사람들을 돕는 것이야말로 복음의 메시지를 전하는 최고의 통로임을 굳게 확신하고 있다.

3. 마을목회 사례 - 보은 예수마을 보나콤 사례[20]

1) 보나콤(Bona Community)

"Bona'는 라틴어입니다. 영어로는 'Good'이라는 의미이고, 한국어로는 '좋은'이라는 의미입니다." 1998년 1월 충청북도 보은군 산외면 대원리에 둥지를 틀기 시작한 보은 예수마을은 성경공부를 통해 알게 된 형제자매들이 중심이 된 농촌 공동체이다. 처음 공동체를 꿈꾸게 된 동기는 공동체 식구들이 성경공부와 더불어 수년 간 농촌 단기선교를 하면서 깨닫게 된 농촌을 향한 하나님의 부르심이었다. 현재 대원리에는 공동체 사랑의 집, 기쁨의 집, 화평의 집, 온유의 집, 충성의 집, 인내의 집(교육관), 선교센터(예배당), 친절의 집(식당동, 게스트하우스)을 짓고 7가정이 함께 농사와 노동을 하고 있다.

강동진 목사는 하나님의 인도하심을 따라 전국에서 복음화율과 자립도가 가장 낮은 곳이었던 충북 보은을 찾아 '보은 예수마을'(이하 보나콤)이라는 공동체를 시작하였다. 지역주민이 되어 사는 동안 수많은 실패를 맛보면서도, 멈추지 않는 열정과 실험정신으로 성서에서 깨달은 진리를 적용하여 터득하게 된 농법과 양계기술은 어느덧, 아시아를 살리는 중요한 선교전략으로 자리 잡았다. 그는 구약 레위기 희년의 원리를 따라 공유와 사유가 조화를 이루는 희년적 공동체를 꿈꾸었다. 토지와 생산기반 시설들을 공유화하고, 토지에서 나오는 소산물들은 사유화하면서, 그 소득의 일부로 다시 서로의 짐을 나누어 지는 일들을 통해 하나님이 말씀하시는 건강한 공동체를 만들고자 한 것이다. 보나콤은 예수님의 공의와 사랑을 선포하며 하나님의 나라를 이 땅에 이루기를 소망하는 공동체이다. 헌신된 작은 공동체에 하나님의 기름 부으심이 이루어 낸 거룩한 열매들이 가득하다.

2) 보나콤은 기독교 공동체이다.

삼위일체 되신 창조주 하나님을 믿고, 예수 그리스도만이 유일한 우리의 구원자이시고 주 되심을 고백하며, 66권의 성경을 통하여 하나님을 알아 가고, 성령의 역사하심을 따라 주님과 동행함으로 예수 그리스도의 장성한 분량에 이르도록 자라가기를 소망하는 공동체이다.

3) 보나콤은 가정 공동체이다.

공동체의 최소단위는 가정이다. 가정을 세우신 분은 하나님이시며, 가정을 통해서만 하나님의 형상인 인간이 만들어질 수 있다. 그러므로 부모님을 공경

하고 자녀들을 말씀으로 훈계하는 믿음의 가정을 이루는 것이 수직적이고 성경적인 선교라고 말한다. 또한 공동체의 삶을 통하여 성경적인 가정을 이루기를 소망한다. 보나콤은 공동체를 시작하면서 농업과 더불어 어떻게 교육할 것인가를 심각하게 고민하며 그 근원을 살펴보면서 대안적 모델을 찾았다.

"사실 우리가 알고 있는 공교육이라는 것의 역사가 결국 알고 보면 근대화되면서 한국에 뿌리내린, 역사가 매우 짧은 교육 형태라고 할 수 있습니다. 그 이전에는 한 마을에서 가장 덕망 있고 지식과 지혜를 갖추신 분이 그 마을 아이들을 모아 놓고 아이들에게 학문과 세상의 지혜를 가르친 것이 동양과 서양 모두의 실제 모습이었습니다. 저희는 그런 과거의 모습에서 교육의 실마리를 찾았고, 더 나아가 아이들을 가르치는 책임이 무엇보다도 부모에게 주어진 의무요 책임이라는 것을 알게 되었습니다. 그래서 홈스쿨에 대한 세미나에 몇 차례 참석하고, 이미 우리보다 앞서 홈스쿨을 하고 계신 분들을 찾아가 뵙기도 하고 혹은 모시고 간증을 들으며 용기를 얻게 되었습니다. 그리고 홈스쿨에 대한 책들을 사서 읽고 토론하는 몇 차례의 시간을 가지면서 저희들 안에 깊은 공감대를 형성하게 되었고, 더 나아가 이 길이 하나님이 진정으로 원하시는 길이라는 확신을 가지게 되어 아무도 반대하거나 주저하는 사람 없이 바로 시작할 수 있게 되었습니다."

보나콤은 현재 7가정에 13명의 아이들이 홈스쿨을 통해 인성과 품성 교육을 받고 있고 자체적으로 운영되는 수업 시스템으로 교육을 받으며 공부하고 있다.

4) 보나콤은 농촌 공동체이다.

보나콤에서는 친환경 농사와 함께, 자연양계로 유정란을 생산하고 있고 이렇게 생산된 유기농 농산물은 보나팜(인터넷몰)에서 판매하고 있다. 아울러 친환경 에너지를 연구하는 보나 에너지팀에서는 풍력 자가발전기와 대안 에너지를 선교지와 전기가 부족한 지역에 공급하기 위해 스쿨을 운영하고, 제품도 판매하고 있다.

농촌은 물질주의와 인본주의에 의해 철저하게 파괴되고 소외되어 소망이 없는 땅이 되고 말았다. 이 땅의 농촌과 농업 그리고 농민들의 삶 가운데에 서서 그리스도의 생명과 사랑으로 땅과 만물을 회복시키고, 농민들에게 복음을 전하는 데 공동체가 사용되기를 소망하고 있다.

5) 보나콤은 마을 공동체이다.

보나콤은 다양한 사람들이 더불어 살아가는 곳이다. 부르심을 따라 나아온 그리스도인들이 농촌의 마을 어르신들과 더불어 살아가고, 대여섯 가정마다 도움을 필요로 하는 소외된 이웃들 한 명 혹은 한 가정과 함께 확대 가족을 이루어 더불어 살아가고, 서로의 은사를 나누며 더불어 살아가는 마을을 꿈꾼다. 또한 아이들을 하나님과 이웃과 자신과 만물을 사랑하며 모두와 벗하고 살 줄 아는 사람들로 양육하고, 모든 만물들이 하나님의 창조 질서를 따라 존중을 받으며 더불어 살아가는 그런 마을을 꿈꾼다.

"믿는 사람이 다 함께 있어 모든 물건을 서로 통용하고 또 재산과 소유를 팔아 각 사람의 필요를 따라 나눠 주며 날마다 마음을 같이하여 성전에 모이기를 힘쓰고 집에서 떡을 떼며 기쁨과 순전한 마음으로 음식을 먹고 하나님을 찬미하며 또 온 백성에게 칭송을 받으니 주께서 구원받는 사람을 날마다 더하게 하시니라"(행 2 : 44-47).

6) 보나콤은 선교 공동체이다.

선교의 출발은 생명을 쏟아 놓으신 그리스도의 십자가이다. 우리의 주님이

신 그리스도가 하셨던 것처럼, 그가 가르친 대로 보나콤은 그들의 모든 삶이 이 땅에 하나님의 나라를 이루는 도구로 사용되고, 나가서 복음을 전하고, 연약한 자들을 품고, 보유한 적정기술들을 필요한 자들과 나눔으로 이 땅에 하나님의 나라가 이루어지기를 소망하며, 예수님의 오실 길을 예비하게 되기를 소망한다.

"한국에 우리와 유사한 공동체들이 많이 만들어지고 우리가 갖고 있는 것을 다 전수해서 그 공동체가 자립하도록 시스템이 갖추어진 다음에, 선교사들과 협력해서 거룩한 네트워크를 형성하게 되면 전 세계에, 가난으로 핍절한 아프리카와 아시아에 떡과 함께 복음을 전하면서 예수께서 오실 길을, 큰 대로를 수축하는 것이 장기적인 소망이라 할 수 있겠지요."

제5장
양육 사역
'작은 예수'로
살게 하기

제1절
올바른 성인교육이 절실히 필요하다

제2절
영적 성숙의 측정이 필요하다

제3절
맞춤형 양육 전략이 필요하다

제4절
영적 성숙을 이끄는 리더십은 무엇인가?

제5장
양육 사역
'작은 예수'로 살게 하기

> 오직 사랑 안에서 참된 것을 하여 범사에 그에게까지 자랄지라 그는 머리니 곧 그리스도라 그에게서 온몸이 각 마디를 통하여 도움을 받음으로 연결되고 결합되어 각 지체의 분량대로 역사하여 그 몸을 자라게 하며 사랑 안에서 스스로 세우느니라(엡 4 : 15-16).
>
> 우리가 그를 전파하여 각 사람을 권하고 모든 지혜로 각 사람을 가르침은 각 사람을 그리스도 안에서 완전한 자로 세우려 함이니(골 1 : 28).

[도입사례] 영적 성장에 관한 발견 프로젝트

호킨스와 파킨슨(Greg L. Hawkins & Cally Parkinson)은 7년에 걸쳐 1,000여 개 교회, 25만 명의 교인들을 표본으로 조사한 '발견 프로젝트'(Reveal Project)를 통해 교인들의 영적 성장에 관해서 아래와 같은 놀랄 만한 발견을 했다.[1]

○ 교회 활동은 장기적인 영적 성장을 이끌어 낼 수 없다.

영적 성장의 척도를 하나님 사랑과 이웃 사랑이라고 정의(마 22 : 37－40)할 경우 교인들의 교회활동, 즉 예배 참석률이 증가하고 조직적인 사역 활동에 참여하는 사람들이 많아진다고 해서 꼭 성도들이 더 높은 영적 성장 단계로 나아간다고 예측할 수 없으며, 그 활동이 영적 성장을 이끌어 낸다고도 할 수 없다.

○ 교회에는 다니지만 신앙에 무관심한 불신자들이 그리스도를 영접할 가능성은 매우 낮다.

그리스도께 헌신하지 않은 채 5년 이상 교회만 다니는 사람들의 수가 상당히 많다. 이들은 신앙을 갖기 위해 적극적으로 탐구하지 않는다. 그리스도께 헌신하지 않은 채 교회를 다닌 기간이 길수록 예수님을 자신의 주님이자 구세주로 받아들일 가능성은 낮아진다.

○ 가장 헌신적인 그리스도인들조차 그리스도의 명령과 거리가 먼 삶을 살고 있다.

'하나님을 가장 사랑한다.'는 설문에 80%의 사람들이 매우 강한 동의를 표했다. 그러나 교회 봉사에 참여하지 않는 사람이 3분의 1에 달했고, 매달 구제하는 일에 참여하는 사람은 50%, 지난 한 해 동안 믿지 않는 사람을 교회에 초대한 숫자가 여섯 명 이하였던 사람은 80%, 십일조를 하지 않는 사람은 40%였다.

○ 교인 네 명 중 한 명은 영적으로 침체되어 있거나 불만을 느끼고 있다.

평균적으로 교인들 중 13%가 '침체'라는 단어로 자신들의 영적 성장 상태를 설명했고, 18%가 '불만족'이라는 표현을 사용했다. 이 비율이 50%에 달한 교회도 있었다.

○ 영적 성장을 위한 '만병통치약'은 없다.

영적으로 강력한 장점을 가진 교회들을 찾아냈지만 교인들에게 영적 성장의 성공을 보장해 주는 단 하나의 프로그램 같은 것은 없었다.

○ 성경 묵상이 영적 성장에 가장 큰 영향을 미친다.

다양한 영적 성장의 단계에 있는 교인들에게 교회가 할 수 있는 일이 딱 하나밖에 없다면, 그것은 교인들이 성경을 읽도록 영감을 주고 격려하며 실제적인 준비를 시켜 주는 것이다. 특히 각자가 일상생활 속에서 말씀의 의미를 묵상할 수 있도록 도와주는 것이다. 그런데 조사결과, 교인 5명 중 단 1명만이 매일 성경을 묵상하고 있는 것으로 나타났다.

○ 리더십이 중요하다.

조사에 참여한 교회들 가운데 가장 모범적인 교회들의 지도자들은 다양한 성격과 목회 방식을 갖고 있었다. 이들이 추구하는 전략과 프로그램도 다른 교회들이 행하는 것들과 크게 다르지 않았다. 그러나 이들의 공통적인 특징 가운데 중요한 한 가지는 타협 없이 끈질기게 집중하여 교인들을 그리스도의 제자로 성장시키기 위한 일을 추진해 나가는 리더십이었다.

제1절 올바른 성인교육이 절실히 필요하다

우리 교회는 성인교육을 어떻게 하고 있는가? 교회에서 성인교육을 올바르게 하려면 먼저 현재 우리 교회에서 진행하고 있는 성인교육의 목적을 점검해 보고 그 목적이 성경적으로 적합한지를 살펴보는 것이 필요하다. 또한 우리 교회 성인교육의 목적, 내용, 방법이 일관성을 가지고 체계화되어 있는지를 검토해 볼 필요가 있다.

1. 성인교육의 궁극적 목표는 무엇인가?

성인교육의 궁극적 목표는 성도들을 가르쳐서 '그리스도의 형상'을 본받게 하는 것, 다른 말로 표현하면 '작은 예수'가 되게 하는 것이다. 이석철은 그의 저서 「기독교 성인 사역론」에서 기독교 성인교육의 목적 유형들을 소개한 후에 교육의 방향을 다음과 같이 제시하고 있다.[2] 첫째, 기독교 성인교육은 성인들의 '전인적인 성숙'에 기본적인 초점을 맞추어야 한다. "이것은 영혼의 구원뿐만 아니라 삶의 전 존재를 포괄하는 의미에서 전인적 신앙의 성숙을 이루는 것이며, 지정의를 포괄하는 전체적인 정신세계에서의 성숙한 영성을 함양하는 것이다."

둘째, 기독교 성인교육은 '개인과 공동체의 균형 있는 성장'을 지향해야 한다. 성인교육의 일차적인 목적은 성인 개개인의 욕구를 충족하는 것에 맞추어져 있지만 개인적 차원만을 지나치게 강조하는 것은 바람직하지 않다. 왜냐하면 인간은 사회적 존재이므로 성인 각 개인의 성숙함은 그들이 속한 공동체와의 관련성 안에서 이루어지기 때문이다. 따라서 성인교육은 개인과 공동체의 균형 있는 성장을 지향해야 한다. 그런데 한국교회는 공동체의 양적 성장을 추구하면서 교인 개개인의 질적 성숙을 위한 성인교육에는 관심과 노력이 매우 부족했다.

셋째, 기독교 성인교육은 교인들이 '교회 안과 밖의 봉사를 균형 있게 실천하는 것'을 지향해야 한다. 목회자의 책무는 성도를 온전하게 하여 '봉사의 일'을 하게 하는 것이다(엡 4 : 12). 교인들의 봉사는 교회 안으로만 제한되어서는 안 되고 교회 밖의 영역으로까지 확장되어야 한다. 하나님 나라의 구현이라는 관점에서 교회는 성도를 훈련시켜서 세상의 소금과 빛의 역할을 하도록 세상 속으로 내보내야 한다. 다시 말하면, 존 콜만(John A. Coleman)이 주장한 것처럼 목회자는 성도들이 '제자직'(discipleship)과 '시민직'(citizenship)이라는 두 가지 책임을 모두 갖추도록 교육해야 한다.[3]

2. 교육내용 : 맞춤형 커리큘럼이 있는가?

교육의 내용은 성인교육이 지향하는 목적과 부합하도록 설계하는 것이 필요하고, 교육에 참여하는 개인의 삶의 주기와 신앙의 성숙과정을 고려하여 그에 알맞게 설계하는 것이 중요하다. 이하에서 교육내용의 설계 원칙, 개인의 삶의 주기이론과 교육내용의 설계, 그리고 신앙의 성숙 단계와 교육내용의 설계를 차례로 설명한다.

1) 교육내용의 설계 원칙

이석철은 앞에 소개한 책에서 성인교육의 내용을 어떻게 설계할 것인가에 관련해서 다음과 같이 세 가지 원칙을 제시하였다.[4] 첫째, 성인기 삶의 특성과 필요를 기초로 교육내용을 설계해야 한다. 성인들은 지극히 필요 지향적인 존재이므로 삶의 응답을 위한 교과목 작성이 요구된다는 것이다. 둘째, 성인교육의 내용은 올바른 영성 함양을 위해 체계적인 성경교육과 신학적 훈련을 포함해야 한다. 성경은 모든 기독교인의 신앙과 행위의 최고 규범이므로 교인들이 성경 66권 전체를 읽을 수 있도록 교육하는 것이 중요하며, 나아가 세상에서 일어나는 문제를 성경의 빛으로 조명할 수 있도록 성인들에게 신학적 훈련을 하는 것이 필요하다는 것이다. 셋째, 성인교육의 내용은 성인의 일상적 삶과 밀접한 관련이 있는 주제들을 다루어야 한다. 기독교인들의 신앙과 삶의 불일치 문제 혹은 제자직과 시민직의 괴리 문제를 해결하기 위해서는 교인들이 일상생활 속에서 디아스포라의 사명을 올바로 수행할 수 있도록 교육해야 한다는 것이다. 나아가 사회 변화를 주도할 수 있는 하나님 나라의 선교사로 살아갈 수 있도록 사회적 리더십을 함양하는 교육이 중요하다.

2) '삶의 주기이론'과 교육내용의 설계

레빈슨(Daniel Levinson)과 그의 동료들은 「남자가 겪는 인생의 사계절」과 「여자가 겪는 인생의 사계절」이라는 두 권의 책을 저술하여 '삶의 주기이론'을 주장하였다.[5] 그에 의하면 인생을 봄, 여름, 가을, 겨울의 사계절로 나누고, 성인과 관련해서 인생의 봄을 성인 전기, 여름을 성인 초기, 가을을 성인 중기, 겨울을 성인 후기로 본다. '삶의 주기이론'에서는 인생의 각 계절은 특성이 있고 그 연령층이 갖는 삶의 과업이 있다고 주장한다. 성인 전기(17-20세)의 주요 과업은 가족으로부터 독립하여 사회에서 나름대로의 위치를 확인하고 동시에 다른 사람들과 친밀한 관계를 이루는 것이다. 성인 초기(20-40세)의 주요 과업은 꿈의 실현과 가정 이루기, 그리고 삶의 안내자인 멘토(mentor)를 만나는 일이다. 성인 중기(40-60세)의 주요 과업은 '과거 삶에 대한 재평가', '삶의 구조 수정', 양극성 사이에 통전을 이루는 '융합화'라고 한다. 성인 후기(60세 이후)의 주요 과제는 은퇴 이후의 강한 소속감, 인생의 의미 찾기, 체력과 건강 유지, 유산 남기기, 죽음에 대한 준비를 들 수 있다.

그렇다면 이렇게 다양한 과제들을 가지고 있는 성인들에게 어떻게 효과적인 성인교육 프로그램을 제공할 수 있을까? 그 출발점은 성인 주기에 맞는 맞춤형 커리큘럼을 설계하는 것이라고 할 수 있다. 예를 들면, 성인 초기 교인들에게는 결혼예비학교, 신혼부부반, 임산부학교, 직장사역학교, 평신도선교사반 등을 운영하고 성인 중기 교인들과 멘토 관계를 맺어 주는 것이다. 한편, 성인 중기 교인들에게는 아버지학교, 어머니학교, 부부생활 워크숍, 행복한 중년학교 등을 운영한다.[6] 성인 후기에 속한 교인들에게는 은퇴 이후의 소외감 극복, 단순한 삶, 행복관, 건강관리, 여가 선용, 노년 부부관계 및 가족관계, 배우자 사별 후 생활, 유산 문제, 죽음과 장례 문제 등의 교육이 필요하다. 다만 이렇게 삶의 주기이론에 따라 커리큘럼을 설계하는 것보다 더욱 효과적인 것은, 가능하다면 교육 대상자들에게 직접 필요를 조사하고 그것을 반영해서 프로그램을 구성하는 것임을 기억해야 한다.

3) 신앙의 성숙 단계와 교육내용의 설계

김재은은 카테큐메나테(Catechumenate) 모형(초대교회의 신도 양육 모형)에 기초해서 교인들의 신앙성숙 과정을 4단계로 소개하고 있다.[7] 제1단계는 신앙공동체로의 도입단계, 즉 코이노니아 과정이다. 이 단계에서는 첫째, 성경을 통해 이스라엘의 출애굽 이야기와 예수의 십자가 이야기가 그를 위한 복음이 되도록 돕고, 둘째로 신앙공동체가 공유하고 있는 신조, 역사, 윤리, 목적을 이해하도록 하고, 셋째로 그가 속한 교회의 이야기와 만나도록 돕는다. 이를 위한 핵심적 요소는 예배와 기도이다. 초대교회 당시 제1단계는 예비과정으로 적어도 1년의 기간을 요구했다고 한다.

제2단계는 청도자(hearer) 단계 또는 신앙인 형성의 단계로 세례지원자가 입교인이 되도록 돕는 3년 정도의 긴 과정이다. 이 기간 동안 교회는 지원자들이 자신의 삶을 하나님의 선물로, 하나님을 인격적인 신으로, 예수를 살아 계신 주님으로, 그리고 교회를 '우리'라는 공동체 개념으로 고백하는 회심의 기간이 되도록 돕는다. 이 단계에서 교회는 첫째로 지원자들에게 교육예배와 성경학습을 시키고, 둘째로 신조(삼위일체, 교회론)와 기독교인의 윤리적 삶(술 취함, 탐심, 착취, 도박, 음행을 삼가고 점쟁이 및 점성가에게 가는 것을 삼갈 것)을 가르쳤고, 셋째로 주님의 기도를 모형으로 기도의 구조와 기도의 생활화를 가르쳤고, 넷째로 말씀을 삶으로 증거하는 것, 즉 봉사의 삶과 전도의 실습을 요구했다.

제3단계는 성화와 교화의 과정이다. 이 단계에서는 세례지원자 과정을 거친 사람들이 예수의 십자가와 함께 죽고 예수의 부활과 함께 사는 중생의 경험을 하도록 돕는다. 이 과정에서는 멘토도 함께 교육을 받도록 하여 주 5일, 하루

3시간씩 7주 동안 교육을 받았다고 한다. 이 과정을 마치면 전 교인 앞에서 비로소 세례를 받고 입교의식을 행하며 성찬식을 함께할 수 있었다.

제4단계는 헌신과 파송의 과정이다. 이 단계에서 세례자는 세례와 성만찬에 관한 신학적 해석을 하는 신비교육에 참여함으로써 세상에 파송된 청지기로서의 삶을 교육 받는다. 교육내용은, 예를 들면 유혹에 넘어가지 않기 위한 신앙의 확고성에 대한 훈계, 세례의 신학적 의미, 기독교인의 삶에 관하여, 성찬에 관하여, 기독자의 삶의 유형 등에 관한 것이다.

4) 커리큘럼 사례(새들백교회)

[그림 5-1]은 새들백교회의 '평생개발과정'으로, 야구의 내야(사각형) 모양을 응용해서 교인들을 동화시키고 교육하는 네 가지 과정을 시각적으로 보여준다.[8] 그 네 가지 과정의 내용은 다음과 같다.

- 101 과정 : 사람들을 그리스도께로 인도하여 등록교인이 되게 하고 교인 언약을 하게 한다. 기독교적 신념과 세례 및 성찬과 같은 성례전은 물론, 교회의 비전과 목적, 소속감을 공유한다.
- 201 과정 : 기독교의 기초가 되는 네 가지 습관을 통해 개인적인 신앙훈련을 하게 함으로써 영적 성숙을 시작하게 하고 성숙 언약을 하게 한다. 네 가지 습관이란 성경 묵상, 기도, 십일조, 소그룹 교제의 습관을 말한다.
- 301 과정 : 교인들이 자신의 사역을 발견하고 각 사역 부서에 속하게 함으로써 각자의 영적 은사를 개발하고 섬김의 기회를 갖게 한다. 이 과정을 마치면 사역 언약을 하게 한다.

[그림 5-1] 새들백교회의 평생개발과정

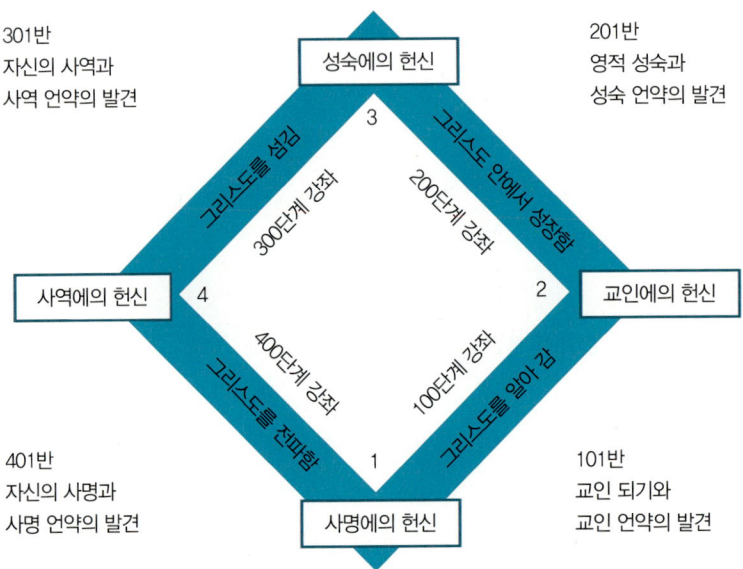

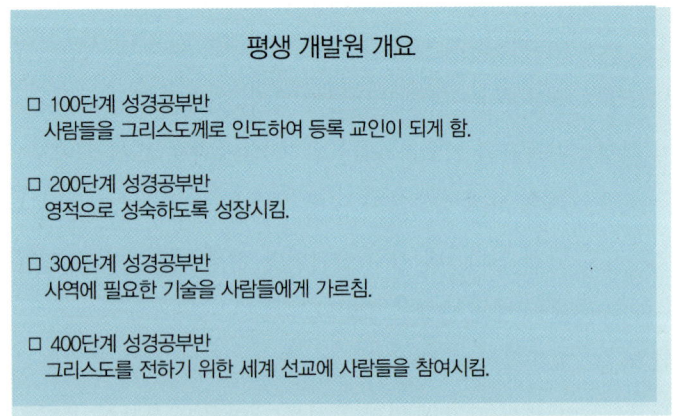

〈출처 : 릭 워렌, 「새들백교회 이야기」, P. 164〉

- 401 과정 : 복음전도 훈련을 통해 자신의 신앙을 다른 사람들과 나누게 하고 그들을 격려하여 '각자의 삶에 대한 하나님의 사명'을 발견하게 한다. 그리고 새들백교회는 WORD라는 9개월 과정의 귀납적 성경공부 프로그램을 제공하고 있다. WORD는 성경공부의 네 가지 활동을 가리키는데 궁금해 하고(Wonder), 관찰하고(Observe), 묵상하고(Reflect), 행하기(Do it)의 약어이다.

3. 교육방법 : 페다고지 vs 안드라고지

1) 페다고지(Pedagogy)와 안드라고지(Andragogy)

성인교육 전문가들은 '성인교육'이라는 말을 페다고지(pedagogy)와 대응해서 안드라고지(andragogy)로 표현한다. 안드라고지는 성숙한 또는 성인을 의미하는 희랍어 어간 '아네르'(aner)와 학습이라는 뜻을 가진 '아고고스'(agogos)의 합성어로서 성인학습을 대표하는 말이 되었다. 페다고지는 교사가 중심이 되는 교수(teaching)이고, 안드라고지는 학습자 중심의 학습(learning)이라는 데 차이가 있다. 노울스(Malcdim S. Knowles)는 성인은 가르침을 받기보다는 스스로 배울 수 있다는 인식에서부터 '자기주도 학습'(self-directed learning)을 강조하는 안드라고지 이론을 주창했다.

노울스에 의하면 교사의 기본 역할은 학습자의 질문을 안내하고 촉진하는 자료 인물이 되는 것이라고 한다.[9] 또한 학습자는 교사에 의존하는 학생이 아니라 오히려 자기지시적이고 자율적 학습자로 본다. 자율적인 학습자는 이웃들과 소외됨이 없이 그들의 도움과 자료를 제공받고 충분히 이용한다. 또한 학습자의 경험의 양과 질에 있어서 아동과 성인 사이에는 엄청난 차이가 있으므로, 성인들의 경험을 학습자료로 사용하여 분임토의, 사례연구, 역할극, 공동작업

[표 5-1] 효과적 성인학습 방법

학습조건	적합한 방법들
지식 (경험의 일반화, 정보의 내면화)	강의, 토론, 대화, 면담, 심포지엄, 패널, 집단면담, 회담, 영화, 비디오, 녹음, 교재중심 토의, 독서
이해 (정보와 일반화의 적용)	청중으로 참여, 시범, 영화, 극화, 질의법, 문제해결방식, 사례연구, 사건의 비판적 분석과정, 모의 게임
인간관계 기술 (새 수행방법들의 결합)	역할극, 게임, 집단훈련, 참여학습, 무언의 훈련, 기술 훈련, 전문인 지도, 엄격한 반복훈련, 모의 게임, 집단 인간관계훈련
태도 (새로운 태도 채택)	경험담 나눔과 토의, 집단토의, 역할극, 사건분석과정, 사례연구, 게임, 만남의 집단, 무언 훈련, 모의 게임, 집단요법, 상담
가치 (신념의 채택과 순위결정)	강의(설교), 토론, 대화, 심포지엄, 담화, 극화, 역할극, 영화, 비디오, 방향성 있는 토의, 경험 나눔, 사건분석과정, 게임, 만남의 집단, 가치명료화 훈련, 전기 읽기
흥미 (새 활동에 대한 관심)	시범, 영화, 비디오, 극화, 경험 나눔, 전시, 여행, 현장탐방

〈출처 : 김재은, 「기독교 성인교육」, P. 185〉

등의 방법을 이용하는 것이 효과적이라고 한다. 자기주도 학습에서는 당면한 문제와 성취하고자 하는 과제를 중심으로 필요와 욕구, 관심을 종합하여 학습자가 스스로 학습내용을 정한다. 이때 학습의 동기는 과제 해결을 위한 내적 자극과 호기심이고, 학습의 결과 역시 현실적으로 적용 가능한 것을 선호하게 된다. 따라서 교사는 학습자가 학습에 능동적으로 참여할 수 있는 여러 가지 유형들을 조성해 주는 역할을 한다. 특히 자율학습의 목표는 성인들의 참여라 할 수 있다. 이에 따라 노울스는 성인학습의 목표달성에 효과적인 학습방법을 [표 5-1]과 같이 제시한다.[10]

2) 멘토링

멘토(Mentor)는 원래 호머(Homer)의 오디세이에서 주인공 오디세우스가 신임하는 친구의 이름이라고 한다. 멘토는 친구 오디세우스가 트로이 전쟁에 나가면서 맡긴 아들인 텔레마쿠스를 왕의 가문에 손색이 없는 훌륭한 인격체로 성숙시킨다. 그 후로 멘토라는 말은 성인 초기에 있는 젊은이를 지정의를 균형 있게 갖춘 성숙한 성인이 되도록 안내하는 스승으로 인식되었다. 그리고 멘토와 그의 지도를 받는 멘티(mentee) 사이의 관계를 엮어 가는 과정을 멘토링(mentoring)이라고 부르게 되었다. 성인교육의 교사론을 멘토링으로 이론화한 대표적 학자는 댈로츠(Laurent A. Daloz)이다.[11]

멘토링의 기능은 후원의 기능, 도전의 기능, 비전 제시의 기능이라 할 수 있다. 첫째, '후원의 기능'이란 멘토가 멘티에게 "나는 네 편이야.", "우리는 함께 있어.", "염려하지 마."라고 말하는 것과 같다. 멘토가 멘티의 내면의 소리를 듣고, 멘티에게 기대감을 갖고 있다는 것을 표현하고, 멘티의 옹호자가 되고, 나아가 친구가 되는 것이다. 둘째, '도전의 기능'이란 학습자에게 교육적 욕구가 일어나도록 자극하고 의문을 갖도록 하는 것이다. 이를 위해서 멘토는 멘티에게 과제를 주고, 선택의 기로에 세우고, 주장성(자기 생각을 주장하는 능력)을 길러 주고, 현실을 해석하는 사고력을 촉진시키고, 한 차원 더 높은 표준을 설정해 준다. 셋째, '비전 제시의 기능'이란 멘토가 멘티로 하여금 미래를 보도록 큰 구조를 그려 주는 것이다. 구체적으로 멘토는 멘티에게 삶의 순례에 필요한 지도를 제공하고, 전통화의 작업을 도와주고, 새로운 사고의 틀을 제공하는 새 언어를 찾도록 하고, 공동체가 공유하는 공동선의 꿈을 꾸도록 돕는다.

교회의 성인교육 방법을 멘토링이라는 관점에서 접근하는 근거는 '만인제사장직'이라는 평신도신학에서 찾을 수 있다. 멘토와 멘티는 일대일 또는 소집단 안에서 서로의 지식과 경험을 나누면서 서로 후원하고 도전하며 비전을 제시하

[그림 5-2] 일대일 제자양육 성경공부 개요

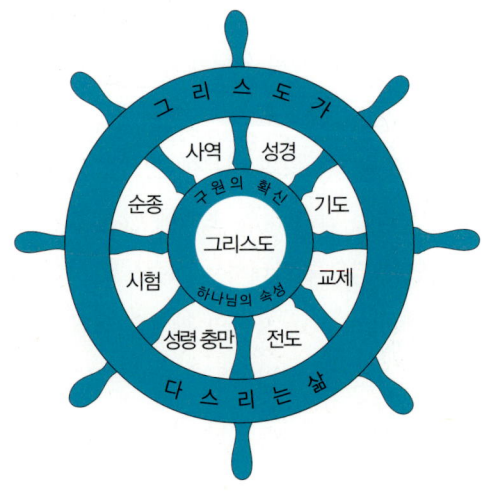

〈출처 : 두란노 편집부, 「일대일 제자양육 성경공부」, P. 49〉

는 영혼의 친구이다. 이들은 상호 위로자가 되고 치유자가 되며, 하나님 나라의 비전을 나누면서 자신, 이웃, 세계에 대한 인식을 변형시켜 간다. 새로운 영적 멘토링은 "비형식적이고, 상호적이며, 지시적이기보다는 제시적이고 소집단 안에서 모두가 참여하는 형태"가 되어야 한다.[12]

[그림 5-2]는 멘토링 방법을 교회에 적용해서 성공한 사례라고 할 수 있는 ○○교회의 일대일 제자양육과정을 보여 주고 있다. 일대일 제자양육 성경공부의 목표는 '그리스도 중심'의 그리스도인이 되는 것, '그리스도가 다스리는 삶'을 사는 것이다. 성경공부는 목회자가 가르치는 양육자 과정과 이를 수료한 평신도가 인도하는 동반자 과정이 있다. 이 두 과정 중 동반자 과정이 원칙적으로 일대일 방식으로 운영되며 보통 16번의 만남으로 진행되는데, 주로 교재를 중심으로 하여 말씀과 삶을 나눈다. 처음 네 번의 만남은 교회에서 지정된 강사에 의해 집단적으로 진행되고 나머지 열두 번은 일대일 방식으로 가정, 회사 등 어디서나 진행할 수 있다.

3) 소그룹(구역, 순, 셀)

[표 5-2] ○○교회 '소그룹 교회' 양육체계

1단계 (구원의 확신)	일대일 양육코스(새가족, 4주), 알파코스(주말 성령수양회, 11주), 셀목장 안에서 1:3 기도의 생활화, 열린 셀 예배
2단계 (확립)	Encounter(주말/내적 치유, 예수님과의 인격적 만남, 9개 강의), Post-Encounter(10주/10개 강의, 전도 실천)
3단계 (제자화)	셀 리더 학교(셀 방법론, 리더의 성품, 리더십의 원리 등 8강), 신약 세미나, 구약 세미나, 중보기도학교, 영적훈련과 성장, 전도학교, 상담학교, 성령 세미나, 가정 사역, 교사대학, 새가족 양육 교사학교, Open Cell, 비전트립
4단계 (파송)	셀 리더십과 코칭, 셀 사역, 팀 사역

〈출처 : 박요셉 외, 「제2회 바른 신학 균형목회 세미나 자료집」, PP. 229-240〉

"그들이 사도의 가르침을 받아 서로 교제하고 떡을 떼며 오로지 기도하기를 힘쓰니라"(행 2 : 42).

사도행전은 가정에서 모인 소그룹이 교회의 기반이었음을 보여 주고 있다. 당시 소그룹은 사도들의 가르침을 받았고, 서로 교제했고, 기도하기에 힘썼다. 뿐만 아니라 봉사하고 전도했다. 오늘날 교회가 하는 모든 기능을 소그룹이 한 것이다. 따라서 성경적 소그룹은 새신자를 가르치는 제자훈련의 기능을 포함해서 친교, 예배, 전도, 봉사 등의 기능을 균형 있게 수행하는 '교회 안의 작은 교회'라고 할 수 있다. 이런 소그룹은 교단에 따라 구역, 순, 셀 등의 다양한 명칭으로 불리고 있다. ○○교회는 '소그룹 교회'를 활성화하여 성도들을 건강한 리더로 세우고, 교회 전체의 모습이 예수님의 비전과 성품을 갖게 되는 것을 목표로 [표 5-2]와 같은 4단계 양육체계를 갖추고 있다.[13] 제1단계는 구원의 확신, 제2단계는 확립, 제3단계는 제자화, 제4단계는 파송으로 구성된다.

제2절 영적 성숙의 측정이 필요하다

교인들이 영적으로 성장하는 과정을 실제로 측정할 수 있을까? 그들의 영적 성장을 가로막는 장애물은 무엇이고, 반대로 촉진하는 요소들은 무엇일까? 호킨스와 파킨슨은 미국의 1,000개 교회들에서 25만 명이 응답한 조사자료를 기초로 교인들의 영적 성장 과정을 측정하고, 영적 성장의 장애물과 촉진요소들을 밝혀냈다.[14]

1. 영적 성장의 4단계

호킨스와 파킨슨은 앞에서 말한 '발견 프로젝트'(Reveal Project)를 통해 교인들을 영적 성장 단계에 따라 네 개의 그룹(segment)으로 세분하였다.

1) 구도자 그룹(Exploring Christ)

기본적으로 하나님을 믿지만 자신의 삶에서 그리스도와 그의 역할에 대해서 확신하지 못하고 있는 사람들이다. 이 사람들은 아직까지는 신앙의 가장자리에 있으면서 기독교의 핵심적인 믿음을 평가하고 그 믿음을 받아들인 사람들의 공동체를 주시한다. 이들은 교회에는 규칙적으로 출석하지만 그리스도와의 인격적인 관계는 맺고 있지 않다. 이 사람들의 영적 성장 속도는 매우 느리고 교회에 다닌 기간이 길수록 그리스도의 제자가 될 확률이 낮다.

2) 그리스도 안에서 성장하는 그룹(Growing in Christ)

이 교인들은 그리스도와 인격적인 관계를 맺고 있는 사람들이다. 자신의 영혼구원 및 영생과 관련해서는 그리스도를 믿기로 결단하였지만, 그분과의 관계를 발전시키는 것이 어떤 의미이며, 이를 위해서 무엇을 해야 할지에 대해서는 이제 막 배우기 시작하고 있다. 이 사람들은 영적 성장 단계에 속한 그룹들 중 가장 다수를 차지하고 있다. 이들은 사실상 모든 교회 활동, 특히 소그룹 및 봉사활동에 가장 적극적으로 참여하고 있으며, 영적 성장 속도는 느리지만 꾸준하다.

3) 그리스도와 친밀한 그룹(Close to Christ)

매일 그리스도에게 의존하는 사람들이다. 이들은 그리스도가 그들의 삶을 돕는 분이라고 인식하고, 매일 그들이 직면하는 모든 문제들에 대해서 그리스도께 도움을 구하고 인도하심을 기대한다. 이들의 특징은 언제나 하나님의 말씀을 듣고 하나님과 대화하고, 자신의 신앙을 공공연하게 드러낸다는 점이다. 그리고 십일조와 봉사에 대한 태도와 실천이 눈에 띄게 증가한다.

4) 그리스도 중심 그룹(Christ - Centered)

이 사람들은 하나님께 항복한 사람들이다. 이들은 그리스도와의 관계가 자신의 전체 생활에서 가장 중요한 관계라고 생각하고, 자신의 삶을 온전히 예수님과 그분의 관심에 헌신하며, 모든 것을 예수님의 뜻과 그분이 바라시는 것에 종속시킨다. 이들은 확실히 변화된 삶을 살아가는 그리스도의 일꾼들이다. 하나님에 대한 사랑이 이전 단계의 사람들보다 훨씬 크고 십일조와 봉사, 복음전도에 있어 다른 누구보다 더 열심이다.

[그림 5-3] 영적 성장의 4단계

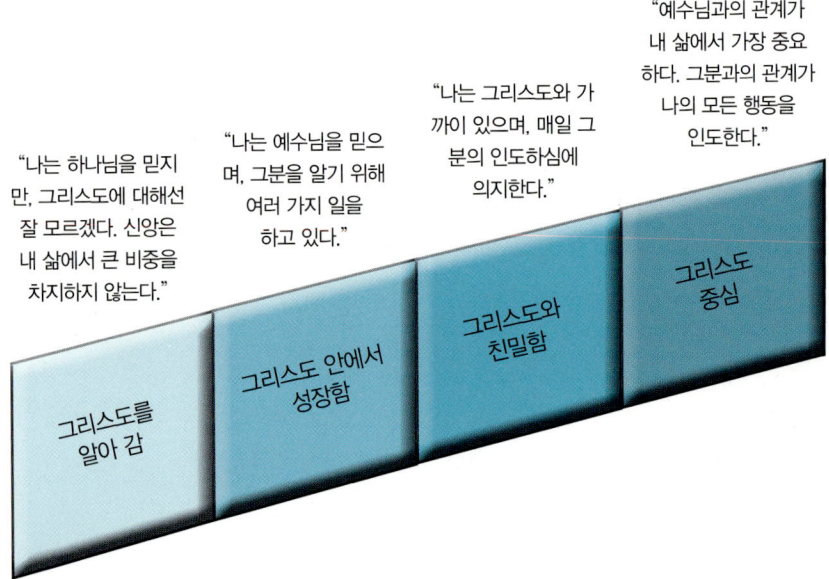

〈출처 : Greg L. Hawkins & Cally Parkinson, *Move*, P. 21〉

2. 영적 성장의 장애물

호킨스와 파킨슨은 교인들의 영적 성장을 방해하고 가로막는 장애물은 침체와 불만족이라고 한다. 스스로에 대해 침체되어 있다고 응답한 교인들의 비율은 교회에 따라 다르지만 평균 13% 정도이고, 거의 대부분이라고 할 수 있는 92%의 사람들이 신앙 여정 중에 침체를 경험한 적이 있다고 응답했다. 또한 모든 교회에는 '자신의 영적 성장에서 교회의 역할'에 대해서 어느 정도 불만을 표하는 교인들이 포함되어 있었다. 평균적으로는 전체 교인들의 18%가 이 그룹에 속했으나, 개별적으로 보면 한 자리 수에서 50% 이상에 이르기까지 교회마다 많은 차이가 있었다. 침체되어 있거나 불만을 가진 교인들의 비율은 평

균 26%, 즉 네 명 가운데 한 명이었고 이들의 대부분은 교회에 계속 머물 계획이라고 응답하였다.[15]

(1) 영적 침체

영적 침체를 경험하는 사람들은 영적으로 미숙한 단계에서 많이 나타났다. 영적 침체에 있는 교인들의 52%가 '그리스도 안에서 성장' 단계에 있었고, 21%가 그리스도를 알아 가는 '구도자 그룹'에 속한 사람들이었다. 이는 전체 교인에 비교해 볼 때 과반수가 넘는 높은 비율이었다. 침체 상태의 의미와 특징을 가장 명확하게 파악하기 위해 '그리스도 안에서 성장' 단계에 속하면서 침체된 사람들을 살펴본 결과 세 가지 특징을 발견하였다.

- 특징 1 : 신앙을 위해 거의 아무런 투자도 하지 않는다. 이들이 영적으로 충분히 성장하지 못했다는 점을 감안하더라도 침체되지 않는 이들과 비교할 때 훨씬 적은 시간과 노력을 신앙에 투자한다. 특히 이들은 규칙적으로 하나님과 소통하기 위한 노력을 거의 기울이지 않는다. 이것은 투자가 없으면 성장하지 않는다는 사실을 보여 주고 있다. 그리고 이들은 삼위일체 하나님과 은혜로 얻는 구원에 대해서는 믿고 있지만, '인격적인 하나님'을 믿는 데에는 어려움을 느끼고 있다.

- 특징 2 : 교회와의 연결이 약하고 교회에 대하여 더 많이 실망하고 있다. 이들은 다른 사람들만큼 교회 활동에 참여하지 않는 경향이 있으며, 교회와의 연결도 약하고, 교회 활동에 대한 만족도도 훨씬 낮다. 영적 성장 과정에서 '그리스도 안에서 성장'하는 단계에 속한 사람들에게 소그룹은 특히 중요하다. 침체되지 않은 사람들 중에서는 절반이 소그룹에 참여하고 있는 반면, 침체된 사람들은 3분의 1이 조금 넘는 사람들만이 소그룹에

참여하고 있었다.

- 특징 3 : 자신이 영적으로 침체되어 있다고 표시한 응답자들은 그 이유를 "신앙훈련의 부족"이라고 말한다. 이들 가운데 다수는 평범한 일상생활에 압도되어 '다른 활동을 우선시하느라' 신앙훈련을 하지 못하고 있는 것이다. 이것은 침체에서 회복된 사람들에게 침체를 벗어나기 위해 어떤 행동을 했는지를 물었을 때 그들이 제시한 답과는 뚜렷한 차이를 보여 준다. 그들은 '신앙훈련을 통해 하나님과 관계 맺기'와 '나 자신의 문제들과 맞붙어 싸우기' 등을 제시하고 있다.

(2) 불만

불만을 가진 사람들은 어떤 사람들인가? 이들은 영적 성장의 모든 단계에서 비슷하게 나타나고 있다. 다시 말하면, 영적으로 성숙한 단계에 있거나 미성숙한 단계에 있거나에 상관없이 거의 비슷한 비율로 불만족한 사람들이 있다는 것이다. 이것은 대부분의 교회들이 프리 사이즈 옷처럼 단 하나의 전략만으로 모든 성도들의 영적 필요를 채워 주려고 애쓰지만 어느 특정 그룹의 필요에 대해서는 부분적으로만 대응하고 있기 때문이다. 불만을 느끼고 있는 교인들이 교회에 가장 바라는 사항은 아래와 같다.

- 성경을 깊이 있게 읽도록 도와주세요.
- 그리스도와의 인격적인 관계를 발전시키도록 도와주세요.
- 성장할 수 있도록 도전해 주세요.
- 교회 지도자들이 성장의 모범이 되어 주세요.
- 소속감을 느낄 수 있게 도와주세요.

그리고 조사결과에 의하면 불만을 가진 교인들이나 만족한 교인들이나 교회에 바라는 최우선적인 요구사항은 유사하며, 영적 성장 단계별로 불만을 가진 교인들이 최우선적으로 바라는 사항들 역시 서로 비슷했다. 이 결과는 교회가 두 가지 목표에 집중한다면 불만을 가진 교인들이나 어느 영적 성장 단계에 속한 교인들이라도 그 필요를 채워 줄 수 있다는 것을 시사한다. 그 두 가지는 교인들이 성경을 깊이 이해할 수 있도록 돕는 일과 그리스도와 인격적인 관계를 발전시켜 나갈 수 있도록 돕는 일이다.

3. 영적 성장의 촉진요소

교회의 역할은 영적 성장의 각 단계에 있는 교인들을 그리스도 중심의 제자가 될 수 있도록 돕는 것이다. 호킨스와 파킨슨은 교인들을 한 단계에서 다음 단계로 변화시키는 결정요인 25개를 제시하고 있다([표 5-3] 참조).[16]

1) 촉진요인과 영적 성장 단계

'발견 프로젝트'는 영장 성장을 촉진하는 25개의 요인을 크게 영적 신념과 태도, 조직적인 교회활동, 개인적인 신앙훈련, 다른 사람들과 함께하는 영적 활동 등 크게 네 가지로 구분하고, 이들 촉진요인과 영적 성장 단계와의 관계를 연구한 결과를 아래와 같이 제시하고 있다.[17]

(1) 영적 신념과 태도

신념과 태도는 우리가 무엇을 진실과 현실로 받아들이는지에 따라 결정된다. 발견 프로젝트 팀은 여러 영적 단계에 있는 사람들에게 기독교의 핵심적인 영적 가치들에 동의하고 있는지를 물어 그들의 영적 신념과 태도를 측정했다.

[표 5-3] 25가지 영적 성장 촉진요소

여덟 가지 영적 신념과 태도	여섯 가지 교회 활동
1. 은혜로 얻는 구원	1. 교회봉사
2. 삼위일체	2. 주일 예배
3. 인격적인 하나님	3. 소그룹
4. 그리스도를 첫 자리에 모심	4. 교회를 통한 구제 봉사활동
5. 성경의 권위	5. 영적 주제에 대한 성인교육과정
6. 그리스도 안에서의 정체성	6. 그 밖의 다른 가르치는 활동/예배 참석
7. 나의 삶을 드림	
8. 청지기 정신	

일곱 가지 개인적인 신앙 훈련	다른 사람들과 함께하는 네 가지 영적 활동
1. 성경 묵상	1. 영적 우정
2. 성경 읽기	2. 전도
3. 인도하심을 구하는 기도	3. 개별적인 구제 활동
4. 죄를 고백하는 기도	4. 영적 멘토
5. 십일조	
6. 일기 쓰기	
7. 고독의 훈련	

〈출처 : 앞의 책, P. 123〉

　연구 결과를 보면, 제1단계 변화에서는 '은혜로 얻는 구원'에 대한 신념이 가장 파급력이 큰 촉진요소였으나, 제2단계 변화에서는 '인격적인 하나님', 그리고 제3단계에서는 '나의 삶을 드림'이 가장 중요한 촉진요소라는 것을 알 수 있다. 연구 결과는 교인들이 기독교의 핵심 신념을 받아들이지 않는다면 영적 성장을 할 수 없고, 그 누구도 이 여덟 가지 신념들을 한꺼번에 받아들일 수는 없다는 것을 시사하고 있다.

(2) 조직적인 교회활동

교회가 교인들의 영적 성장을 위해서 할 수 있는 최선의 활동은 교인들에게 봉사경험을 제공하는 것임을 알 수 있다. 봉사가 세 번의 변화단계에서 모두 가장 중요한 촉진요소로 나타났는데 제1단계에서는 '교회봉사'가, 제2단계와 제3단계에서는 '교회를 통한 구제 봉사활동'이 영적 성장에 가장 중요한 촉진요소였다. 그리고 영적 성장을 촉진시키는 교회의 활동은 주로 제1단계와 제2단계의 변화에만 유효하고, 주일예배처럼 교회의 자원을 대부분 사용하는 활동들은 제1단계 변화에서만 어느 정도 중요성을 보이고 있는 것으로 나타났다. 교인들이 영적으로 성숙해질수록 주일예배 참석이나 주일예배에 대한 만족도는 떨어지지 않지만 그저 안정적인 상태에 머문다. 주일예배 이외에 '그 밖의 다른 교회활동', 예를 들면 '소그룹'은 제1단계와 제2단계에서 중요한 촉진요소로 나타났으며, '영적 주제에 대한 성인교육과정'은 제2단계 변화에서 중요한 촉진요소였다.

(3) 개인적인 신앙훈련

모든 영적 성장 단계의 교인들에게 가장 강력하게 영향을 미치는 개인 신앙훈련은 '성경 묵상'이다. 모든 영적 단계에서뿐만 아니라 세 번의 변화단계에서도 가장 강력한 촉진요인이었다. 구체적으로 살펴보면 가장 성숙한 그룹인 '그리스도와 친밀한' 단계와 '그리스도 중심' 단계에 있는 교인들의 경우, 성경묵상이 그들의 영적 성장을 촉진시킨다고 응답한 비율이 목록에 있는 다른 촉진요소들보다 두 배 이상 높았다. 이런 결과가 교회 지도자들에게 주는 시사점은, 교인들이 규칙적으로 성경을 읽고 묵상하도록 도전하고 그것을 실천하도록 다양한 방법을 제공하고 격려해 주어야 한다는 것이다.

(4) 다른 사람들과 함께하는 영적 활동

이런 유형의 활동은 다른 사람들과 관계를 맺고 좀 더 공개적으로 자신의 신앙을 드러내는 것이기 때문에 대부분의 교인들에게 어느 정도 위험을 감수해야 하는 행동이다. 공개적으로 활동하는 것에 대한 위험을 감수하지 않고는 교인들은 충분한 영적 성장을 이룰 수가 없다. 연구 결과를 보면 '영적 우정'과 '영적 멘토' 등 영적인 관계가 영적 성장의 모든 단계에서 매우 중요한 촉진요소였다. 교인들의 신앙의 성숙도에 따라 제1단계에서는 '영적 우정'이 가장 중요하고, 제2단계에서는 '영적 우정'과 '영적 멘토'가 중요하고, 제3단계에서는 '영적 멘토'가 가장 중요한 요소가 된다. 그리고 교인들의 영적 성장과 변화를 촉진하는 가장 강력한 공개적 요소는 제2단계, 제3단계 모두 '전도'임을 보여 주고 있다. 전도는 영적 성장의 원인이며 동시에 결과이다. 신앙을 공개적으로 드러내는 것에 대한 두려움이야말로 영적 성장에서 최후의 격전지임을 시사하고 있다.

제3절 맞춤형 양육 전략이 필요하다

1. 영적 단계별 5대 촉진요소

[그림 5-4]에서 보는 바와 같이 호킨스와 파킨슨은 교인들의 영적 단계에 따라 그들의 변화를 촉진하는 다섯 가지 핵심요소를 제시하고 있다.[18] 이것은 교인들의 영적 단계에 따라 영적 성장의 촉진요소가 다르다는 것을 말하며, 따라서 교회 지도자들은 교인들을 영적 성장 단계에 따라 세분하고 각 세분 그룹별로 나누어서 양육해야 한다는 것을 시사한다.

2. 제1단계 변화를 위한 양육 전략

1) 변화의 특징과 양육 목표

[그림 5-4] 영적 단계별 성장 촉진요소

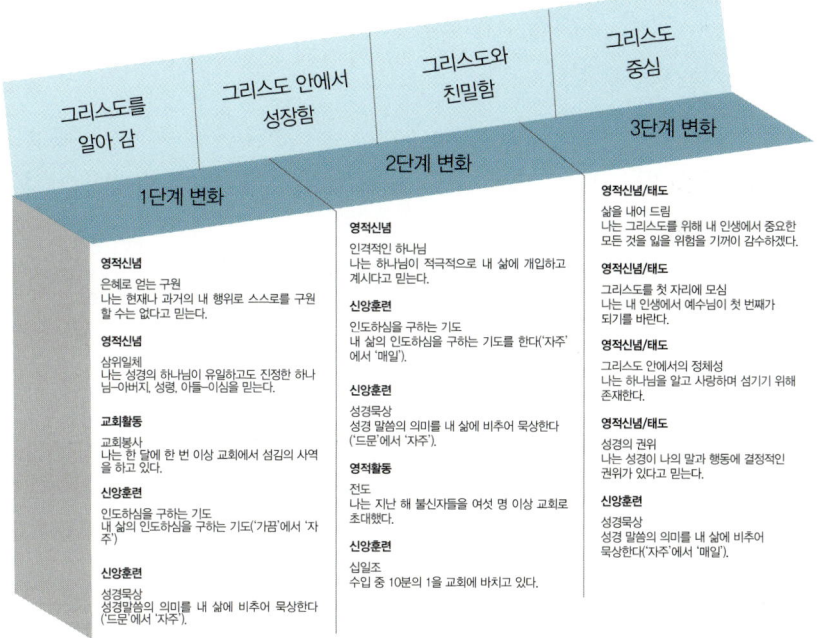

〈출처 : 국제제자훈련원, 「무브」, 2014, PP. 217, 244, 271〉

제1단계 양육전략의 목표는 '구도자' 그룹에 속해 있는 사람들을 '그리스도 안에서 성장'하는 그룹에게로 움직이게 만드는 것이다. 구체적으로 말하면 그리스도를 인격적으로 영접하도록 만드는 것이 제1단계 양육전략의 목표라고 할 수 있다. 이를 위해서 교회가 해야 할 가장 중요한 역할은 교인들에게 영적 성장의 기회를 제공하고 그리스도에 대한 신뢰를 형성하도록 돕는 것이다. 실제로 제1단계 변화에서 교인들의 교회 활동 참여율이 급격히 상승하고 동시에 '은혜로 얻는 구원'이나 '삼위일체' 등 기독교의 신념과 가치에 동의하는 사람들의 비율이 극적으로 증가한다.

2) 주요 촉진요소

제1단계 변화를 경험하는 사람들의 영적 성장을 돕는 가장 중요한 촉진요소 다섯 가지는 다음과 같다.

① 은혜로 얻는 구원에 대한 신념 : 나는 현재나 과거의 내 행위로 스스로를 구원할 수 없다고 믿는다.
② 삼위일체에 대한 신념 : 나는 성경의 하나님이 유일하고도 진정한 하나님 — 아버지, 아들, 성령 — 이심을 믿는다.
③ 교회 봉사 : 나는 한 달에 한 번 이상 교회 사역으로 봉사하고 있다.
④ 인도하심을 구하는 기도 : 나는 일주일에 서너 번 이상 기도를 한다.
⑤ 성경의 의미를 자주 묵상하는 것 : 그것이 내 생활에 어떤 영향을 미치는가?

중요도에 따라 나열된 다섯 가지 촉진요소들은 신앙의 방관자로 있던 사람들을 예수 그리스도와의 관계 속으로 이끄는 데 가장 자주 언급되는 결정요인들이다. 이 순서를 보면 대부분의 경우 은혜로 얻는 구원에 대한 신념이 제1단계 변화의 가장 큰 결정요인임을 알 수 있다. 두 번째 요인인 삼위일체에 대한 신념이 미치는 영향력은 제1요소보다 약 10% 정도 약한 것으로 나타났고, 그 뒤를 이은 촉진요소들은 순서에 따라 10% 정도씩 영향력이 적어져서 제5요소('성경 묵상')는 제1요소에 비해 40% 이상 영향력이 감소하는 것으로 나타났다.

3) 교회가 돕는 방법

위의 다섯 가지의 요소들은 한 사람의 영적 여정에서 거쳐 가는 경유지라고 볼 수도 있지만, 유일한 길은 아니다. 은혜로 얻는 구원에 대한 신념이 가장 상위에 있다고 해서 다른 신념들이 덜 중요하다는 것도 아니다. 다만, 목적지로 갈 때 가장 넓은 보폭으로 걸을 수 있게 해 준다는 의미이지, 이 요소만 가지고 목적지에 도착할 수는 없다. 제1단계 변화의 목표에 도달하려면 삼위일체에 대한 신념이나 교회봉사와 같은 다른 경유지도 만들어야 한다. 초신자들에게 신앙을 소개하는 일에 관해서는 릭 워렌의 「새들백교회 이야기」에서 제시한 야구의 '내야 사각형'이라는 양육 모델이 경이적이고 성공적인 성과를 보여 준다는 사실을 많은 교회들이 증거하고 있다. 이 모델은 제1단계 변화를 지나는 사람들의 필요를 채워 주는 '비전/신념 + 봉사와 공동체적 교제의 기회 + 기본적인 신앙훈련'이라는 간단한 공식을 뒷받침하고 있다.

3. 제2단계 변화를 위한 양육 전략

1) 변화의 특징과 양육 목표

제2단계 변화는 '그리스도 안에서 성장'하는 사람들이 '그리스도와 친밀'한 사람들로 변화하는 과정을 말한다. 대부분 교회에서 약 40%에 속하는 사람들이 '그리스도 안에서 성장'하는 그룹에 속해 있다. 이들은 인격적인 관계를 통해 하나님을 적극적으로 자기의 삶에 개입하는 분으로 인식하는 과정에 있다. 하나님과 소통하는 횟수와 강도가 크게 상승하고 아웃리치 등 공개적인 자리에서 자신의 신앙을 삶으로 구현해 나감으로 제2단계 변화를 시작한다. 교회의 양육 목표는 이들을 '그리스도와 친밀'한 그룹으로 움직이게 만드는 것이다.

2) 주요 촉진요소

① 인격적인 하나님에 대한 신념 : 나는 하나님이 적극적으로 내 삶에 개입

하신다고 믿는다.
② 인도하심을 구하는 기도 : 매일
③ 성경 묵상 : 자주
④ 불신자들과의 의미 있는 영적인 대화 : 연 6회 이상
⑤ 십일조

'그리스도 안에서 성장'하는 교인들이 상위에 있는 세 가지 촉진요소 중에서 어느 하나를 경험하게 되면 네 번째나 다섯 번째 요소보다 훨씬 더 먼 거리를 이동할 수 있다. 조사결과에 따르면 제2단계 변화에 가장 영향을 미치는 촉진요소는 '인격적인 하나님에 대한 신념'으로 '인도하심을 구하는 기도'(제2요소)에 비해 10% 정도 더 영향을 미친다. 또한 제2요소는 '성경 묵상'에 비해 10% 정도 더 영향력을 미치는 것으로 나타났다. 그러나 제4촉진요소 및 제5촉진요소는 상위 세 개 요소들에 비해 약 절반 정도의 영향력만 미친다.

3) 교회가 돕는 방법

제2단계 변화의 핵심은 개인적인 신앙훈련에 있다. '그리스도 안에서 성장'하는 교인들을 교회가 돕는 방법은 교인들이 인격적인 하나님에 대한 확신을 갖게 하고, 매일 하나님의 인도하심을 구하는 기도를 습관화하도록 도우며, 성경 묵상을 독려하는 것이다. 구체적으로 예를 들면, 주중(수요예배) 성경공부 시리즈를 개설하여 담임목사가 가르치고, 이것을 소그룹(구역예배)에서 활용하게 하는 방법이 있다. 또한 하나님을 인격적으로 경험할 수 있도록 성령의 충만함과 인도하심을 구하는 기도 모임과 공개적으로 신앙을 증거할 수 있는 아웃리치 기회를 제공하는 것 등이 제2단계 변화에 효과적이다.

4. 제3단계 변화를 위한 양육 전략

1) 변화의 특징과 양육 목표

제3단계 변화는 '그리스도와 친밀한' 사람들이 '그리스도 중심'의 사람들로 변화하는 것을 말한다. 영적인 변화 과정의 전체를 볼 때, 그리스도와 친밀한 단계와 그리스도 중심 단계 사이에는 가장 넓은 간격이 있다. 제3단계 변화는 강한 믿음을 가지긴 했으나 여전히 그리스도와 일정한 거리를 두고 사는 그리스도인들이 자신을 온전히 그리스도에게 항복하고 그리스도 중심으로 사는 제자가 되는 것이다. 제3단계 변화를 위한 양육 목표는 한마디로 '그리스도 중심의 제자 만들기'라고 할 수 있다.

제3단계 변화의 핵심은 "나는 그리스도를 위해 내 삶에서 가장 중요한 모든 것을 잃을 위험을 기꺼이 감수하겠다."는 진술 속에 나타나 있다. 이러한 변화는 영적 신념보다는 하나님에 대한 사랑을 겉으로 표현하는 태도가 훨씬 더 중요한 촉진요소로 작동한다. 이 단계에서는 사랑과 희생의 의지를 드러낸 성도들의 비율이 급격히 증가한다. 또한 제3단계 변화는 거의 대부분 아웃리치 활동 등의 교회 바깥을 향한 사역에 참여할 때에 일어난다. 이것은 제3단계 변화를 경험한 '그리스도 중심'의 제자들에게는 '하나님 사랑'과 '이웃 사랑'이 하나로 통합되어 있다는 것을 보여 주는 것이다.

2) 주요 촉진요소

'그리스도 중심'의 제자가 되는 제3단계 변화에서 가장 큰 영향력을 미치는 다섯 가지 촉진요소는 제1단계 변화나 제2단계 변화에 영향을 미치는 촉진요소들과는 크게 다르다. 중복되는 것은 '성경 묵상' 하나밖에 없다. 나머지 네

개는 내면의 변화와 관련되어 있는데 아래와 같다.

① 삶을 내어 드림 : 나는 그리스도를 위해 내 인생에서 중요한 모든 것을 잃을 위험을 기꺼이 감수하겠다.
② 그리스도가 최우선임을 결단함 : 나는 내 인생에서 예수님이 첫 번째가 되기를 바란다.
③ 그리스도 안에서 정체성을 확정함 : 나는 하나님을 알고 사랑하며 섬기기 위해 존재한다.
④ 성경의 권위를 믿음 : 나는 성경이 나의 말과 행동에 결정적인 권위가 있다고 믿는다.
⑤ 매일 성경을 묵상함 : 자주가 아니라 매일 성경을 묵상한다.

구체적으로 최상위 촉진요소인 "모든 것을 잃을 위험을 기꺼이 감수하겠다."는 요소는 제4촉진요소 및 제5촉진요소보다 세 배나 더 큰 영향력이 있는 것으로 나타났다. 그러므로 성도들이 '그리스도 중심'의 단계로 변화되기 위해서는 최상위 요소에 전적으로 동의하는 것이 필수적이라 할 수 있다.

3) 교회가 돕는 방법

교회는 제3단계 변화를 위해서 성도들을 어떻게 돕는 것이 효과적일까? 조사 결과는 아웃리치의 숫자를 늘리는 등 여러 가지 섬김의 기회를 제공하는 것이 한 방법이기는 하지만 그것이 가장 효과적이지는 못했다고 한다. 가장 효과적인 방법은 교회의 최고 사명이 성도들을 '그리스도 중심'의 제자로 만드는 것이라는 것을 확실히 하고, 교회의 모든 자원과 에너지를 이 일에 집중적으로 사용하는 것이다. 말하기는 쉽지만 교회 지도자들이 주일예배, 당회 모임, 직원 채용, 재정관리 등 매일 결정해야 할 일들이 산적한 상황 속에서 이 목적을 향해 나아가기란 무척 어려운 일이다. 그럼에도 불구하고 여러 교회들의 사례는 "교회의 모든 것은 단순히 활동을 만드는 것이 아니라, 삶을 변화시키는 제자도의 목표를 위해 바쳐져야 하며, 그것을 모든 사역의 최우선 순위로 삼는 것에서 시작된다."는 것을 보여 주고 있다.

▎제4절 영적 성숙을 이끄는 리더십은 무엇인가?

호킨스와 파킨슨은 '발견 프로젝트'를 통해 최고로 열정적인 25개 교회의 지도자들은 사람들을 움직이게 하고, 모든 것을 성경 안에 뿌리박게 하고, 주인의식을 만들어 내고, 지역공동체를 목회하는 등 네 가지 모범 기준을 추구하는 영적 리더십을 발휘하고 있다는 것을 밝혀냈다.[19] 네 번째로 언급한 '지역공동체를 목회한다'는 것은 제4장에서 이미 설명했으므로 여기서는 생략하고 세 가지만 설명하려고 한다.

1. 사람들을 움직이게 하라.

교회 지도자들은 교회에 오는 사람들에게 그들이 영적 여정에서 밟아 나갈 단계들을 분명하게 알려 주고, 지원해 주고, 강력히 추진한다. 사람들을 변화의 길로 움직이게 하는 세 가지 전략이 있다.

1) 전략 1 : 목표점을 분명하게 설정한다.

열정적인 교회들의 교인들은 교회의 최우선 순위가 자신들을 예수 그리스도의 헌신된 제자로 성장하도록 돕는 것이라는 것과, 이를 위해 교회가 능력이 닿는 한 모든 힘을 다한다는 것을 알고 있다. 또한 그들은 제자가 되는 것의 의미를 어떻게 정의하고 있는지를 알고 있다.

2) 전략 2 : 영적 점프 스타트(Spiritual Jump-Start) 프로그램을 필수화한다.

열정적인 교회들은 주일예배 시간에 '영적 점프 스타트' 프로그램을 광고하고, 교회의 우선순위에 대해서 쓴 보조 문서를 통해서도 이 프로그램이 필수과정임을 강조하여 그 절대적인 필요성을 표현한다. 열정적인 교회들은 '목적이 이끄는 삶' 또는 '알파 프로그램'처럼 표준화된 프로그램을 사용하거나 아니면 자체 개발한 프로그램을 사용하는 등 영적 점프 스타트 프로그램을 필수화하여 운영한다.

3) 전략 3 : 담임목사를 챔피언으로 만든다.

담임목사가 교회에 새로 온 사람들에게 영적 점프 스타트 프로그램에 참석하는 것이 최우선 순위임을 강력하게 주장하고 여기에 참석할 것을 독려한다. 또한 많은 경우, 담임목사가 한 개 이상의 강좌를 맡아 직접 가르치고, 특히 교회의 비전을 제시하는 일은 직접 한다.

2. 모든 것을 성경 안에 뿌리박게 하라.

"교회 지도자들은 무언가에 베였을 때 피부에서 성경이 흘러나와야 한다." 텍스스 달라스의 워터마크교회 담임목사 토드 와그너의 말이다. 이는 교회 지도자들이 모범이 되어 교회와 일상생활 속에서 성경을 읽고 배우는 일을 핵심적인 가치로 세워야 함을 말한다. 성경 읽기와 묵상에 대한 헌신이 강대상으로부터 일반 성도들에게까지 흘러내려 온다. 하나님의 말씀이 모든 논의와 활동, 의사결정에서 언제나 중심축의 역할을 한다. 모든 것을 성경 안에 뿌리박기 위한 세 가지 전략은 아래와 같다.

1) 전략 1 : 설교할 때 성경을 주요리로 삼는다.

최고의 모범 교회들은 공통적으로 강해식 설교를 선택했다. 담임목사는 설교 준비를 성경으로 시작하고, 말씀을 삶에 적용하는 것으로 마친다. 주제 설교를 할지라도 성경에서 삶의 적용점을 찾아내려고 애쓴다. 또한 담임목사는 성경을 가르치는 사역에 가장 많은 시간을 할애하며 교인들이 성경을 사랑하고 내면화하도록 가르친다.

2) 전략 2 : 실천 가능하도록 돕는다.

최고의 모범 교회들은 성경 읽기와 묵상을 실천적이고 의미 있으며 다가가기 쉽게 기획해서 가장 바쁜 일정 속에서도 성도들이 실천할 수 있게 돕는다. 예를 들면, 10/10 서약문을 만들고 성도들을 격려한다. 하루에 10분 성경 읽기, 하루에 10분 기도하기, 소그룹에 들어가 10명의 사람들과 교제하기, 10명의 사람들이 그리스도를 영접하도록 가르치기 등이다.

3) 전략 3 : 성경을 교회의 근간으로 삼는다.

최고의 모범 교회들은 어디를 둘러보든 성경에서 인도하심과 영감을 얻는다. 교회의 지도자들이 성경을 대하는 태도와 방식이 성경이 말하고 있는 바를 가르치는 일보다 더 중요하다. 예를 들면, 직원회의 때나 성경공부 시간에 성경구절을 암송하고 나누는 것은 물론, 사회문제에 관해서도 성경을 중심으로 이야기하는 것이 중요하다.

3. 주인의식을 만들어 내라.

최고의 모범 교회들은 교인들이 교회에 대해서 자신들만의 비전을 갖게 하면서 그것을 교회의 정체성의 일부로 편입하게 한다. '나는 교회에 가는 것이 아니다. 내가 바로 교회다.'라는 의식을 갖게 하는 것이다. 교인들에게 주인의식을 갖게 하는 세 가지 전략은 아래와 같다.

1) 전략 1 : 교인들 스스로 교회가 될 수 있도록 권한을 준다.

이것은 목회자와 평신도를 구분하는 사고방식을 타파하는 만인제사장적 전략이라 할 수 있다. 목회자와 평신도 사이의 경계를 흐려 놓음으로써 평신도들에게 높은 수준의 사역 책임을 지우고, 그들이 창조적인 방식을 사용해서 사람들을 감동시켜 일상생활 속에서 그리스도를 닮은 행동을 실험하게 하는 전략이다.

2) 전략 2 : 사람들이 성공할 수 있도록 준비시킨다.

단순히 권한을 주는 것만으로는 충분하지 않다. 실제 행동의 성과와 책임에 대하여 높은 기준을 설정해 주고, 그들이 이 기준에 도달하기 위하여 필요한 도구를 제공하고 교육시킨다. 예를 들면 등록교인이 되기 위해서는 소정의 교육을 받도록 하고, 등록교인이 된 다음에는 다른 사람들의 멘토가 되기 위하여 멘토 교육을 받게 하는 식이다.

3) 전략 3 : 사람들을 지속적으로 책임진다.

최고의 모범 교회들은 교인들에게 영적 거울이 필요하다는 사실을 이해하고 있다. 교인들은 그리스도와 동행할 때 걷게 되는 오르막길과 내리막길을 좀 더 수월하게 다니도록 도와주는 안전한 관계 네트워크가 필요하다. 다수의 교회들은 엄청난 시간과 자원을 투자해 소그룹 기반을 구축하고 교인들을 지속적으로 책임진다.

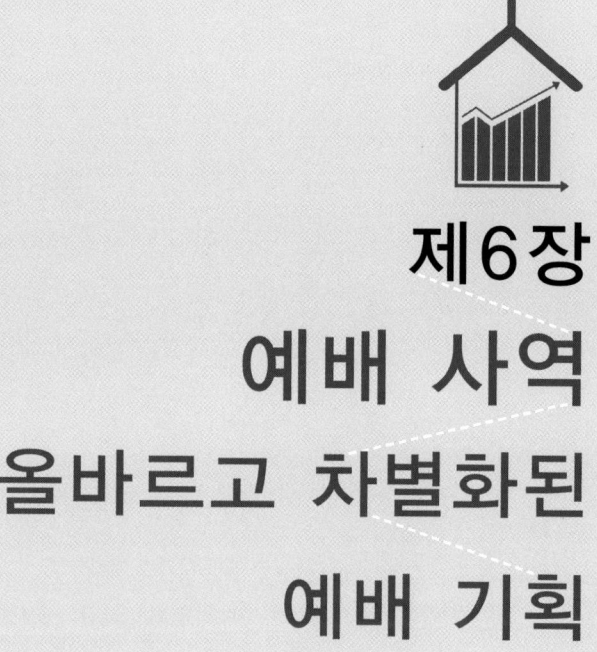

제6장
예배 사역
올바르고 차별화된 예배 기획

제1절
올바른 예배의 목표 · 흐름 · 스타일

제2절
예배의 차별화 사례

제3절
예배 사역을 조직화하라

제6장
예배 사역
올바르고 차별화된 예배 기획

> 아버지께 참되게 예배하는 자들은 영과 진리로 예배할 때가 오나니 곧 이때라 아버지께서는 자기에게 이렇게 예배하는 자들을 찾으시느니라 하나님은 영이시니 예배하는 자가 영과 진리로 예배할지니라(요 4 : 23-24)

[도입사례] 설교자 중심의 예배가 한계다.

언제나 뜨거운 분위기, 한 성경과 찬송가 사용, 전도를 지향하는 복음주의적 분위기, 모이면 말씀을 듣는 특징을 갖고 있는 한국교회 예배는 또한 많은 한계를 갖고 있는데 그 첫째 한계는 설교자 중심의 예배라는 것이다. 한국교회에서는 말씀 중심의 예배라는 교회의 공통의 목표에 집중한 나머지, 설교에 의해 성패가 좌우되는 예배를 드린다는 지적이 많다. 설교 시간이 예배의 클라이맥스일 뿐 아니라 모든 예배 순서가 이를 위해서 존재하는 것처럼 진행되고 있는 현상 때문이다. 예배의 중심이 설교라면 결국 예배자들의 모든 시선이 설교자에게 모아진 채 예배가 드려질 수밖에 없다. 그렇다면 설교자의 그날의 준비와 얼굴 표정과 영적 상태가 그날 예배의 결정적 요소가 된다. 예배에서 설교가 중요시되는 것은 한 시간의 예배 시간 중에 25~35분 소요되는 설교의 비중을 생각할 때 당연한 결과라고 할 수 있다. 그러나 그렇다고 해서 설교 외의 다른 순서를 보조적 역할로 격하할 수는 없다. 예배의 내용이 하나님께 향하는 순서와 회중에게 향하는 순서로 나누는 게 당연하다면 양쪽 순서가 모두 예배에서 고유한 역할을 해야 함은 두말할 나위가 없다.

〈출처 : 김세광, "한국교회 예배 갱신을 위한 제언",「제1회 바른 신학, 균형목회 세미나 자료집」, 한들출판사, 2008, PP. 154-155〉

제1절 올바른 예배의 목표 · 흐름 · 스타일

목회자는 성경적으로 바른 예배, 동시에 공동체의 정체성을 표현하는 예배를 디자인하고 싶어 한다. 그렇다면 어떻게 바른 예배, 차별화된 예배를 기획할 수 있을까? 예배를 기획하기 위해서는 먼저 예배의 목표를 바르게 세우고 그 순서와 방식을 정하는 것이 필요하다.

1. 예배의 목표 : 예수 그리스도

여러 전통의 예배학자들이 내린 정의를 살펴보면 예배에는 두 가지 핵심적인 내용이 있다. 먼저는 예수 그리스도 안에 나타난 하나님의 계시요, 그 다음은 하나님의 계시에 대한 인간의 응답이다. 그래서 주승중은 "예배는 예수 그리스도 구속의 사건 안에 나타난 하나님의 사랑과 은혜에 대한 인간의 응답이다."라고 정의한다.[1] 김경진은 "넓은 의미로 예배는 인간의 말과 행위로 신께 드리는 인간의 자기 수여(self-giving)이다. 그리고 이 예배 속에서 하나님은 또다시 신의 말과 행위로 자신을 내어 줌(self-giving)으로써 인간에게 다가오신다. 이러한 자기 수여를 통하여 인간은 하나님과의 만남을 경험하게 되는데 바로 이것이 넓은 의미의 예배이다. 즉, 예배란 신과 인간, 초월과 한계가 접하는 만남이다."라고 정의한다.[2] 따라서 바른 예배는 하나님과 인간의 만남을 위해 성육신하신 예수 그리스도 중심의 예배이다. 콘스탄스 체리(Constance M. Cherry)는 그의 저서 「예배 건축가」에서 그리스도 중심의 예배를 다음과 같이 설명한다.[3]

1) 그리스도 중심을 인정하라.

예배에서 성도들이 예수님께 주의를 집중하도록 기획하는 것이 중요하다. 만일 예배에서 그리스도가 아닌 다른 것이 앞서거나 중심에 있다면 주변으로 옮기거나 버려야 한다. 그리스도의 우선순위를 인정한다는 것은 예배에서 예수의 이름으로 기도하고, 예수의 이름을 높이는 찬송가를 부르고, 또한 그리스도의 삶, 죽음, 부활, 승천, 재림에 대한 이야기가 예배의 내용이 된다는 것을 말한다.

2) 주의 임재를 맞이하라.

기독교 예배에서 가장 중요한 성경적 원리는 주의 임재를 깨닫는 것이다. 공동체가 예배하기 위해 모일 때마다 살아 계신 주님을 만나는 경험을 하게 돕는 것이 중요하다. 어떻게 도울 것인가? 성도들이 예배하러 모일 때마다 "두세 사람이 내 이름으로 모인 곳에는 나도 그들 중에 있느니라"(마 18 : 20)라고 약속하신 그리스도의 실재를 기대하고 맞이하도록 도우라.

3) 예수님의 제사장 역할에 복종하라.

예수 그리스도 중심의 예배는 그리스도의 제사장 역할을 인정하고 그에 복종하는 예배를 말한다. 다시 말하면, 목회자가 교인들에게 예배를 제공하는 것이 아니라 그리스도께서 우리의 예배를 중재하시고 인도하시도록 우리를 내어 놓는 것이 예배의 기초라 할 수 있다. 예수 그리스도는 대제사장으로서 우리의 예배를 중재하신다(히 9 : 11-14, 딤전 2 : 5). 또한 부활하신 예수님은 우리를 인도하셔서 우리의 불완전한 예배를 하나님을 기쁘시게 하는 예배로 바꾸신다(히 7 : 19-25, 8 : 1-2, 13 : 15).

4) 세상을 향한 그리스도의 열정을 품어라.

그리스도 중심의 예배는 예배자들이 그리스도를 만나고 변화되어 그리스도께서 세상을 향해 품으신 것과 동일한 열정을 품게 한다. 참된 예배는 예배자들을 변화시키고, 그들이 하나님의 영광을 위하여 하나님의 나라를 구현하려는 열정을 품고 그리스도에게 순종하게 한다. 순종과 삶의 변화가 없는 예배는 진정한 예배라 할 수 없다. 예수님은 예배 의식과 공의와 사랑의 실천 사이에 일관성이 없는 서기관들과 바리새인들을 경고하셨다(마 6 : 1-2, 23 : 2-36).

2. 예배의 흐름 : 사중 구조

1) 사중 구조의 의미

기독교의 다양한 전통에 따라 예배의 순서가 다를 수 있고, 예배의 순서를 정하는 방법도 여러 가지가 있으나, 일반적인 순서는 모임, 말씀, 성찬, 파송의 사중 구조로 되어 있다. 사중 구조의 예배순서는 두 개의 주요 자료로부터 왔다.[4] 첫 번째 자료는 성경이다. 구약에서 하나님/인간의 대화에서 찾을 수 있고(출 3:1-12, 사 6:1-8), 신약에서는 1세대 기독교 공동체가 집에 모일 때 사도들의 가르침, 교제, 떡을 뗌, 기도가 있었던 것을 들 수 있다(행 2:42). 두 번째 자료는 교회의 초기 역사적 문서들인데, 말씀과 성찬을 중심으로 하는 예배시간이 확장되어 모이고 흩어지는 시간이 포함되었다. 이로부터 연속되는 네 개의 일반적인 순서, 즉 모임(입장), 말씀, 성찬, 파송(해산)이 생겨났다.

예배 순서의 사중 구조는 예배가 살아 움직이는 하나의 여정임을 나타낸다. 예배자는 세상 속의 삶으로부터 움직여서 하나님의 임재로 나아와서(모임), 하나님의 말씀을 듣고(말씀), 그리스도를 기념하고(성찬), 하나님을 만남으로 인해 변화되어서 세상으로 보냄 받는다(파송). 또한 사중 구조는 하나님의 구원 계획을 나타낸다. 즉, 예수 그리스도는 우리에게 다가오셔서, 진리를 계시하시고, 우리는 초청에 응답해서 복음의 요구를 받아들이고, 하나님의 나라를 구현하기 위해서 세상으로 보냄 받는다는 것이다. 이와 같이 사중 구조 예배순서는 예수 그리스도의 복음 이야기를 보여 주고 있다.[5]

2) 사중 구조의 예시

로버트 웨버(Robert E. Webber)는 예배의 역사적이고 전통적 측면과 현대적 예배의 장점을 결합시킨 컨버전스 예배(Convergence Worship) 순서를 아래와 같이 제시하였다.[6]

(1) 입례(Acts of Entrance)
　　모임(The Gathering)
　　　-찬양대의 비공식적 찬양

－공식적 오르간 전주
　　－악기 연주
　　－알림
　　－환영의 말
　　－회중이 담당한 리허설
　　－묵상
예배 시작을 알림
입례송
인사
기원 혹은 모임을 위한 기도
자백과 용서
찬양
시작 기도

(2) 말씀 예전(Service of The Word)
　성경 봉독
　　　－공식적인 순서
　　　　　구약 말씀 봉독
　　　　　시편 응답 말씀
　　　　　서신서
　　　　　성가 또는 찬송가
　　　　　복음서
　　　－비공식적인 순서
　　　　　첫 번째 말씀 봉독
　　　　　찬양대의 응답송

　　　　　　두 번째 말씀 봉독
　　설교
　　말씀에 대한 응답
　　회중의 기도
　　평화의 인사 나눔
　　헌금/성찬 빵과 포도주 봉헌

(3) 감사 예전(The Service of Thanksgiving)
　　주님 식탁에서의 감사
　　　　-성찬을 받기 위한 준비 기도
　　상투스(Sanctus)
　　제정에 대한 설명
　　　　-기념
　　　　-환호(예수 그리스도의 죽으심, 부활, 재림을 외침)
　　　　-성령님께 간구
　　　　-성찬식
　　　　-특별기도
　　　　-마침 기도

(4) 파송 예전(The Acts of Dismissal)
　　알림
　　　　-축도
　　　　-파송 찬양 또는 노래
　　　　-파송 말씀

3. 예배의 스타일(style) : 공동체의 정체성 표현

콘스탄스 체리는 예배에서 스타일(style)이란 공동체의 정체성을 나타내며 "어떤 믿음 공동체가 주어진 배경에서 나온 예배(예전)의 내용을 표현하는 방식"이라고 정의하고, 예배의 스타일을 예전적 예배, 전통적 예배, 현대적 예배, 블랜디드 예배, 이머징 예배 등 다섯 가지로 분류하고 있다. 이하에서는 각 예배 스타일의 특징을 소개한다.[7]

1) 예전적 예배(Liturgical Worship)

예전적 예배는 깊은 역사적 뿌리를 갖고 있는데 사중 구조 예배순서, 교회력, 하나님 중심을 소중히 여긴다. 예전적 예배의 두드러진 특징은 예배순서가 교회에 의해 자세히 규정되어 있고, 교단에서는 성경 낭독, 찬송가, 기도서, 신조, 교회력 주제 등의 선택을 강력히 제안한다. 예전적 예배는 일반적으로 수직적인 방향성을 가지고 하나님의 초월성에 초점을 맞추고, 매주 혹은 자주 성찬식을 한다. 또한 예배 장식천의 사용, 의도적인 집기 배치 등 상징물의 두드러진 사용이 특징이다.

2) 전통적 예배(Traditional Worship)

전통적 예배는 외관상 예전적 예배와 비슷하지만, 예배 인도자가 교단의 예전 계획을 따르거나 기도서를 사용해야 할 의무가 없다는 차이점이 있다. 전통적 예배는 성찬이 없는 주일이 많지만 사중 구조 예배순서를 지키려고 노력하고 표준적인 기도 유형을 따르며, 찬송가와 성가대에 기반을 두어 권위 있는 합창 작품을 사용하고, 오르간이나 피아노를 주된 악기로 사용하는 등의 특징이 있다.

3) 현대적 예배(Contemporary Worship)

현대적 예배는 청년들이 예배에서 전통주의를 거부하고 비전통적인 표현 수단들을 선호하던 60년대 말과 70년대 초에 탄생했다. 가장 두드러진 변화는 음악이었는데 오르간과 피아노는 전자 키보드, 기타와 드럼으로 교체되었고, 찬송가는 현대적 코러스로, 그리고 성가대는 록 밴드로 교체되었다. 현대적 예배는 경배와 찬양(Praise and Worship) 전통이 되었고 실제로 현대적 예배와 경배와 찬양이라는 용어는 오늘날 호환적으로 사용된다. 그러므로 현대적 예배는 주로 음악 주도적이고, 찬양 코러스를 토대로 하며, 현대적 악기를 사용하고, 찬양팀이 예배를 인도한다는 의미로 통용된다. 또한 하나님의 임재에 초점을 맞추고, 분위기와 외관상 격식을 차리지 않는다.

4) 블랜디드 예배(Blended Worship)

블랜디드 예배는 전통적 예배와 현대적 예배의 혼합 방식이다. 이것은 음악 스타일로 인해 교회 안에 갈등이 생기고 교회들이 분열되는 것을 방지하기 위해 1980년대 말~1990년대 초에 개발되었다. 그래서 블랜디드 예배는 여러 세대가 선호하는 것을 조금씩 넣는다는 의도에 따라 찬양 코러스와 찬송가를 포함하고, 악기를 폭넓게 사용하며, 찬양팀과 성가대가 함께 예배를 인도하는 특징이 있다.

5) 이머징 예배(Emerging Worship)

이머징 예배는 포스트모던 세계관에 영향을 받아 최근에 생겨난 예배 스타일로서 이것이 무엇이며 또 어디로 가고 있는지 아직 유동적이며, 다양한 모습으로 나타나고 있다. 이머징 예배는 현대적 예배를 종교 소비자들의 필요에 맞추려는 예배 방식이라고 비판하며, 공동체가 진실하게 되는 것과 예배자들이 하나님께 연결되도록 돕는 방식에 초점을 맞춘다. 이머징 예배의 특징은 포스트모던 시대의 개인과 사회의 깨어짐을 치유하고 회복하기 위해서 이성보다는 감정과 경험을 강조하며, 고대의 예배 형식을 현대적인 방식으로 해석하고, 리더들이 공동으로 예배를 인도한다. 이머징 예배의 한계점은 이 운동의 최전선에서 옹호하는 사람들도 있는 반면에 이단으로 생각하고 단호하게 반대하는 사람들도 있다는 것이다.

제2절 예배의 차별화 사례

교회 성장의 길은 예배에 있다. 예배가 살아 있으면 교회에 생기가 넘치고 부흥과 성장이 따라온다. 또한 예배는 한 교회를 다른 교회와 차별화시키는 가장 중요한 요소라고 할 수 있다. 그렇기에 모든 목회자는 예배에 심혈을 기울이고 예배의 혁신을 통해서 다른 교회와 차별화하려고 한다. 그래서 교회마다 예배의 목표와 스타일이 조금씩 다르다. 이하에서는 예배 차별화의 사례를 살펴보려고 한다.

1. 구도자 예배

새들백교회는 미국에서 가장 영향력 있는 교회 중의 하나이며, 담임목사 릭 워렌의 저서 「새들백교회 이야기」는 세계 기독교인들에게 엄청난 영향력을 미쳤다. 새들백교회는 분명한 예배신학을 가지고 예배를 차별화함으로써 교회 성장을 이룬 교회이다. 또한 새들백교회는 주일예배와 주중(수요)예배의 목표를 차별화하였다. 주일예배는 불신자를 그리스도에게 인도한다는 것이 목표이고, 주중예배는 신자들의 영적 성숙을 목표로 한다. 새들백교회의 '예배에 대한 열두 가지 신념'을 살펴보자.[8]

1) 구도자 예배의 신학

(1) 믿는 자만이 진정으로 하나님께 예배드릴 수 있다.

예배란 하나님 자신과 그분이 하신 말씀과 그분이 하시는 일들에 대한 우리의 사랑을 표현하는 것이다. 하나님께 대한 우리의 사랑을 표현하는 데에는 다양한 방법들이 있다고 믿는다.

(2) 하나님께 예배드리기 위해서 반드시 건물이 있어야 하는 것은 아니다.

새들백교회는 15년 동안 건물 없이 만 명의 출석교인으로 자란 교회이다. 건물의 유무에 따라 사람들이 하나님을 예배하는 일이 크게 영향을 받거나 제한 받아서는 안 된다. 창조주보다 건물을 예배하는 일이 생겨서는 안 된다.

(3) 올바른 예배 형식이란 것은 없다.

예수님은 합당한 예배를 위해서 단 두 가지의 조건만을 주셨다. "하나님은 영이시니 예배하는 자가 영과 진리로 예배할지니라"(요 4 : 24). 당신이 편하게 느끼는 예배 형식은 당신의 신학보다는 당신의 문화적 배경에 의해 훨씬 더 크게 좌우된다. 매주 일요일 세계 각처에서 그리스도인들은 똑같이 타당한 수천 가지의 표현과 형식을 통해서 예배를 드린다.

(4) 불신자들은 믿는 자들이 예배 드리는 것을 관찰할 수 있다.

불신자들은 우리가 느끼는 기쁨과 반응을 관찰할 수 있다. 그들은 예배가 어떻게 우리를 격려하고 힘을 주며 변화시키는지를 감지할 수 있다. 또한 하나님께서 예배 중에 초자연적으로 역사하실 때 그들도 그것을 느낄 수 있다.

(5) 예배는 불신자들에게 강력한 전도가 된다.

사도행전 2장에서 오순절날 하나님의 임재가 제자들의 예배 속에서 너무도 자명하게 나타나자 도시 전체의 불신자들의 관심을 끌었고, 그날 삼천 명이 구원을 받았다. 예배가 전도가 되기 위해서는 불신자들이 하나님의 임재를 느끼고 말씀을 이해해야 한다. 예배와 전도는 밀접한 관계가 있다. 하나님을 예배하는 자들을 만들어 내는 것이 전도의 목표이다. 동시에 전도의 동기를 부여하는 것은 예배이다.

(6) 하나님은 우리가 예배에 참석한 불신자들에게 민감할 것을 기대하신다.

불신자들이 참석했을 때 우리는 그들의 두려움과 필요와 그들이 싫어하는 것들에 대해 민감하라고 말씀하신다. 바울은 "유대인에게나 헬라인에게나 하나님의 교회에나 거치는 자가 되지 말고"(고전 10 : 32)라고 말했다. 이것은 손님을 저녁 식사에 초대했을 때 당신의 식구만 있을 때와는 다르게 행동하는 것과 마찬가지 원리이다.

(7) 설교의 메시지를 타협할 필요는 없으며 단지 불신자들이 이해할 수 있으면 된다.

불신자들을 위해서 예배를 편안하게 만드는 것이 당신의 신학을 바꾸는 것을 의미하지는 않는다. 단지 예배의 환경을 바꾸면 되는 것이다. 예를 들면 방문객들에게 인사하는 법이나 찬양의 스타일, 예배 시의 광고 등에 변화를 주어 그들에게 편안한 환경을 만드는 것이다.

(8) 믿는 자들과 불신자들의 필요에는 많은 공통점이 있다.

구도자에게 민감한 예배에서는 믿는 자와 불신자 사이의 공통적 필요에 초점을 맞춘다. 예를 들어 하나님은 어떤 분인가, 삶의 목적은 무엇인가, 왜 그리고 어떻게 다른 사람을 용서해야 하는가, 결혼생활과 가정을 어떻게 건강하게 세울 것인가 등은 믿는 자에게나 불신자에게나 공통적으로 필요한 주제이다.

(9) 예배는 그 목적에 맞게 만드는 것이 가장 좋다.

대부분의 교회는 동일한 예배를 통해서 불신자들에게 전도도 하고 신자들도 가르치려고 한다. 그러나 이렇게 하면 좋지 않다. 새들백교회에서는 믿는 자들을 위한 예배는 수요일 밤에 있으며, 구도자 중심의 예배는 토요일 밤과 주일 아침에 있다. 이렇게 해서 각각에 맞는 설교와 찬양과 기도의 형식을 사용할 수 있으며 각각의 목표에 알맞은 다른 요소들을 첨가할 수 있다. 물론 주일성수를 위해서 믿는 자들은 주일에 구도자를 위한 예배에 같이 참석하도록 하고, 주중예배에도 참여하도록 한다.

(10) 구도자 중심의 예배는 개인 전도와 함께 병용하기 위한 것이다.

구도자 예배는 교인들의 개인 전도를 향상시키고 확신시켜 주기 위한 단체 전도의 기회를 제공한다. 불신자가 자신을 전도한 친구와 함께 구도자 예배에 참석했을 때, 그는 군중을 보고 '아하, 믿고자 하는 사람이 많이 있구나! 무언가 있는 모양인데?'라고 생각하게 된다.

(11) 구도자 예배의 형식을 고안하는 데에는 정해진 방법이 없다.

불신자들은 모두 다 다르다. 어떤 사람은 예배자의 일원으로 참여하기를 원하고, 다른 이들은 수동적으로 앉아 있기를 원한다. 어떤 사람들은 조용하고 명상적인 예배를 원하고, 또 어떤 사람들은 활력이 넘치는 예배를 좋아한다.

(12) 구도자에게 민감한 예배를 드리기 위해서는 이기적이지 않고 성숙한 신자가 필요하다.

신자들이 자신들의 필요보다는 불신자들의 필요와 두려움, 싫어하는 것들에 대해서 관심을 가지는 것은 영적 성숙을 나타내는 것이다. 모든 교회에는 '예배'(service)와 '우리를 섬기라'(serve us)의 사이에서 지속적인 갈등이 있다. 구도자 예배는 신자를 섬기는 것보다는 의도적으로 예배 쪽으로 기우는 것을 의미한다.

2) 구도자 예배의 기획[9]

교회가 성장하기 위해서는 더 많은 불신자들이 교회를 방문하게 만들면 된다. 그들을 교회에 방문하게 만드는 방법은 무엇일까? 새들백교회 담임목사인 릭 워렌은 다음과 같이 말한다. "정답은 간단하다. 당신 교회의 신자들이 친구를 데려올 수 있도록 계획적으로 고안된 예배를 드리는 것이다. 또한 불신자들에게 매력적이고 호소력 있으며 그들의 필요와 연관성 있는 예배를 만들어서 당신 교회 신자들이 불신자들을 데려오고 싶어 하도록 만들라."

(1) 대상을 염두에 두고 예배를 계획하라.

믿는 신자들을 대상으로 하는 예배는 불신자들에게는 잘 맞지 않고 그들을 너무 불안하고 두렵게 만들 수 있다. 새들백교회에서는 매주 전도하려고 하는 대상을 염두에 두고 예배의 구성 요소들, 즉 음악 형식, 말씀의 주제, 간증, 드라마 등을 결정한다. 그리고 가능한 예배를 여러 번 드려서 사람들에게 교회에 출석할 수 있는 기회를 많이 제공한다.

(2) 매력적인 예배 분위기를 창출하라.

사람들이 어느 교회의 예배에 참석했을 때 분명하게 느끼는 분위기, 즉 예배의 '정신', '기분', 또는 '색채' 등이 있다. 만일 목회자가 예배에서 창출해 내기 원하는 분위기의 종류를 의식적으로 결정하지 않으면 당신은 그것을 운에 맡기는 것이다. 새들백교회에서는 매주 창출하기 원하는 예배 분위기를 여섯 개의 단어로 표현한다.

① 기대감

새들백교회에는 예배가 시작될 때마다 "무언가 좋은 일이 일어날 것이다!"라고 말하는 분위기가 팽배해 있다. 교인들은 하나님의 은혜로 그들의 삶이 변화될 것이라는 것을 믿는다. 방문객들도 사람들로부터 그런 기대감을 느낀다고 말한다.

② 축제

"기쁨으로 여호와를 섬기며 노래하면서 그의 앞에 나아갈지어다"(시 100 : 2). 하나님께서는 우리의 예배가 축제가 되기를 원하시기 때문에 우리는 기쁨과 반가움의 분위기를 만들려고 노력한다.

③ 격려

"모이기를 폐하는 어떤 사람들의 습관과 같이 하지 말고 오직 권하여 그 날이 가까움을 볼수록 더욱 그리하자"(히 10 : 25). 예배는 사람들에게 낙심이 아니라 격려가 되어야 한다. 우리는 말씀이 죄를 지적하는 내용이 될 때에도 예배는 긍정적으로 시작하고 긍정적으로 마친다. 사람의 행동은 비판보다는 격려로 훨씬 더 빨리 고칠 수 있다.

④ 일체감

새들백교회는 많은 교인 수에도 불구하고 예배에 가족적인 분위기를 창출하기 위해 노력한다. 모든 예배의 시작과 끝에 서로에게 인사하는 모습과 단 위에 올라오는 사람들이 서로에게 대하는 모습, 그리고 목사들이 회중에게 말하는 모습이 모두 "우리는 한 가족입니다. 당신도 여기에 속합니다."라고 말한다.

⑤ 소생

매주 드리는 예배의 목적 중의 하나는 앞으로 맞게 될 한 주간을 위해서 영적으로 소생되고 정서적으로 충전되는 것이다. 예수님은 "안식일이 사람을 위하여 있는 것이요 사람이 안식일을 위하여 있는 것이 아니니"(막 2 : 27)라고 강조하셨다.

⑥ 자유

"주는 영이시니 주의 영이 계신 곳에는 자유가 있느니라"(고후 3 : 17). 새들백교회의 예배는 거드름이나 형식, 온갖 종류의 무게 잡는 것을 피한다. 대신 형식에 매이지 않고 긴장이 풀린 다정한 분위기를 만들려고 노력한다. 이런 예배가 불신자들의 긴장과 두려움을 제거해 주고, 그들이 방어막을 내리고 말씀을 듣도록 도와준다.

(3) 예배의 진행 속도와 흐름을 향상시키라.

현대인들은 빠른 진행에 익숙해 있다. 그런데 교회에서는 순서와 순서 사이에 죽은 시간이 많이 있다. 순서의 전환 시간을 최소화하고 예배시간을 효율적으로 사용하는 방법을 찾도록 노력하라. 주보에는 예배의 순서를 간단히 적고 불신자들이 모르는 전문용어는 사용하지 말되 그들을 위해 필요하면 간단히 부연 설명하라. 교회의 내부적 광고는 최소화하는 것이 좋다. 또한 예배의 흐름을 향상시키기 위해 음악을 사용하라. 예를 들면, 개회송은 밝고 경쾌한 음률을 사용해서 경직되어 있는 방문객들의 근육을 풀어 주고, 그 다음에는 하나님에 대한 즐거운 찬양으로 옮겨 가고, 헌신 단계에서는 "주님 닮기 원합니다"와 같이 일인칭 단수로 노래한다.

(4) 될 수 있는 대로 예배에 참석하기 쉽게 만들라.

불신자들이 예배에 참석하기 어렵게 만드는 장벽들을 제거하는 것이 필요하다. 충분한 주차장을 만들고, 모든 교회 광고에 약도를 포함해서 교회를 쉽게 찾을 수 있도록 하며, 교통을 편리하게 하는 것이 매우 중요하다. 또한 성인 예배와 같은 시간대에 어린이 예배를 만들어서 불신자들이 아이들과 떨어져서 예배에 집중할 수 있도록 해야 한다.

(5) 불신자들이 편안하게 느끼게 해 주라.
불신자들은 불안과 두려움으로 가득 차 있기 때문에 그들의 긴장을 풀어 주고 편안하게 하는 것이 중요하다. 이를 위해서 가장 좋은 주차공간을 방문객 전용으로 만들고, 건물 밖에 주차위원과 환영위원, 접대위원, 예배안내위원들을 배치하고, 안내 데스크를 설치하라. 또한 건물 사방에 표지판을 달아 두라. 그리고 불신자들이 조용히 예배드릴 수 있도록 방해하지 말고, 예배 시작 전에 회중 앞에서 불러 세우지 말라. 긴장을 풀어 주는 간단한 환영의 말이면 족하다. 사람들이 다 같이 인사를 나누게 함으로써 예배를 시작하고 마치며, 예배 후에 다과를 준비해서 불신자들이 교회에 머물게 하고 교인들과 대화할 수 있는 기회를 만들어 준다.

(6) 밝고 깨끗한 건물 분위기를 조성하라.
교회의 기구들이나 물리적 환경은 예배의 분위기와 밀접한 관계를 가지고 있다. 건물의 모양과 조명, 음향, 좌석, 예배 공간의 크기, 실내온도, 식물, 깨끗하고 안전한 유아실, 깨끗한 화장실 등의 환경은 불신자들이 당신의 교회를 다시 방문하게 하는 데에 매우 큰 영향을 미친다.

(7) 지속적으로 평가하고 향상시키라.
성장하는 교회는 항상 "어떻게 하면 좀 더 잘할 수 있을까?"라는 질문을 하면서 그들의 예배 사역을 평가하는 데 인정사정없다. 평가는 탁월함의 비결이다. 예배를 구성하는 모든 요소들을 지속적으로 검토하고 그 영향력을 측정하는 것이 필요하다.

2. 블랜디드(통합적) 예배[10]

○○교회는 한국교회의 전통적 예배 형식을 혁신하고 성령님이 움직이시는 역동적인 예배를 실행하여 교회 성장을 이룬 대표적인 교회이다. ○○교회의 예배 방식(style)은 차별화되어 있어서 위에서 설명한 어느 유형에 속한다고 말하기는 어렵다. 그렇지만 굳이 분류하자면 한국교회의 전통적 예배와 미국 윌로크릭교회의 현대적 예배를 혼합시킨 블랜디드 예배(blended worship) 스타일에 가깝다고 생각한다. 이하에서는 ○○교회의 예배 목표를 먼저 살펴보고, 이어서 현대적 예배(경배와 찬양)를 전통적 예배에 통합시키는 과정을 사례로 살펴보려고 한다.

1) ○○교회의 예배 철학

(1) 참된 예배를 위하여 성령님의 임재를 사모하자.

인간은 스스로 참된 예배를 만들지 못한다. 성령의 임재가 없는 예배는 예배가 아니다. 참된 예배는 성령님이 주관하시는 예배이다. 성령님의 기름 부으심을 사모하자. 성령의 충만함을 사모하자.

(2) 목사도 예배자임을 기억하자.

사회자도 예배자요, 설교자도 예배자이다. 예배가 우선이다. 설교하기 전에 먼저 예배 안으로 들어가자. 사회를 보는 것이 중요한 것이 아니라 모든 성도가 예배 안에 들어가도록 인도하는 것이 더 중요하다. 목사가 예배드릴 때 성도들도 진정한 예배를 드리게 된다. 하나님을 높이기 위해 사람의 권위를 낮추는 것이 중요하다. 설교자의 의자를 강대상 위에서 청중 속으로 내려놓는 것이 좋다. 설교자도 동일한 예배자임을 고백하기 위해서이다.

(3) 순서에 얽매이지 말자.

형식에서 벗어난 예배의 회복을 목표로 한다. 주기도문, 사도신경은 필요하면 암송할 수 있다. 아무리 좋은 것도 무의미하게 반복하면 주문이 되기 쉽다. 꼭 외워야 하는 것이면 습관이 되지 않게 하자. 진실하게 하자. 의미 있는 순서가 되게 하자.

(4) 생동감 있는 설교를 하자.

윤리적인 설교가 아니라 복음적인 설교를 하는 것이 중요하다. 설교는 사람의 말이 아니라 하나님의 말씀처럼 들려야 한다. 설교 중에 헌금 이야기나 행사 이야기나 세상 이야기를 절제해야 한다. 인위적이고 인간적인 설교로 사람을 붙잡으려는 유혹을 떨쳐 버려야 한다. 손해 보고, 희생하고, 병들고, 고통을 겪더라도 예수님의 제자답게 살라는 설교를 해야 한다.

(5) 설교할 때 목에 힘주지 말자.

의도적이고 인위적인 태도나 표현을 조심하라는 이야기이다. 목사는 하나님의 종이다. 그래서 하나님의 권위를 부여 받은 것이다. 목사가 낮아져야 하나님이 보인다. 목사는 단지 하나님의 사랑과 공의와 위대함을 보여 줄 뿐이다. 목사에게 무엇보다 중요한 것은 겸손과 온유이다.

(6) 예물이 있는 예배를 드리자.

헌신과 희생의 제물을 준비해야 한다. 예수님처럼 우리의 삶이 예배가 되도록 설교자 자신이 헌신과 희생의 제물이 되어야 한다. 과연 예수님을 위해 살려고 몸부림쳤는가? 희생하고 헌신했는가? 순결을 지켰는가? 이 질문을 계속해서 스스로에게 해야 한다. 물질보다 더 중요한 영적 가치를 예물로 드려야 한다.

(7) 찬양이 있는 예배를 드리자.

교회공동체는 찬양의 공동체이다. 처음부터 끝까지 찬양이 흘러넘치는 예배를 상상해 보라. 찬양은 예배의 문을 여는 것이다. 예배 인도자에게 신경을 많이 쓰고, 찬양 인도자나 성가사를 전임 사역자로 세워야 하는 이유가 여기에 있다. 설교자만큼 찬양 사역자의 위치가 중요한 것이다.

(8) 예배시간에 헌금 바구니를 돌리지 말자.

헌금 바구니를 돌리는 것 자체가 잘못된 것은 아니다. 문제는 예배의 중심을 흩어 놓는 것을 경계하자는 것이다. 그래서 우리는 예배당 입구에 헌금함을 놓았다. 누구든지 예배를 드리기 전에 사람들에게 보이지 않게 조용히 헌금하도록 한 것이다.

(9) 성만찬을 자주 하자.

성만찬은 설교만큼 중요하다. 설교의 클라이맥스는 성만찬에 있다. 성만찬을 통해서 성령님의 임재와 능력과 치유를 경험하게 하는 것이다. 성만찬을 통하여 구원과 회복과 파송의 의미를 되새길 수 있다. 오늘날 개신교회의 위기는 성만찬의 위기이다.

(10) 예배시간을 제한하지 말자.

예배를 꼭 한 시간 안에 끝낼 이유는 없다. 설교를 꼭 30분 안에 끝내야 할 필요는 더구나 없다. 예배의 주관자는 성령님이다. 반복적으로 하는 지루한 예배도 경계해야 하지만 성령님이 인도하시는 예배를 인위적으로 막는 일은 더 경계해야 한다.

2) 경배와 찬양 방식의 도입[11]

○○교회는 '경배와 찬양' 팀과의 협력사역으로 교회에 찬양의 혁신을 가져왔고 이것이 또 하나의 중요한 예배 차별화 요소가 되었다. 특히 1980년대 후반에 청소년, 대학생, 청년을 중심으로 번진 '경배와 찬양'은 이 교회의 청소년부 부흥에 크게 기여하였다. 고(故) 하용조 목사의 이야기를 들어 보자.

> 기존 교회에서는 '준비찬양'이라는 말이 있을 만큼 찬양에 대한 인식이 낮았을 때지만, 나는 예배에서 찬양이 중요하다는 생각을 했다. 독일에서 유학 중인 홍○○ 성가사를 초청한 이유가 여기 있다. ○○교회를 시작한 이후로 계속해서 나와 함께 동역하는 유일한 사람이다. 음악사역자를 전임사역자로 하는 것을 교회 지도자들이 이해하지 못했다. 전도사나 부목사를 전임으로 초청하는 것은 문제가 되지 않았으나 찬양사역자나 문화사역자를 전임으로 하는 것은 오랜 세월이 흐른 다음에야 가능했다.
>
> 그 뒤로 유학생활을 함께하기도 했던 하○○ 선교사가 귀국하면서 ○○교회 대학 청년부 내에 '경배와 찬양'이라는 찬양팀이 만들어졌다. 찬양과 기도와 메시지 선포가 한데 어우러진 이 찬양집회는 예배의 새로운 패러다임이 되었다. 이 팀이 매주 목요일 '경배와 찬양' 집회를 열고, 한국에서는 처음으로 워십 찬양집회를 선보였다. 한국교회는 열광했다. 당시 ○○교회에 천여 명의 사람들이 모일 때, 경배와 찬양 목요집회에는 4천여 명의 젊은이들이 모여 찬양으로 예배드렸다.
>
> 그 무렵 한국교회에는 찬양집회라는 단어가 생겼고, 강대상에 악기를

세팅하거나 워십 찬양을 하는 문화 풍토가 급속도로 전파되기 시작했다. 그때 어떤 교회는 장로님들이 강대상에 악기를 올려놓는 것을 도저히 용납할 수 없다고 해서, 오전 청소년 예배 때는 악기를 세팅했다가, 어른 예배 때는 악기를 철수했다가, 오후 청년예배 때는 다시 악기를 세팅한다는 이야기를 전해 듣기도 했다. 지금이야 이런 교회가 있을까 싶지만, 당시에는 이런 혼란을 가져올 만큼 우리나라의 교회는 굳어 있었다.

그것은 ○○교회의 성도들도 마찬가지였다. 당시 우리 교회 청소년들은 누가 시키지 않았는데도, 스스로 록이나 팝송 같은 대중음악 테이프를 없애며 예수님께 자발적인 헌신을 하는 등 새로운 예배 스타일에 뜨겁게 호응했다. 기적이 일어난 것이다. 하지만 어른들은 그렇지 못했다. 나는 어른 예배에도 찬양집회처럼 뜨겁게 드리고 싶었다. 우리 교회 성도들이 하나님 앞에서 마음 문을 활짝 열고 춤추고 박수 치며 다윗처럼 예배를 드린다면 하나님이 얼마나 기뻐하시겠는가.

하지만 어른들은 워십송을 너무 낯설어했다. 예배 때 손들고 찬양 부르는 것은 그만두고라도 박수 치는 것조차 쑥스러워하는 성도들에게 워십송을 부르자고 할 수 없었다. 그래서 찬송가 세 곡을 부르면 워십송을 한 곡씩 부르도록 작전을 짰다.

그렇게 무려 7년이 흘러서야 우리 교회의 어른들도 워십송을 부르고, 손을 들고 눈물을 흘리는 예배를 드릴 수 있게 되었다. 손을 들고 무릎을 꿇고 엎드려 경배하며 주님께 나아가는 영적인 태도들을 조금씩 배워 나가기 시작한 것이다.

〈출처 : 하용조, 「사도행전적 교회를 꿈꾼다」, PP. 173-175〉

제3절 예배 사역을 조직화하라

수많은 행정조직들이 교회의 예배 프로그램을 수행하기 위해서 만들어진다.

교회의 이런 기능들을 수행하기 위해서는 교인들을 사역 팀으로 조직하는 것이 효과적이다. 사역 팀은 교회의 법적인 조직이 아니라 봉사 조직이다. 그렇지만 사역 팀은 예산 단위라 할 수 있는데, 왜냐하면 그들의 사역을 수행하기 위해서는 자금이 필요하기 때문이다. 예배 기능을 돕기 위해서 필요로 하는 사역 팀들을 살펴보자.

1. 예배 기획팀

1) 예배담당 교역자

예배담당 교역자는 예배 진행의 책임을 맡은 목회자를 말한다. 교회에 따라 다르지만 보통 사회자 또는 찬양담당 목사가 예배진행 책임을 맡는다. 예배담당 교역자는 예배 체크리스트를 통해 예배당에서 예배진행 상황을 점검하는 동시에 음향, 조명, 자막 등을 관리하고, 예배당의 온도를 점검하며, 기관실과 협력한다. 또한 사회자는 예배 20분 전에 사회자석에 착석하며, 예배담당 장로, 대표기도 장로와 함께 예배를 위해 기도하며 준비한다. 설교자는 예배 시작 전 설교자석에 착석하며 긴급한 진행상황 발생 시 담당 교역자와 의사소통한다.

2) 예배기획팀 회의

예배 기획회의에는 각 예배의 설교자, 사회자, PD, 찬양인도자 등이 참여한다. 이 회의를 통해 예배를 기획하고, 준비하고, 진행하고, 평가하며, 또 예배 사역자들을 훈련시키고 돕는다.

이를 위하여 구체적으로 매주 1회 기획회의를 통해 사전에 주일예배, 주중

[표 6-1] 예배 사역 체크리스트

구분		점검항목
예배 전	진행	예배 큐시트는 최신 버전으로 필요수량만큼 비치되었는가?
		사회자, 설교자, 기도자는 착석하여 대기하고 있는가?
		찬양사역팀, 챔버, 밴드, 싱어는 준비하고 있는가?
		안내위원은 적정 인원이 배치되어 잘 안내하는가?
		마이크, 영상물, 음향, 자막 등은 준비/점검되었는가?
		예배실의 온도는 적정한가?
		예배실의 실내 장식은 적당한가?
		무대 배치, 디자인, 데코는 잘 준비되었는가?
		해당 주일의 강대와 무대 준비물은 준비되었는가?
	성찬주일	분배할 떡과 포도주는 각 실마다 필요수량이 준비되었는가?
	헌금	헌금바구니는 필요수량이 준비되었는가?
예배 중	진행	사회자의 복장과 표정은 적합한가?
		사회자의 언어 속도는 적정하며, 잘 전달되는가?
		입례송/기도 시 출입구는 통제되고 이동은 없는가?
		설교 시 분위기가 말씀에 집중되는가?
		영상이 있을 경우 : 영상은 바로 시작되는가?
		영상이 있을 경우 : 조명은 적절하게 운영되는가?
	기도	기도자의 기도 시간은 적절(4분 이내)한가?
		기도자의 기도가 잘 전달되는가?
		기도자의 기도 내용은 매뉴얼을 준수하는가?
	찬양	찬양팀의 복장과 표정은 적합한가?
		찬양팀의 찬양은 잘 전달되며 등/퇴장은 원활한가?
		찬양팀의 선곡 및 편곡은 적절한가?
	성찬	성찬 시 : 집례자의 멘트는 잘 전달되는가?
		성찬 시 : 분병할 목사님은 위치하고 있는가?
		성찬 시 : 성찬위원은 경건하게 성찬에 봉사하는가?
	세례	세례 시 : 세례간증자의 입장과 마이크 위치는 알맞은가?
		세례 시 : 세례사역팀의 방석 설치는 매끄러운가?
		세례 시 : 세례축하자의 입/퇴장 동선은 매끄러운가?
	헌금	비전헌금 시 : 특순의 시작, 길이는 적당하였는가?
		비전헌금 시 : 비전헌금 위원은 경건하게 봉사하는가?
		헌금위원은 봉헌을 위한 시점에 맞추어 대기하는가?
		헌금기도와 축도의 내용은 매뉴얼을 준수하는가?
		헌금기도와 축도는 잘 전달되는가?
		축도 후 헌금위원은 계수실로 원활하게 이동하는가?
	안내	예배 중 돌발 상황 시 대처는 잘 이루어지는가?
예배 후	안내	성도의 퇴장은 원활하게 진행되는가?
		예배 후 정리 정돈이 잘 되는가?

〈출처 : 「○○교회 Worship Manual」, P. 19〉

예배를 기획하고 체크리스트를 만들어서 점검한다. 예배의 내용, 순서, 흐름을 점검하고 각 예배별로 간증, 특순, 광고 등을 꼼꼼히 점검한다.

2. 찬양 사역팀

설교를 제외하고 예배와 가장 밀접하게 관련이 있고 영향을 미치는 순서는 찬양 프로그램이라고 할 것이다. 많은 교회들이 음악목사를 예배담당 목사로 임명하는 이유가 여기에 있다. 큰 교회에서는 예배 순서를 개발하는 데 있어서 음악목사가 담임목사와 밀접하게 일하게 된다. 직책으로는 예배 인도자, 성가대 지휘자, 피아니스트, 오르가니스트, 챔버대원 등이 있다. 작은 교회에서는 이러한 기능이 자원봉사 찬양대나 피아니스트, 재능을 기부하는 이들로 이루어진다. 이러한 작은 교회에서는 예배 사역팀이 담임목사를 도와서 예배나 또는 특별한 행사를 위한 적절한 음악이나 찬양 등을 제공한다.

1) 예배(찬양) 인도자

예배 콘티를 담당자들에게 알리고 큐시트에 명기된 시간을 지키도록 인도한다. 또한 예배 시 음악에 대한 모든 진행을 관장하며, 설교 앞부분의 찬양은 주로 하나님을 높이는 곡으로 선곡하고 밴드, 챔버, 싱어, 찬양팀을 리드하며 조율한다.

2) 찬양팀(성가대)

찬양팀의 자격은 등록 세례교인으로서 헌신된 사람이어야 한다. 보통 오디션을 통해서 선발한다. 선곡은 4~8주 전에 결정하고 찬양의 콘티는 최소 1주

전에 팀원들에게 공지하여 개인적으로 미리 연습하고 팀별로 연습한 다음에 전체 연습과 리허설을 갖는 것이 바람직하다.

3) 밴드팀

일반적으로 밴드는 리듬 악기(드럼, 베이스 기타, 퍼커션 등), 코드 악기(피아노, 키보드, 전자 기타, 베이스 기타, 어쿠스틱 기타 등), 솔로 악기(관악기, 현악기 등)로 구성된다. 모든 악기가 하나로 합쳐져 합주할 때에는 각기 다른 개성의 악기들이 서로 잘 조화되도록 공간배분에 유의해야 한다. 그리고 밴드팀의 리더는 예배 인도자와 호흡을 맞춰서 예배 인도자보다 앞서 나가서는 안 된다.

4) 싱어팀

마이크를 사용해서 함께 노래하는 팀을 말하며, 일반적으로 여자 멜로디 1~2명, 남자 멜로디 1~2명, 알토 1~2명, 테너 1~2명으로 총 4~8명으로 구성한다. 싱어팀의 규모에 따라 다를 수 있지만 멜로디 50%, 알토 25%, 테너 25%의 원칙을 가급적 지키는 것이 좋다. 싱어는 예배자인 동시에 사역자로서, 예배 인도자의 의도를 파악하여 인도자에게 온전히 몰입하여 함께 노래하는 것이 중요하다.

찬양 사역팀을 효과적으로 운영하려면 찬양 인도자 등 리더십을 적합하게 세우는 것이 가장 중요하다. 또한 찬양 사역팀이 수준 높은 프로그램을 하려면 충분한 예산지원과 함께 자원에 관한 관리가 필요하다. 예를 들면, 음악 장비 사용에 관한 규칙을 개발하며, 저작권 정책을 마련하고, 자원 유지를 위한 정책과 절차를 준비해야 한다.

3. 예배 봉사팀

은혜가 넘치는 예배의 요소는 찬양, 설교말씀, 예배 분위기 등이다. 이런 예배를 위해서는 기능에 따라 여러 가지 예배 봉사팀이 필요하다.[12]

1) 예배안내 팀

예배안내 팀은 예배자들에게 예배순서지를 제공하고, 자리를 안내하고, 헌금 위원으로 봉사하고, 안전과 위험에 관한 일을 담당한다. 이런 봉사를 통해 예배자들이 편안하게 예배에 집중할 수 있도록 하는 것이 팀의 목표라고 할 수 있다. 예배안내 팀은 교회의 첫인상을 결정하고 예배 분위기에 영향을 미치므로 예의 바르고 친절하고 개방적인 자세를 갖추도록 훈련해야 한다. 또한 예배자들이 알아볼 수 있도록 이름표를 달고, 정숙한 분위기를 위해서 말보다는 손짓 등으로 안내하는 것이 좋다.

2) 주차안내 팀

도시 교회에서 주차 문제는 매우 심각한 상황이다. 주차하다가 교인들 사이에 마음이 상하는 것은 보통 있는 일이고 심한 경우 교회를 옮기기도 한다. 주차안내 팀은 교인들의 불편을 덜어 주는 것은 물론이고 교회를 처음으로 방문하는 사람들을 최대한 배려해서 그들에게 교회의 첫인상을 좋게 만드는 역할을 해야 한다. 봉사자들은 교통 통제용 의상과 도구를 착용해야 하며, 무엇보다 교통안전을 준수하고 친절함을 잊지 않도록 훈련받는 것이 필요하다.

3) 새신자환영 팀

여기서 새신자는 엄밀히 말하자면 우리 교회의 잠재 교인이라고 할 수 있다. 그는 아직 예수 그리스도를 믿지 않는 사람일 수도 있고, 이미 다른 교회에서 신앙생활을 하다가 우리 교회를 찾아온 신자일 수도 있다. 새신자환영 팀의 직무는 잠재 교인들에게 교회를 알리고, 그들을 설득해서 교인으로 등록하게 하며, 신앙생활을 잘할 수 있도록 돕는 것이다. 이를 위해서 교회 안내책자, 새신자를 위한 프로그램, 교회의 등록절차 등을 소개하는 것이 필요한데, 교회의 가장 아름다운 장소에서 편리한 시간에 진행하는 것이 좋다. 이 팀은 교역자가 리더가 되고 헌신된 봉사자들이 팀워크를 구축해서 새신자들이 교회에 정착할 때까지 장기적으로 봉사하는 것이 효과적이다.

4) 데코팀

이 팀은 예배당의 환경미화를 담당한다. 예배당의 창문과 커튼, 벽의 색상, 강단의 디자인과 색상, 꽃과 식물, 강대상 등을 아름답고 용도에 알맞도록 준비하는 역할을 한다. 이 팀은 창의적이고 예술적 재능을 가진 사람들로서 회중들의 기호를 대표할 수 있어야 한다.

5) 세례/성찬준비 팀

이 팀은 교역자들이 세례와 성찬 예식을 원활히 할 수 있도록 준비하여 돕는 역할을 한다. 세례에 필요한 의상과 도구들, 재료를 준비하여 제공한다.

제3부

당회 운영과 자원 관리

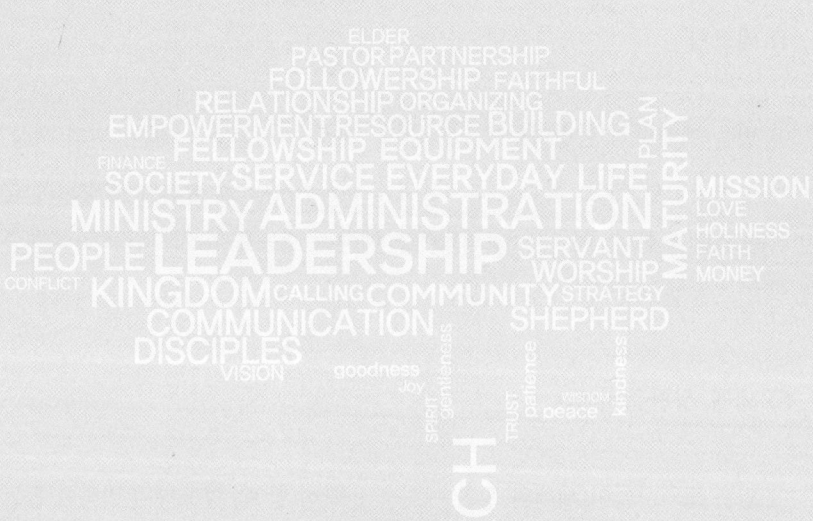

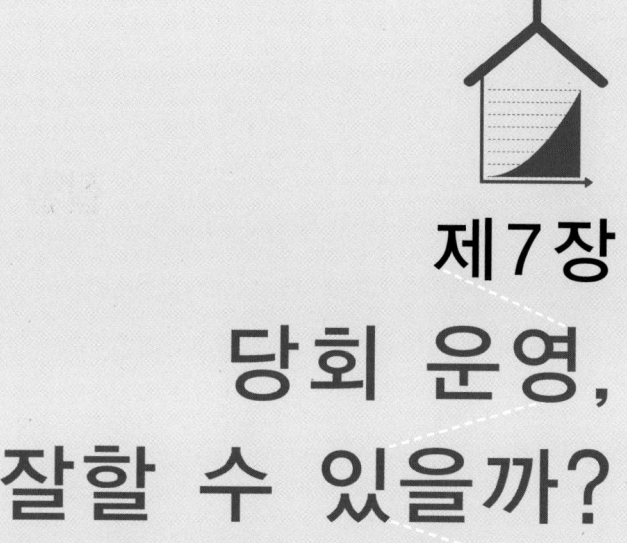

제7장
당회 운영, 잘할 수 있을까?

제1절
당회 문제를 해결하는 방안은 무엇인가?

제2절
의사결정은 어떻게 할 것인가?

제3절
갈등을 어떻게 관리할 것인가?

제7장
당회 운영, 잘할 수 있을까?

> 너희 중 장로들에게 권하노니 나는 함께 장로 된 자요 그리스도의 고난의 증인이요 나타날 영광에 참여할 자니라 너희 중에 있는 하나님의 양 무리를 치되 억지로 하지 말고 하나님의 뜻을 따라 자원함으로 하며 더러운 이득을 위하여 하지 말고 기꺼이 하며 맡은 자들에게 주장하는 자세를 하지 말고 양 무리의 본이 되라(벧전 5 : 1 – 3).

[도입사례] 당회의 문제점에 관한 연구

많은 목회자들이 당회라는 말을 꺼내는 것조차 힘들어할 정도로 당회는 많은 문제들을 가지고 있다. 당회의 문제는 한국교회뿐만 아니라 미국교회의 당회도 크게 다르지 않다고 생각한다. 이하에서는 미국교회 당회의 문제점들에 대한 오브리 말퍼스(Aubrey Malphurs)의 연구를 소개하려고 한다.[1]

○ 제한된 회의시간 : 전임 목사들과는 달리 대부분의 당회원들은 모든 안건을 다룰 만한 충분한 시간을 갖고 있지 못하다. 그래서 당회는 한 번 열리면 오랜 시간 토의하지만 모든 안건을 처리하지는 못한다. 때로는 별로 중요하지 않은 안건 때문에 시간을 낭비하고 정작 중요한 안건은 다루지도 못하는 경우도 있다. 중요한 안건을 충분히 시간을 가지고 논의하는 것이 오히려 드문 것이 현실이다.

○ 사소한 의제들 : 전통적인 당회는 교회의 모든 부서 및 교인들, 목사 및 직원들, 교회 밖으로부터 의제들을 모으려고 노력한다. 당회는 여러 곳에서 빠뜨리지 않고 의제들을 모으는 데 시간을 보내느라 정말로 중요한 의제들은 얻지 못하기도 한다. 때로는 교회와 별로 관련이 없는 의제들을 다루는 반면에 교회의 전략적 의제들은 다루지 못하는 경우도 있다.

○ 일관성 없는 의사결정 : 전형적 당회는 행사 관련 의사결정을 한다. 행사는 과거의 다양한 문제들을 다루게 되는데 당회원들은 교회 역사에서 현재 어떻게 느끼고 있는지를 기초로 해서 논의하게 된다. 이때 최근의 결정이 그 전에 한 결정과 일관성이 없을 경우가 있다.

○ 명확하지 않은 권위 라인 : 당회는 여러 위원회들, 당회원, 담임목사, 직원들 간에 권위 라인을 명확하게 하는 일을 잘 못하고 있다. 때로는 특정 당회원에게 너무 많은 권한이 주어질 수도 있는데 이렇게 되면 심각한 갈등이 생기고 담임목사가 어려움을 겪는다.

○ 당회의 잘못된 간섭 : 당회나 당회원들이 가끔 담임목사나 직원들의 사역에 간섭하고 소소한 일에까지 관여하려고 한다. 문제는 당회가 전문직 직원들이 하는 사역에 대해서 조언할 만한 전문성을 가지고 있는 경우가 드물고, 이러한 간섭은 당회와 직원들 사이에 소속감과 신뢰를 훼손하게 된다는 것이다.

○ 불명확한 당회의 기대 : 대부분의 당회원들은 교회전통에 기반해서 목사나 직원들에 대한 어떤 기대를 가지고 있다. 이런 기대들이 서로 갈

등을 가져오기도 한다. 문제는 목사나 직원들이 당회의 기대를 잘 모른다는 것이다. 이와 관련된 또 다른 문제는 목사의 일과 당회의 일의 경계가 명확하게 정의되지 않아서 당회가 목사의 사역을 일일이 간섭하거나 또는 목사가 당회의 영역을 침범하기도 한다는 것이다.

○ 당회원의 낮은 소속감 : 당회원들이 회의가 시간 낭비라고 느끼고 당회가 교회사역에 아무런 중요한 일도 못한다고 느끼면 회의에 빠지게 된다. 그리고 어떤 당회원들은 그들의 리더십 능력 이하로 일한다고 느낀다. 훌륭한 리더십을 가진 이들이 교회의 사소한 일들에 파묻혀서 그들의 능력을 발휘하고 있지 못한다고 인식하게 되면 그들은 당회원의 자리를 정중히 사양하고 하나님을 위해 보다 나은 사역을 찾아 떠난다.

○ 학습된 전통과 문화 : 새로운 당회원은 당회에 신선하고 객관적인 아이디어들을 가져오거나 또는 현상유지에 도전하는 날카롭고 깊이 있는 질문을 할 만한 잠재능력이 있다. 그러나 이런 일이 실제로 일어나는 경우는 매우 드문데, 왜냐하면 새로운 사람이 당회에 들어오면 많은 문화적인 힘들이 작동하기 때문이다. 새 당회원은 오래된 규범이나 불문율이 존재하는 어느 그룹에 속하게 되고 거기서 그는 무엇인가 변화를 시도하려는 위험을 택하기보다는 다른 사람들과 쉽게 지내는 것을 택한다.

○ 빈약한 계획 : 어떤 당회 지도자는 당회의 회의계획을 수립할 줄 모른다. 그들은 놀랄 만한 비전의 지도자 또는 능력 있는 동기부여자일지도 모르지만 계획하는 데 있어서는 기본지식이나 기술이 없다. 또 어떤 이들은 어느 정도의 지식이나 기술을 가지고 있지만 너무 바빠서 계획할 시간이 없는 경우도 있다. 어떤 경우에나 이렇게 되면 당회가 빈약해지고 회의 시간만 길어질 뿐 아무 결과도 얻지 못한다.

○ 너무 많은 당회원 : 어떤 교회에서는 너무 많은 사람들이 당회에 있다. 당회의 크기가 클수록 좋다는 생각을 하기 때문이다. 그러나 당회원이 많은 경우에는 교회사역에 매우 중요한 의제들에 관해서 활발한 토론이

제한된다. 또한 어떤 당회원이 목소리를 많이 내기도 하고, 불만족한 사람들이 있을 경우 그들은 그 불평들을 가지고 당회 회의를 미리 선점해서 중요한 의제는 다루지도 못하도록 방해하기도 한다.
　○ 과거지향적 : 당회는 미래의 사역과 도전들에 초점을 맞추기보다는 오히려 과거 또는 최근에 초점을 맞추는 경향이 있다. 과거지향적인 것은 마치 정면을 보는 대신 백미러를 보면서 자동차를 운전하는 것과 같다. 과거로부터 배우는 것은 중요하지만 과거 안에 머물지는 말아야 한다. 교회의 생명력 있는 미션과 비전은 당회의 궁극적인 책임이고 교회의 미래이다.

제1절 당회 문제를 해결하는 방안은 무엇인가?

1. 당회 운영규칙을 제정하기[2]

당회가 의사결정을 현명하게 하려면 분명하고 일관성 있는 규칙을 이용해야 한다. 여기서 규칙이란 당회가 의사결정을 할 때 일관성 있는 기준 또는 방향이 되는 신념이나 가치를 말한다. 당회의 의사결정 규칙은 성경을 기준으로 삼아야 하지만 오늘날 교회가 당면하는 문제들이 전부 성경에 제시되어 있지는 않기 때문에 당회는 규칙을 제정하고 그 규칙이 성경의 가르침에 어긋나지 않도록 조심해야 한다.

1) 규칙 제정의 일반 원리

(1) 사역의 방법과 목적 제시

당회는 교회조직에 관한 네 가지 규칙, 즉 당회에 관한 규칙, 담임목사에 관한 규칙, 당회－담임목사의 관계에 관한 규칙, 교회 사명에 관한 규칙을 마련하는 것이 필요하다. 첫 세 가지는 사역의 방법과 관련이 있고, 마지막은 사역의 목적과 관련이 있다.

(2) 기능의 허용 및 금지

당회는 담임목사가 무엇은 할 수 있고, 무엇은 할 수 없는지를 구분하는 규칙을 개발할 수 있다. 리더는 자신이 무엇을 해야 하며 어떤 결과물을 내야 할지 알아야 한다. 규칙은 당회가 기대하는 바를 제시해 주기 때문에 목사는 이에 맞추기 위해 노력한다. 또한 리더는 금지된 사항이 무엇인지 정확하게 알아야 한다. 규칙은 목사들에게 금지사항들을 제시해서 무엇을 하면 안 되는지 명확하게 알 수 있도록 해 준다.

(3) 당회 규칙의 해석

어떤 조항은 많이 포괄적이어서 해석이 필요한 반면 어떤 조항은 상세해서 해석의 여지가 없다. 당회는 규칙 수준을 포괄적에서부터 세부적인 수준으로 옮겨 가면서 담임목사가 합리적으로 규칙을 해석할 수 있는 허용수준을 조절한다. 처음에는 포괄적인 수준의 규칙을 마련해서 담임목사나 당회 의장이 자율권을 가지고 포괄적으로 해석할 수 있도록 허용하는 일반적인 원칙으로 시작한다. 그러나 특정한 사안에 관해 당회가 통제를 더 많이 원한다면 규칙을 상세화해서 세칙을 마련한다.

2) 당회에 관한 규칙

당회의 규칙은 당회 자체를 통치한다. 규칙은 당회에 표준을 제시하고, 개별 성과의 기준이 무엇인지 알려 주며, 신입 또는 기존 당회원이 참고할 수 있는 지침이 된다. 개별 당회의 규칙을 고안하는 데는 몇 가지 선택이 있다. 첫째는 백지에서부터 교회의 고유한 규칙을 만드는 방안인데 이것은 시간이 가장 오래 걸린다. 둘째는 규칙을 어떻게 작성할 것인지 아이디어를 제공하는 기존 사례에서부터 출발하는 방안이 있다.

규칙을 만들 때는 가장 일반적이고 포괄적인 수준으로부터 시작하는 것이 적합하다. 이것을 수준1 규칙이라고 부르자. 수준1 규칙은 가장 포괄적인 규칙으로 당회의 기능에 관한 것이다. 다음으로 수준2 규칙은 수준1의 하위 규칙으로 예를 들어, 상세 직무, 당회원의 자격, 당회원의 행동, 당회의 운영, 당회장의 역할, 운영회의 원칙, 당회 모니터링과 평가, 당회원 훈련, 담임목사의 선출, 담임목사의 임금, 담임목사의 승계 등이다. 끝으로 수준3 규칙(세칙)은 수준2보다 더 구체적인 규칙이다. 당회는 당회 의장이 규칙을 해석하는 데 있어 얼마만큼의 재량권을 허용할 것인지를 결정해야 한다. 규칙이 구체적이기를 원한다면 수준3(세칙)을 택할 것이다. 규칙을 마련할 때 초안을 작성하고, 이를 토론하고, 필요하면 논쟁도 하여 수정을 하고 추가도 해서 합의에 도달해야 한다.

3) 담임목사에 관한 규칙

담임목사에 관한 규칙에는 두 가지 목표가 있다. 하나는 목사를 통해 이루고자 하는 일, 특히 담임목사가 반드시 완수해야 할 일들을 구체화하는 것이다. 어떤 사람들은 이것에 반대하는데, 반대하는 이유는 담임목사가 하지 말아야 할 일들만 규정해서 그로 하여금 자유롭게 사역할 수 있도록 하는 것이 바람직하기 때문이라고 말한다. 그러나 일반 비영리단체들과는 달리 목사의 사역에는 성경적인 방향이 있고, 그래서 반드시 해야 할 일이 있기 마련이다(행 20 : 28, 딤전 5 : 17, 딤후 4 : 2).

또 하나는 목사를 제한하는 규칙이다. 목사 및 직원들을 제한하거나 범위를 정한다. 이것은 제한적이고 부정적으로 비칠지도 모르겠지만, 사실은 목사들에게 대단한 자유를 주는 것이다. 왜냐하면 당회가 금지하지 않은 사항에 대해서는 어떤 방법이든 사용할 수 있고, 당회가 달마다 또는 격월로 목사의 계획을 승인하기까지 기다릴 필요가 없어 소중한 시간을 낭비하지 않아도 되기 때문이다. 규칙에 구체적으로 금지된 사항이 아니라면 무조건 허용된 사항임을 당회는 이해해야 한다. 어떤 부분에서 이런 규칙이 문제가 된다면 그 부분에 한해 따로 규칙을 마련할 필요가 있다.

4) 당회 - 담임목사의 관계에 관한 규칙

당회는 규칙을 이용해서 당회의 권한의 상당한 부분들을 담임목사에게 어떻게 위임할지를 정한다. 담임목사가 그 직무를 어떻게 해야 하는지 방법을 제시하려는 것이 아니라, 규칙은 당회가 담임목사와 어떻게 협력해야 하는지, 어떻게 대해야 하는지를 설명하려는 것이다. 담임목사에게 위임한 사항을 포함하는 게 아니라 위임을 어떻게 하는지 기술한다. 이런 규칙들은 교회에서 누가 권한을 가지고 있는가를 말해 준다.

5) 교회 사명에 관한 규칙

당회의 주요 책임은 교회를 감독하고 교회가 사명을 이루도록 이끄는 것이다. 사명이 없다면 개발해야 하고 사명이 없으면 방향이 없는 교회다. 사명이 이미 있다면 정기적으로 검토해야 한다. 당회는 끊임없이 교회가 사명을 올바로 수행하는지 살펴보고 수행하도록 이끌어야 한다. 사명은 마태복음 28장 19~20절에 따르면 외부지향성(복음전파)과 내부지향성(제자훈련)을 갖는다. 둘은 균형을 이루어야 한다. 사명은 교회가 누구에게, 어떤 방향으로 유익을 줄 것인지를 밝힌다. 예를 들어 교회의 목표 그룹은 누구이며, 어디에 사는지를 보여 준다. 목표를 정하는 것이 어렵고 고통스러울 수도 있다. 왜냐하면 누구에게 다가갈 것인지, 누구를 소외시킬 것인지를 구체적으로 정하는 것이기 때문이다. 어려움에도 불구하고 사명을 정하면 자연스럽게 그 사명에 동조하는 사람들이 모이기 마련이다. 사명을 명확히 하기 위해서는 사명선언문을 마련해야 하는데 여기에는 사역의 방향과 사역의 기능이 포함되어야 한다. 사명선언문이 제대로 준비되면 사명 규칙이 따로 필요 없을 수도 있다. 먼저 사명선언문을 만들라. 그런 다음 사명선언문을 구성하는 각 요소마다 더 구체적으로 정의하고 싶은 사항이 있다면 추가적으로 설명하라.

2. 당회 및 위원회 구성은 이렇게 하라.

당회는 교회의 운영조직이라고 할 수 있다. 당회는 목사와 장로로 구성하며 교회의 정책을 수립하고, 의안을 심의 및 의결하며, 교회의 위원회와 각 부서들을 감독한다. 당회장은 담임목사가 되고, 당회의 조직을 구성하고 임원을 임명하며, 당회 의장으로서 회의를 소집하고 회무를 통괄한다.

1) 당회장(담임목사)

담임목사는 당회 의장으로서 회의를 소집하고 회무를 통괄한다. 담임목사는 당회가 그 기능을 제대로 수행하도록 당회와 소속 기관의 활동을 계획하고, 실행하고, 평가하는 관리자의 역할을 해야 한다. 당회 의장은 헌법과 교회의 규정에 따라 당회를 정기적으로 개최하고, 회의를 준비하고, 진행하며, 교회의 정책을 수립한다. 담임목사는 매년 10월말까지 교회의 신년도 목회계획 및 정책을 준비해서 당회에서 논의하고 결정하는 것이 좋다. 우선 제직 임명을 어떻게 할 것인지 절차를 정하고 후보자 명단을 준비해야 한다. 그리고 신년도 목회 중점 방향을 정하고 이에 따라 교회의 신년도 표어를 정한다. 교회의 표어는 담임목사가 혼자서 정하기보다는 가능하면 교회의 많은 사람들이 참여해서 정하는 것이 바람직하다. 다음은, 신년도 목회 계획 및 방향에 따라 각 부서의 사역 프로그램을 준비하도록 한다. 마지막으로 예산 편성이 중요하다. 전문가들로 예산위원회를 구성하고 교회의 재정 상황을 고려하되 신년도 목회계획과 정책, 표어, 사역 프로그램을 반영하는 예산이 되도록 철저하게 준비해야 한다.

2) 서기

서기는 당회장과 협의하여 당회 상정 안건과 회의 자료를 준비하고, 회의록을 기록하며, 차기 회의에 이를 보고한다.

(1) 의안의 접수

당회 서기는 당회에 상정하기를 원하는 의안을 접수하고 이를 정리하여 당회장과 협의하여 안건을 준비한다. 의안은 원칙적으로 제직회 부서장 또는 교회 부속 기관장이 제안사유, 소요예산, 예상효과 등을 예측하여 소관 위원회에 발의하고 그 위원회에서 심의를 거쳐 서기에게 제출한다. 당회장은 의장 직권에 의하여 당회에 의안을 직접 상정할 수도 있다.

(2) 회의록 기록과 보고

서기는 교회 회의의 정확한 기록, 문서 처리, 문서 유지를 책임질 뿐만 아니라 정보 전달을 책임진다. 정보 수집의 내용에 따라 기록 방법은 조정될 수 있지만, 어떤 정보를 보고하게 할지 정하고, 어떤 보고 방법을 사용할 것인지에 대한 지침을 사전에 마련해야 한다. 효과적으로 잘 관리된 기록은 성도들이 필요로 하는 바를 찾거나 사역의 내용을 결정하는 데 도움이 된다. 교회의 역사를 남기는 데도 이점이 있을 뿐만 아니라 법적인 문제를 해결하는 데도 유용하다. 또한 교회 사역의 변화나 새로운 시도를 결정하는 데 필요한 정보를 주기도 하기 때문에 각 교회 부서의 기록을 누적하여 관리하는 것이 중요하다. 당회 기록은 당회장과 서기가 확인하고 서명하여 교회 내 지정된 장소에 영구 보존하고, 당회록의 복사 또는 외부 유출은 철저히 통제되어야 한다.

3) 위원회

담임목사는 위원회를 통해 교회 리더들에게 행정업무를 위임함으로써 목회에 집중할 수 있다. 또한 교회 내 재능 있는 사람들이 위원회에 참여함으로써 교회가 보다 효율적으로 사역을 감당하는 공동체가 될 수 있다. 뿐만 아니라 위원회를 통해 보다 다양한 성도들의 의견이 공유될 수 있다. 따라서 담임목사는 위원회의 성격을 이해하고, 그에 적합한 당회원을 위원장으로 임명하여 그와 함께 교회 사역을 수행해야 한다.

(1) 위원장의 임명

담임목사는 인사위원회의 추천을 받아 위원회 위원장을 임명하고 그와 협의하여 위원회를 구성한다. 위원장은 위원회의 목적과 의무를 제대로 인지하고 있어야 하며, 위원회의 구성원들을 잘 섬기는 리더십을 갖추고 위원회 총무와 팀워크를 이루어 직무를 수행한다. 당회에서 맡긴 사역에 관해서 구체적으로 사역의 방향과 실행계획을 세우고, 필요한 예산을 요청하고, 효과적으로 운영해야 한다. 회의의 안건을 준비하고 위원들이 회의에 빠짐없이 참석하여 토론에 참여하고 의견을 제시하도록 회의를 진행하며 의사결정을 한다. 또한 위원회 사역에 대해 당회와 교회 제직회에 보고해야 하고 필요한 경우 교역자, 임원, 당회, 사역 담당자, 성도들의 다른 위원회와 협업을 잘 이루어야 한다.

(2) 위원회의 구성

교회의 위원회는 크게 두 가지 종류로 구분할 수 있다. 하나는 특별위원회 또는 임시위원회라 불리는 일회성 혹은 단기적 직무를 맡은 위원회로서 예를 들면, 건축위원회나 목사청빙위원회 등이다. 이들은 위원회가 존재하는 동안 위원이 바뀌지 않고 그 역할을 감당한다. 두 번째 종류는 장기적으로 계속 진행되는 재정위원회와 같은 상설위원회이다. 상설위원회의 위원은 임기를 정하고 교대로 섬기는 것이 일반적인데 예를 들어 2년을 임기로 구성원의 1/2을 바꾼다.

모든 위원회는 교회 당회에 의해 관리되어야 하며, 모든 위원회의 책임자는 직무상 당회에 소속되어 있기 때문에 당회의 요청이 있을 경우 당회 회의에 참석해야 한다. 위원회 구성원은 인사위원회의 추천에 의해서 당회장이 임명하거나 당회의 선출에 의해 구성된다. 각 위원회는 교회의 각 부서와 협력하여 사역하고 사역의 성과를 당회에 보고해야 한다.

당회가 위원회를 신설할 경우에는 목적과 직무를 명확히 규정하고 구성원의 자격 등을 정한다. 필요한 재정을 분배하고 교회 내 토론과 선출에 참여한다. 인원에 대한 요청을 인사위원회에 제출하며, 선정된 구성원, 책임자에 대해서는 교회의 승인을 받는다. 또한 당회는 필요한 예산을 배정하고 새로운 구성원을 교육 및 훈련하여 위원회가 직무를 수행할 수 있도록 지원해야 한다.

상설위원회의 경우, 위원장의 임기는 보통 2년으로 하며, 위원은 1/2을 매년 교대로 구성하는 것이 좋다. 특별위원회는 구성원의 변화 없이 담당하는 사역이 완료되기 전까지 활동하며, 사역이 끝난 후에는 위원회를 해산한다. 예외적인 몇몇 경우를 제외하고, 구성원들은 한 위원회에만 소속되는 것을 원칙으로 한다. 각 위원회에 교역자를 배정하여 지도 및 자문을 하고, 목회자가 1명인 교회라면 그가 지도할 수 있는 범위 이상의 위원회를 만드는 것은 좋지 않다.

그리고 각 위원회와 구성원의 직무 설명서를 제공하고, 당회의 승인을 받아

규칙을 만들어 실행하면 위원이 교대로 바뀌더라도 정책의 일관성과 업무의 효율성을 높일 수 있다. 담임목사는 새로운 책임자나 위원회 구성원을 만나 교제하고, 교회의 정책과 목회 비전에 관해서 충분한 대화의 시간을 갖는다. 위원회 회의를 월별 혹은 분기별로 정례화하여 사역 보고를 듣고, 협의하고, 위원장을 격려한다. 당회 또는 제직회에서의 보고는 위원장이 직접 할 수 있도록 하여 그의 리더십을 세워 주는 것이 좋다.

4) 상설위원회의 기능

(1) 사역(기획)위원회

사역위원회 또는 기획위원회는 교회의 주요 사역에 대해서 전반적인 계획과 조정 및 평가를 담당한다. 이 위원회는 교회의 주요 가치와 미션이 개별 사역과 연결되도록 하는 것을 주요 임무로 하는 것이 좋다. 그렇게 하기 위해서는 교회의 핵심 가치와 미션을 숙지하고, 교회의 전체 미션을 생각해서 각각의 사역을 조정해야 한다. 사역위원회는 다른 부서와의 사역 일정이나 영역을 조율하는 동시에, 교회 공동체가 필요로 하는 것을 찾아 사역과 연결시킨다. 또한 사역의 진행과정과 효과, 재정 사용처 등에 대해 평가하여 관련 부서 및 위원회에 알려 주고 개선할 점이 있다면 조언한다.

(2) 인사위원회

인사위원회는 교회의 인적자원의 이용과 관련한 행정 업무를 돕는 위원회이다. 위원장은 당회원으로 소속되고, 사례비 지급, 예산 설정 및 목회자를 위한 혜택 제공에 대해 매년 재정위원회와 협의한다. 인사위원회 책임자는 의장에게 제직회의 보고내용을 알려 주고, 정기회의에 보고된 모든 보고를 교회 서기에게 주어 회의록에 포함시켜 보관되도록 한다. 인사위원회 책임자는 회계 담당자와 교역자의 사례비 예산과 혜택 제공 내용을 공유한다. 매년 직무 설명서를 업데이트하여 준비하고, 사례비 지급과 혜택 제공에 대해 교역자와 협상한다. 교역자 인사에 관한 정책과 절차를 개발하며, 추가 교역자 초빙에 대해 목회자들과 논의한다. 교역자의 이동, 면접, 추천 절차에 참여하며, 적어도 1년에 1회 교역자의 직무 수행에 대해 평가한다. 정기회의에서 주기적으로 보고를 해야 하며 인사위원회에 대한 질문에 대답을 주어야 한다. 교회 고용인원과 관련하여 행정 절차와 정책을 제안한다.

(3) 재정위원회

재정위원회의 역할은 바른 재정 관리에 대해 교회 모든 부서와 조직을 교육하고, 교회의 예산 수립, 홍보, 관리, 감독 등을 맡는다. 위원장은 당회에 직무상 인원으로 소속되어 당회에 바른 재정 관리 교육에 대해 제안할 수 있다. 교회의 위원회들과 사역 담당자들과 함께 각 위원회와 사역 프로그램의 지출 사용내역을 정기적으로 평가하여 예산에 맞게 재정을 집행하는지 감독한다. 각 위원회와 사역에 필요한 예산을 각 위원회의 책임자, 사역 담당자와 협의하여 결정한다. 재정위원회 책임자는 의장에게 제직회의 보고 내용을 알려 주고, 정기회의에 보고된 모든 보고를 교회 서기에게 주어 회의록에 포함시켜 보관되도록 한다. 교회의 회계 담당자는 직무상 재정위원회에 소속되어 있다. 정기회의에서 주기적으로 보고를 해야 하며 재정위원회에 대한 질문에 대답을 줘야 한다. 교회 재정 사용과 관련하여 행정 절차와 정책을 제안한다. 예산 외 추가적인 지출과 관련하여 제안할 수 있고 교회 예산을 제안한다.

(4) 건물관리위원회

건물관리위원회는 교회의 모든 건물에 대한 관리를 돕는 위원회로 공간과 비품 사용에 대한 조율을 담당하고, 건물 구입과 공간 마련에 필요한 행정을 맡는다. 건물관리위원회의 책임자는 당회에 직무상 인원으로 소속되고, 위원회의 역할을 담당하는 데 필요한 예산을 재정위원회에 요청하며, 인사위원회 책임자에게 건물 관리에 필요한 채용, 훈련을 의탁한다. 그리고 선교 활동을 위한 건물 구입이나 공간 유지에 대해 선교위원회에 제안할 수 있으며, 장기계획위원회와 미래 건물사용 계획에 대해 협의하고, 추가 건물사용과 관련하여 재정위원회와 협의한다. 의장에게 제직회의 보고 내용을 알려 주고, 정기회의에 보고된 모든 보고를 교회 서기에게 주어 회의록에 포함시켜 보관되도록 한다. 건물관리위원회 책임자는 회계 담당자에게 구매 내역을 제출하여 지출된 비용을 지원받는다.

그리고 공간 분배와 관련하여 사용 공간을 확장하거나 조절할 필요가 있는지 매년 모든 담당자와 협의한다. 최대한 효율적으로 공간을 사용하여 교육, 특별 집회, 예배가 이루어질 수 있도록 사역 담당자, 목회자와 공간 재배치에 대해서 의논한다. 또한 공간, 기구, 건물 사용과 관련하여 사역 담당자, 목회자와 협의하고, 사역과 목회에 적절한 비품을 구비할 수 있도록 사역 담당자와 교역자를 돕는다. 공간, 비품, 건물 사용과 관련하여 행정 절차와 정책을 제안하고, 예산 외 추가적인 지출과 관련하여 예산을 제안한다.

3. 회의 진행과 의사결정은 이렇게 하라.

담임목사는 당회 의장으로서 회의를 준비하고, 원만히 진행하며, 의사결정을 이끌어 가야 할 책임이 있다.

1) 회의 준비

(1) 회의 빈도

많은 교회에서 당회 회의의 빈도는 관례에 따른다. 그러나 회의 빈도는 우선 당회가 교회 리더십을 이끄는 데 얼마나 개입할지에 따라 정해야 한다. 또 당회의 기능에 따라 정해야 한다. 교회의 상황에 따라서도 빈도는 달라지며, 마지막으로 회의 시간을 고려해 결정해야 한다. 회의를 자주 하면 의미가 없어질 수 있고, 반대의 경우라면 피드백을 하는 데 시간이 많이 든다. 회의 빈도에 대해서는 일 년에 한 번씩 다시 정하는 것이 좋다.[3]

(2) 회의 시간

교회 상황에 따라 다르지만 일반적으로 보통 교회라면 매월 4~6시간 정도 모인다. 대부분 개인 일정이 바쁘기 때문에 한 번 모였을 때 오래 모이는 것이 몇 차례 추가로 모이는 것보다 낫다. 당회 운영규칙이 제정되어 있는 경우에는 대부분의 업무는 규칙에 따라 처리되기 때문에 당회 회의에서는 사소한 사안들을 다루지 않아도 되니 시간 효율성이 높다.

(3) 회의 안건

의장은 회의에 상정할 안건을 회의 전에 서기와 협의하고, 검토가 필요할 경우 소관 부서의 담당 장로와 협의한다. 또한 회의 후에 회의록 작성에 대해 서기와 상의하여 준비한다. 회의록 보고를 위해서는 전 당회에서 결의된 사항이 어떻게 실행되었는지를 사전에 확인하고 질문에 답변하도록 준비해야 한다. 또한 상회 치리기관과 관련해서 상회의 협조사항 및 상회에의 청원건 등을 안건으로 준비한다. 그리고 회의 전과 후에 교회 목회자, 위원회 책임자, 사역 담당자 및 회의 안건과 관련된 책임자와 상의하고, 회의의 결정사항을 공유한다.

시간과 전문분야의 제약이 존재하는 한, 당회 회의가 보다 중대한 사안에 집중하는 것이 당연하다. 제때 적절히 처리하지 않을 경우 사활이 달려 있는 의안들을 먼저 집중적으로 다루어야 마땅하다. 어떤 사람에게는 몹시 급한 의안이 다른 이에게는 사소할 수 있다. 그러므로 교회 전체에 해당하는 중요한 의

안인지 먼저 살펴야 한다. 회의를 진행할 때, 우선 최소 회의 시간의 절반은 주요 안건을 의논하는 데 할당해야 한다. 나머지 안건들은 남는 시간에 의논하는 것이 좋다. 모든 안건을 전부 다루어야 한다는 건 잘못된 생각이다. 사소한 세부사항을 의논하느라 회의 시간은 연장되고 결과는 보잘것없다면 당회원들의 사기가 떨어져 당회 참석률은 낮아진다.

담임목사는 회의 안건을 사전에 검토하는 것이 중요하다. 먼저 안건의 제안 부서와 제안자를 알아본다. 그리고 그 안건이 당회가 처리할 사안인지, 아니면 담임목사나 직원들에게 위임된 사안인지를 먼저 파악해야 한다. 만일 담임목사나 직원들의 책임이라면 당회에서 관여할 안건이 아니다. 안건의 책임 소재를 명확히 모를 때는 다음 질문을 참고하라.

- 안건이 당회의 명시된 목적이나 기능에 해당하는가? 그렇다면 당회의 책임이다.
- 안건이 프로그램, 활동, 사역, 서비스, 전략, 시설 등 사역의 방법에 해당하는가? 그렇다면 목사/직원의 책임이다.
- 안건이 시간을 초월한 사안인가 아니면 시간이 분명한 사안인가? 시간과 관련 없는 지역사회의 복음화는 사역의 목표와 관련이 있으므로 당회의 안건이 맞고, 부흥회의 시간과 장소 등과 같이 시간이 분명한 사역이라면 방법의 문제이므로 직원들의 책임이다.
- 당회 안건이 맞다면 기존 규칙에 정해진 사안인가? 이미 규칙이 있다면 참고하면 되고, 없다면 유사한 규칙을 원용할 수 있는지 살펴본다.

2) 회의 진행

당회 의장은 기도로 회의를 시작하고, 성령의 인도하심을 따라 회의가 원만히 진행되도록 해야 한다. 회의를 진행하는 데 있어서 예수님의 사랑과 하나됨을 유지하고, 회의 절차를 숙지하며, 당회원들이 절차를 이해할 수 있도록 돕는다. 모든 안건들이 정확하고 제대로 처리되도록 하되, 회의를 신속히 진행한다. 사소한 부분에 대한 논의로 시간이 지연되지 않도록 한다. 의장은 무엇보다 당회원 사이에 완전한 신뢰 가운데 건전한 대화와 토론이 이루어질 수 있도록 분위기를 이끌어야 한다. 어느 주제를 가지고 당회원들 사이에 서로 언쟁하거나 비방하는 일이 없도록 하고, 소수의 사람들이 발언을 독차지하지 않도록 가능한 많은 사람들에게 발언권을 주는 것이 좋다. 회의 분위기가 심각한 상황으로 가면 의장은 신속히 대응하여 회의가 깨지지 않도록 하고, 의견 대립이 심할 경우에는 무리하게 결정하기보다는 기도 시간을 주고 다음 당회로 연기하는 것이 좋다.

3) 당회의 결의

당회의 의결은 절충이 아닌 합의를 바탕으로 하는 것이 바람직하다. 많은 당회는 절충을 통해 의사결정을 한다. 절충으로 결정을 내리려면 모두가 조금씩 양보를 해야 하는데 그런 결정은 맥 빠지기 십상이고 누구에게도 만족스러운 결과가 아니므로 합의를 구하는 방식이 더 좋다. 당회는 합의를 어떻게 이룰 것인지 먼저 의결 원칙을 마련해야 한다. 다수결 원칙으로 할 것인지, 또는 전원 일치로 할 것인지를 결정해야 한다.

다수결에 따라 결정을 내릴 때는 당회원이 그 사안에 동의하지 않는다고 해도 당회의 최종 의사결정을 지지할 것에 합의해야 한다. 의견이 일치하지 않을 것을 받아들이는 것이다. 이것은 만장일치가 아니라 당회의 일치를 위함이다. 때로는 어떤 결정이 너무 중대하고 다수 의견을 지지할 수 없다고 느끼는 당회원이 있을 수 있다. 그럴 경우라 하더라도 그는 이 문제를 다른 사람들과 토론하거나 분란을 야기하거나 당회 밖에서 그의 의견에 동조하는 세력을 규합하여 당회를 반대하는 행동을 해서는 안 된다.

4) 토론 및 갈등의 극복

성공적인 의사결정을 위하여 투표 전에 해당 의제에 대해서 충분히 토론을 해야 한다. 물론 이것은 갈등을 불러올 수 있지만 특정 의제와 관련해서 당회원들 사이에 의견을 달리하는 것은 큰 문제가 아니다. 이 같은 의견 충돌은 나쁜 결정을 예방해 줄 수도 있다. 목사나 당회장이 그릇된 결정을 독단적으로 밀어붙이는 경우가 있는데 이때 연합을 위해, 또는 목사나 당회 리더들에게 동조하기 위해 올바르지 않은 결정임을 알면서도 따른다면 이것은 당회가 건강하지 않다는 의미이다. 건강한 당회라면 이처럼 잘못된 결정에 대해서 문제를 제기하는 것이 당연하다.

갈등을 두려워하는 것이 더 큰 문제다. 당회원은 담임목사와 언쟁을 하고 싶어 하지 않는다. 그러나 결정 사안에 도전할 수 있을 만큼 자유로운 분위기가 되어야 당회 운영이 건강하다. 신뢰가 충분하지 않다는 것도 문제가 된다. 우리는 신뢰하는 만큼 다른 이들과의 갈등을 감수한다. 이것은 약함을 기반으로 한 신뢰다. 우리는 신뢰하지 않는 사람보다 신뢰하는 사람들과 더 많이 논쟁을 하고 반대 의견을 내려고 한다. 갈등과 논란이 적은 당회가 좋은 당회, 연합된 당회라고 보여질지 모르겠지만, 실제로는 서로를 신뢰하지 못하고 건강한 논쟁을 피하려고만 하는 당회일지도 모른다.

4. 당회원의 리더십 훈련이 중요하다.

1) 당회원의 역할

당회원은 교인들의 영적 생활을 돕고, 담임목사의 사역에 협조하여 교회와 관련한 업무를 수행하고, 목사의 영적 건강을 위해 기도한다.

(1) 교인들의 영적 성장을 돌보는 영적 리더

장로는 교인들의 영적 성장을 돌보는 영적 리더이다. 교인들의 신앙상태를 살피고 필요할 경우 영적 조언자로서 상담하고, 심방도 하며, 기도하고, 가르칠 수 있어야 한다. 교인들 중에 믿음이 약해서 이단사설에 휩쓸려 방황하는 사람들이 있을 경우에는 바른길을 찾도록 영적으로 훈계하는 것이 필요하다. 그리고 교인들이 이사를 가거나 또는 이사를 온 경우에는 그들의 신급과 세례 여부 및 직분에 대해서 물어보고 교회 사무국에 기록되도록 돕는다. 또한 교인들과 다양한 접촉을 통하여 그들이 바라는 것과 생각하는 것들을 당회에 반영할 수 있도록 해서 대의정치가 실현될 수 있도록 해야 한다.

(2) 당회의 직무 수행

당회원인 장로는 목사의 설교와 성례전 집례 이외는 목사와 함께 치리의 직무를 하도록 권한을 부여 받았다. 장로들은 교회예배를 주관하고, 각 기관을 감독하며, 임직자를 추천한다. 또한 교회의 재정을 주관하고, 교회의 토지, 가옥 등 부동산을 관리할 책임이 있다. 그리고 장로는 당회의 각 위원회를 관리하며 당회의 안건을 준비해서 서기를 통해 당회에 발의한다.

장로는 교회행정과 권징을 관리하되 반드시 당회장인 목사와 협력해서 해야 한다. 장로가 목회자의 영역을 깊이 개입하거나 자기주장만 내세우려 한다면 담임목사와 장로의 관계는 긴장과 갈등을 피하기 어려울 것이고 교인들에게 영적 리더십을 발휘하기 어려울 것이다.

또한 장로는 목회자의 영적 건강을 살필 필요가 있다. 목사가 이단사설을 가르치거나 부도덕한 과오를 범했을 경우 장로는 목사를 견제하여 교회가 사단의 유혹에 빠지지 않도록 교회를 지켜야 한다. 목사가 신령상 실수를 범하였을 경우에는 가만히 불러 자초지종을 들어 보고 교회의 유익상 조용히 떠나가게 하거나 권면을 해서 교회의 피해를 최소화해야 한다.

2) 당회원의 자질[4]

(1) 영적 성숙

교회의 일은 영적인 사역이므로 당회원은 영적으로 자격을 갖추어야 한다. 대부분의 당회들은 회사의 이사회처럼 막강한 힘을 가지고 교회의 여러 가지 일들을 지휘하고 있으므로 당회원은 영적으로 자격을 갖춰야 한다. 이런 자격들은 디모데전서 3 : 1~7, 디도서 1 : 5~9에 잘 나타나 있다. 그 외에도 성령의 통제력과 지혜(행 6 : 3), 성령의 열매(갈 5 : 22-23)가 필요하다.

(2) 신뢰성

당회원은 신뢰할 만하고 훈련받을 수 있는 사람이어야 한다(딤후 2 : 2). 어느 조직이든 신뢰는 반드시 필요하다. 담임목사도 마찬가지로 당회원을 이끌려면 그들을 믿어야만 한다. 그래야만 당회원도 목사를 믿고, 믿는 만큼 열심히 따른다. 그리고 이 같은 믿음이 바탕이 되어야 훈련이 가능하다. 당회원은 배우는 사람이어야 하고 훈련을 받을 수 있어야 한다. 배우기를 중단하면 통솔하기를 중단하는 것이다. 당회원이 배우려 하지 않는다면 누가 당회원을 따르겠는가?

(3) 교회의 신조에 동의

당회원은 교회의 신조에 동의해야 한다. 교회와 당회는 교회의 신조에 들어갈 내용을 정해야 한다. 신조에는 필수적인 교리(예를 들면 성경의 영감과 무오성, 삼위일체, 예수 그리스도의 신성과 대속, 육체의 부활과 재림)와 부수적인 교리들(예를 들면 정치체제, 여성의 역할, 이혼과 재혼, 교회의 모임 등)이 포함된다.

(4) 교회의 가치에 부합하는가?

당회원은 교회의 가치, 미션, 비전, 전략에 동의해야 한다. 새로운 당회원을 선출할 때 가치에 대한 질문을 던져 보면 도움이 많이 된다. 대부분의 대립은 서로의 가치가 충돌하기 때문에 발생하기 때문이다. 교회도 기업과 이런 면에서 마찬가지다.

(5) 교회 활동에 적극적인가?

등록교인이어야 한다. 등록을 했다는 것은 교회에 헌신하고 교회의 DNA와 본인을 일치시키겠다는 표시로 볼 수 있다. 교회에 출석한 기간이 충분해야 하며, 그 기간 동안 어느 정도의 리더십 역할을 갖고 현장 사역에 직접 참여하면서 능력을 증명해 낸 교인이면 좋다.

(6) 목사에게 (합당한 선에서) 순종하는가?

"예"만 하며 무조건 수용해서는 안 되지만 당회원이라면 기본적으로 담임목사와 그의 리더십을 따라야 한다. 담임목사를 포함한 모든 당회원은 누구든지 서로를 생각해 주고, 서로에게 감사하며, 무엇보다 서로를 존중하고 믿어야 한다(딤전 3 : 2, 딤후 2 : 2).

(7) 변화에 열려 있는가?

당회원은 전통을 고집하거나 현실에 안주하려 해서는 안 되고, 새로운 사역 방식에 열려 있어야 한다. 문제는 많은 교회들에서 어떤 변화도 거부하며 전통을 고수하려는 당회원들의 태도 때문에 청년들이 교회를 떠난다는 것이다.

(8) 배우자의 뒷받침이 있는가?

당회원은 배우자의 전적인 지원을 얻어야만 효과적인 사역을 할 수 있다. 당회원의 배우자는 기도할 책임이 있으며, 화목한 가정을 만들도록 노력하고, 교인들에게 본을 보여야 한다.

3) 건강한 당회 리더십의 특징

건강한 영성은 아무리 강조해도 지나치지 않다. 당회원들의 영성뿐만 아니라 운영 또한 건강해야 한다. 건강한 당회는 다섯 가지 특징이 있다. 팀으로 운영되고, 용기 있게 행동하고, 서로를 믿고 존중하고, 겸손하게 질문하고, 지속적으로 교육 훈련을 받는다.

(1) 팀 리더십

신약에서 대부분의 리더들은 팀 단위로 일을 했고, 팀 형태로 일하는 리더들은 탁월한 리더십을 보여 준다(막 6:7; 행 11:22-30, 13:2-3, 15:40). 팀원들은 당회의 전반적인 행정 업무를 함께 의논하지만, 각자 맡은 전문 분야에서는 자신들의 달란트로 헌신해야 한다. 따라서 함께 일하는 것과 따로 일하는 것 모두를 잘해야 한다. 건강한 당회는 영적으로 한 몸을 이루는 방식으로 협력할 줄 안다.

(2) 용기

당회 활동은 리더십 집약적인 기업가 활동과 다름없다. 소심하거나 마음이 약한 사람에게는 적합하지 않다. 필요한 위험을 감수할 수 있을 만한 용기, 본인의 의견을 관철하기 위한 용기가 있어야 하며, 민감한 사안을 꺼내고, 회의론자들을 반박하고, 책임을 받아들이고, 어려운 상황에서 인내할 줄 알아야 한다. 건강한 당회는 힘든 결정 앞에서 굽히지 않는다. 사실관계를 파악하고, 선택 대안을 따져 보고, 성경적인 방향을 고려하여 최선의 결정을 내린다. 결정을 내린 뒤에는 책임을 진다. 옳은 결정을 하고도 압력에 못 견뎌서 포기한다면 당회의 신뢰도는 바닥에 떨어지고 만다.

(3) 신뢰와 존중

건강하지 못한 당회는 서로 간의 신뢰가 없고, 서로를 의심하며 존중하지 않아 제 역할을 못하는 당회가 된다. 서로를 존중하고 서로에게 마음을 쓰면 믿음은 자연스럽게 쌓여 건강하고 성숙한 당회가 된다. 당회원들이 스스로 수호자가 되려고 하거나 목사를 감시하려고만 한다면 신뢰는 무너진다. 의심하는 태도가 있는 한 건강하지 않고 제대로 기능하지 못하는 당회가 될 수밖에 없다. 신뢰와 존중을 키우려면 각자 느끼는 불신을 없애기 위해 노력해야 한다. 먼저 상대를 향한 마음을 성경에 비추어 보고, 불신하는 이유를 살펴보며, 화해하고 용서해야 한다. 또한 당회 활동 이외에 차를 마시거나 다양한 활동을 함께 하면서 친밀감을 쌓도록 노력한다.

(4) 겸손한 질문

다양한 각도에서 한 가지 사안을 바라본다는 것은 좋은 일이다. 편안한 환경이라면 사람들은 자유롭게 의견을 말하고, 그 의견이 받아들여지지 않았다고 마음에 상처를 입거나 하지 않는다. 건강한 당회원은 본인과 본인의 생각, 사안, 관점을 분리해서 생각할 줄 안다. 반대 의견을 표현할 때는 질문 형식으로 하는 것이 좋다. 예수님도 그렇게 하셨다. 질문은 사람들로 하여금 다시 한번 생각하게 하기 때문이다.

(5) 지속적 교육훈련

당회원은 누구나 지속적인 영성 훈련은 물론 전문지식과 업무능력 및 감성

훈련이 필요하다. 먼저 예수 그리스도를 따르는 제자로서의 성품을 갖출 수 있도록 영성 훈련에 힘써야 한다. 또한 자신의 사역 분야에 대한 전문지식이 있어야 하고, 전략적 사고 및 행동에 익숙해야 하며, 교회규칙을 잘 이해하고 교회의 직무를 실행할 수 있는 능력이 필요하다. 그리고 자신의 감정 상태는 다른 사람에게도 전염성이 있기 때문에 좋은 기분을 전파하도록 자신의 감정을 파악하고 다스리는 감성훈련을 지속해야 한다.

제2절 의사결정은 어떻게 할 것인가?

의사결정(decision making)은 조직의 문제해결을 위해서 여러 가지 대안을 모색하고 그중 최선의 대안을 의도적으로 선택하는 것이다. 의사결정은 조직의 성패에 영향을 주는 근본적인 요인으로서 문제해결 능력과 더불어 리더십의 핵심이라고 할 수 있다. 이렇게 중요함에도 불구하고 의사결정은 실제로 매우 어려운 과정이다. 어떤 때는 합리적인 선택이라고 판단해서 의사결정을 했지만 그 방법이 실제로 최상의 결과를 가져오지 않을 수도 있다는 것이다. 때로는 덜 합리적인 방법이 더 나은 결과를 가져올 때도 있다. 따라서 목회자 및 교회 지도자는 합리적 의사결정 프로세스를 따르는 동시에 겸손히 기도하며 하나님의 뜻을 구해야 할 것이다.

1. 의사결정 과정을 이해하라.

누가 어떤 분야에서 어떤 유형의 의사결정을 수행하든 대부분의 의사결정은 몇 가지 단계를 거치는 합리적 과정이라고 볼 수 있다. Simon(1957)에 의하면 모든 의사결정 및 문제해결은 탐색단계, 설계단계, 선택단계, 실행단계 등 총

[그림 7-1] 의사결정 및 문제해결 단계

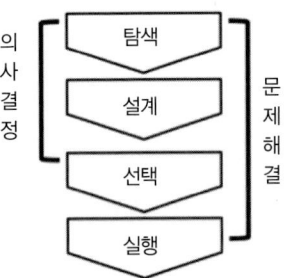

탐색 : 의사결정 문제를 찾아내는 탐색(intelligence) 단계
설계 : 문제를 해결하기 위한 대안을 개발하는 설계(design) 단계
선택 : 개발된 대안 중에서 최적의 대안을 선택하는 선택(choice) 단계
실행 : 선택한 대안을 실행하는 실행(implementation) 단계

〈출처 : Simon, H. A., 1957〉

네 단계로 구성된다. 의사결정 각 단계는 순차적(sequential)이 아닌 반복적(repetitive)으로 수행된다. 즉, 의사결정의 특정 단계를 수행하다가 다시 전 단계를 수행할 필요가 있으면 되돌아가서 수행하는 피드백(feedback) 과정을 거친다. 또한, 의사결정의 특성과 상황에 따라 일부 단계는 생략될 수도 있다.[5]

1) 문제의 탐색 및 분석

문제탐색 단계에서 해야 할 일은 문제의 본질과 특성을 분석하는 것인데, 이때 중요한 것은 문제의 원인과 심각성을 정확하게 파악해야 한다는 것이다. 그리고 문제의 가정과 제약조건을 검토한 후, 문제와 관련된 이해 당사자를 파악하고, 복잡한 문제를 좀 더 분석하기 쉽도록 세분화해야 한다. 그리고 최종적으로 해결해야 하는 문제를 결정해야 한다. 문제의 결정 활동은 문제의 소유권 결정, 문제 선정, 문제 정의의 세 단계로 설명될 수 있다. 문제의 소유권이란 의사결정자가 특정 문제를 해결할 수 있는 수단이나 능력을 가졌을 때 그 문제는 의사결정자에게 소유되는 것을 의미한다. 문제의 소유권을 분석한 다음에는 문제의 중요성과 심각성에 따라 어떤 문제를 먼저 해결해야 하는지를 선정

해야 한다. 문제가 결정되면 그 문제가 무엇인지 정확히 정의하고 문제를 해결하기 위한 조직 내 팀을 구성해야 한다.

2) 대안설계 활동

대안설계 과정은 대안을 평가하기 위한 평가기준 설정과 대안의 제약조건 결정의 두 부분으로 구성되어 있다. 대안을 평가하기 위한 평가기준을 사전에 결정하면 평가기준에 벗어나는 대안을 설계하는 것에 대한 시간 및 비용의 낭비를 절감할 수 있으며, 대안의 객관적인 평가가 이루어질 수 있다. 대안과 관련된 제약조건이란 예를 들어, 조직 내 재정적 자원 및 인적자원이나 조직 외부의 규제 등에 벗어나지 않는 범위를 말한다.

다음에는 문제를 해결하기 위한 대안을 개발해야 한다. 문제를 해결하기 위해 대안을 개발하는 방법은 크게 두 가지 범주로 구분될 수 있으며, 대안을 찾는 방식과 대안을 설계하는 방식을 말한다. 대안을 찾는다는 것은 이미 존재하는 대안들 중에서 최선의 대안을 찾는 것을 의미한다. 반면 대안을 설계한다는 것은 기존에 존재하는 대안을 찾는 것이 아니라 의사결정자가 새로운 대안을 제시하는 것을 의미한다.

대안을 개발한 다음에는 대안의 결과를 예측해야 한다. 대안결과를 예측한다는 것은 대안의 실행으로 인해 얻을 수 있는 결과와 그에 따른 위험성을 측정하는 것을 의미한다. 예측이 어렵다고 대안의 결과를 측정하지 않고 의사결정을 내리는 것은 위험하다. 따라서, 의사결정자나 전문가의 주관적인 판단과 경험을 토대로 대안의 결과를 측정하는 정성적 방법이나 계량적 모형들을 토대로 대안의 결과를 객관적으로 측정하는 계량적 방법 등을 통해 신뢰성 있는 대안의 결과를 추정하는 것이 바람직하다.

3) 대안선택 활동

　대안선택 활동의 첫 번째 단계에서는 비교 평가된 대안들의 우선순위를 정하고 우선순위가 높은 대안을 심층적으로 분석해야 한다. 대안의 순위는 평가기준과 제약조건, 대안의 결과와 발생 가능성, 대안의 장·단점, 의사결정자의 선호도, 의사결정 상황 등을 고려하여 결정되어야 한다. 대안의 순위를 결정한 다음에는 우선순위가 높은 몇몇 대안들을 선정하여 이러한 대안들을 심층적으로 분석한다. 대안의 심층적 분석은 What-if 분석과 Goal-seeking 분석 방법을 사용할 수 있다.

　첫 번째로 What-if 분석은 무엇(what)인가를 변화시킴으로써 대안의 결과가 어떻게(if) 달라지는지를 분석하는 기법이다. What-if 분석은 의사결정 변수의 변화, 제약조건의 변화, 환경의 변화, 변수들 간 관계의 변화에 따라서 대안의 결과가 어떻게 변화하는지를 분석한다. 두 번째로 Goal-seeking 분석은 특정 목표나 결과를 달성하기 위해 어떤 변화가 이루어져야 하는지를 분석하는 기법이며 목표탐색 분석이라고 부른다. 예를 들어, 정부가 경제성장률 5%를 달성하기 위해서는 금리가 얼마로 유지되어야 하는지를 분석할 때 사용될 수 있다. Goal-seeking 분석은 대안을 추진해서 달성하고자 하는 목표를 설정한 후, 목표를 달성하기 위한 의사결정 변수의 변화, 제약조건의 변화, 환경의 변화, 변수들 간 관계의 변화를 추정하는 것이다. 즉, What-if 분석과 Goal-seeking 분석의 방향성은 서로 반대된다고 볼 수 있다.

　대안의 순위를 결정해서 우선순위가 높은 대안을 심층적으로 분석한 다음에는 최적의 대안을 선택한다. 대안은 장기적인 관점에서 선택해야 하며, 자신이나 본인이 속한 팀이 아닌 조직 전체적 관점을 기반으로 선택해야 한다. 그리고 대안의 최종 선택 시 경험과 직관을 가지고 있는 의사결정자의 판단능력을 존중할 필요가 있다. 마지막으로, 이런 일련의 과정을 통해 최종적으로 선택된 대안에 대해서는 반드시 구성원들의 동의를 구해야 한다. 조직 내 다양한 이해 당사자들의 동의가 없으면 선택된 대안은 추진하기가 힘들고, 추진된다고 하더라도 다른 구성원들의 협력 없이는 좋은 결과나 성과를 얻기가 어렵기 때문이다.

4) 대안실행 활동

대안을 선택한 다음에는 대안을 추진할 수 있는 추진전략을 수립해야 한다. 대안의 추진전략은 대안의 실행계획과 통제계획 관점에서 수립해야 한다. 우선, 실행계획을 수립할 때는 다음과 같은 항목들이 포함되어 있는지를 검토해야 한다.

- 목표는 무엇인가?
- 어떤 일을, 누가, 어떻게, 어떤 일정으로 해야 하는가?
- 어떤 결과를 얻어 내야 하는가?
- 어떤 자원을 이용해야 하는가, 실행계획의 비용은 얼마인가?
- 계획 목표의 타당성, 목표 달성 가능성은?
- 실행계획의 단점, 실행계획 책임자, 실행계획의 비용은?
- 업무의 예상 일정, 업무 소요 시간, 업무 간의 상호 관계는?
- 업무수행에 적합한 팀원 구성, 업무 추진에 관련된 권한 및 자원 배분은 적절한가?

다음으로 체계적인 통제계획의 설계를 통해 대안이 효과적으로 실행되고 있는지를 관리할 수 있다. 통제계획을 수립할 때 유의사항으로는 대안을 추진하면서 관리해야 하는 중요한 항목(KPI, Key Performance Indicator)을 찾아내고 이를 측정 가능한 수단으로 변환하여 우선순위를 결정해야 한다. 그리고 어떤 일을, 누가, 언제까지, 어떻게 추진해야 하는지에 대한 구체적인 일정표를 작성해야 한다. 더불어, 프로젝트 진행 상황에 대한 보고 시스템을 구축해야 하며, 계획대로 일이 추진되지 않거나 예상치 못한 상황에 대처할 수 있는 비상계획(contingency plan)을 개발해야 한다. 추가적으로 대안의 통제계획 수립 과정에서 시나리오 분석을 활용할 수도 있는데, 이는 대안 추진 과정에서 일어날 수 있는 상황들을 예측해 보고, 실제로 일어나면 어떻게 대응해야 하는지를 준비하는 것을 말한다. 미래에 발생할 수 있는 상황은 매우 다양하기 때문에 모든 시나리오를 분석하기는 어려우므로 중요한 요인들을 중심으로 몇 가지 상황들을 설정하여 각 상황에 맞는 대응 방안을 사전에 수립하여 대처할 수 있다.

2. 당신의 의사결정 방식이 리더십 스타일이다.

1) Ackoff(1978)의 연구 : 의사결정자의 유형

Ackoff(1978)는 전략적 의사결정이나 문제가 발생했을 때 반응하는 의사결정자의 유형을 '회피하는 의사결정자'(inactive problem solver), '수동적으로 대응하는 의사결정자'(reactive problem solver), '매우 활동적인 의사결정자'(hyperactive problem solver), '미리 대비하는 의사결정자'(proactive problem solver), '상호작용하는 의사결정자'(interactive problem solver)의 다섯 가지로 구분하였다. 회피하는 의사결정자는 현안을 수행하는 데만 관심이 있고, 문제해결과 구성원들에 대한 동기부여에는 전혀 관심이 없다. 수동적으로 대응하는 의사결정자는 현재 상태가 변화하는 것을 싫어하며, 문제를 해결하기 위해 최소한의 변화만 취하려는 성향을 보인다. 매우 활동적인 의사결정자는 조직 내 문제를 끊임없이 찾으면서, 현재 상태에 도전하고, 새로운 변화를 추구하고자 문제를 해결하려는 성향을 보인다. 미리 대비하는 의사결정자는 미래 상황을 예측하여 그에 따른 문제와 기회를 찾아냄으로써 다양한 대안들을 만들고, 사전에 대비하려는 성향을 보인다. 상호작용하는 의사결정자는 미래에 문제가 발생하지 않도록 현재의 문제를 해결하려 노력하며, 참여적이고 전체적인 관점에서 접근하기 때문에 매우 유연한 문제해결 방식을 가진다.[6]

2) Tannenbaum & Schmidt(1973)의 연구 : 의사결정 유형과 리더십 유형

의사결정의 유형과 리더십의 관계를 연구하고 이들이 밀접한 관계에 있다고 주장하는 대표적인 두 가지 연구에 대해 간단히 살펴보자. 조직 내 의사결정 과정은 모든 구성원들에게 일어날 수 있지만 특히, 구성원들을 이끄는 리더들에게 더 많이 요구되며, 이는 조직 구성원과 조직 성과에 많은 영향을 미친다. Tannenbaum과 Schmidt(1973)는 의사결정 유형과 관련된 리더십 유형을 리더 중심과 부하 직원 중심으로 구분하여 하나의 연속성 모형을 제시하였다. 연속성 모형의 양 극단은 단순히 구성원들에게 의사결정 사항을 공표하는 독재형 리더와 부하 직원들이 리더가 인지하는 범위 내에서 의사결정에 참여하도록 하는 민주형 리더로 구성되어 있다. 독재형 리더는 리더에 의한 권한 사용 수준이 가장 높은 유형이며, 민주형 리더는 부하 직원에 대한 자유의 범위 수준이 가장 높은 유형이다. 이들은 이러한 연속성 모형 내 양 극단을 포함하여 7가지의 유형을 제시하였으며, 연속선상에 있는 여러 가지 유형들 중 조직에 가장 적합한 유형을 선택하는 것이 가장 효과적이라고 주장하였다.[7]

의사결정 유형과 리더십 유형의 관계에 초점을 맞춘 또 다른 연구가 있다. Vroom과 Yetton(1973)에 의해 제안되어 '브룸-예튼 이론'이라고 불리며 '규범적 리더십 이론'의 내용을 포함하고 있는 연구이다. 그들은 의사결정 과정에서 리더가 부하 직원들을 참여시키는 정도에 따라 리더십 유형을 독재Ⅰ형, 독재Ⅱ형, 상담Ⅰ형, 상담Ⅱ형, 완전참여형의 다섯 가지로 구분하였다. 독재Ⅰ형은 리더가 가지고 있는 정보나 지식을 바탕으로 직면한 문제점에 대하여 단독적

[그림 7-2] 의사결정 유형과 리더십 유형

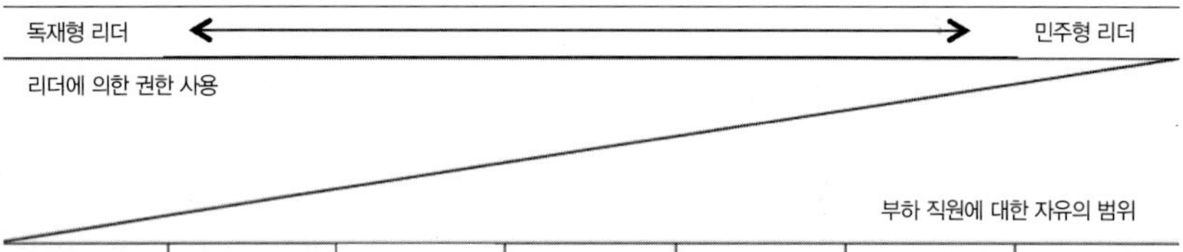

독재형 리더	←						→	민주형 리더
리더에 의한 권한 사용								
							부하 직원에 대한 자유의 범위	
리더는 단순히 의사결정을 부하 직원들에게 공표	리더는 부하 직원들에게 의사결정을 납득시킴	리더는 아이디어를 제시하고 구성원들의 질문에 응답	리더의 최초 의사결정은 구성원들의 의견수렴을 통해 변경 가능	리더는 문제점을 제시하고 구성원들의 제안을 받아 최종의사결정	리더는 의사결정을 위해 조직 구성원들에게 의견이나 조언을 요청	리더가 허용하는 범위 내에서 구성원들은 자유롭게 의사결정에 참여

〈출처 : Tannenbaum, R. and Schmidt, W. H. 1973〉

인 의사결정을 통해 해결하려는 유형이며, 독재Ⅱ형은 조직 구성원들로부터 의사결정에 필요한 정보들을 제공받기는 하나 최종적으로는 리더 스스로가 의사결정을 통해 문제를 해결하는 유형을 말한다. 상담Ⅰ형은 리더가 문제에 직면했을 때 해결방안에 대한 아이디어나 의견을 요청하고자 구성원들과 개별적으로 문제를 공유하지만 최종 의사결정은 리더가 내리며, 상담Ⅱ형은 문제 해결을 위해 다수의 구성원들과 회의 등을 통해 해결방안에 대해 논의하지만 역시 최종의사결정은 리더가 내린다. 완전참여형은 직면한 문제를 해결하기 위해 리더가 구성원들에게 권한을 위임하고, 회의를 통해 최선의 대안을 모색하여 선택된 대안을 실행에 옮기는 유형이다.[8]

제3절 갈등을 어떻게 관리할 것인가?

1. 갈등의 원인과 결과를 파악하라.

갈등이란 목표나 신념에 있어서의 불일치이다. 가벼운 의견의 불일치부터 관계의 파탄까지, 긍정적인 갈등부터 파괴적인 갈등까지, 다양한 갈등의 유형이 있을 수 있다. 목회자들이 전략을 실행하기 위해서는 수많은 갈등을 접하게 된다. 변화와 갈등은 항상 공존하는 것이다. 어떤 사람들은 갈등을 절대 일으키지 않음으로써 평화가 찾아올 것이라고 믿지만, 갈등은 언제 어디서나 존재해 왔고, 앞으로도 존재할 것이다.

1986년 Herbert W. Armstrong이 죽었을 당시, Worldwide Church of God은 10만 명의 교인과 2억 달러의 연간 수입을 가지고 있었다. 하지만 그로부터 8년 후, 교리를 둘러싼 갈등이 일어나면서 교인도, 재화도 서서히 줄기 시작했다. 새로운 리더들은 그들의 교회를 구별되게 했던 많은 교리들을 바꿔서 엄격한 가르침을 포기하고 대중적인 교회의 흐름을 따르기 시작했다. 이러한 변화는 구성원들 사이에 갈등과 재앙을 불러 왔다.

1) 갈등의 원인

교회에서 일어나는 갈등은 그 원인에 따라 크게 세 가지로 나눠 볼 수 있다. 의사소통으로 인한 갈등, 조직의 구조로 인한 갈등, 그리고 이기심으로 인한 갈등이다.[9]

(1) 의사소통으로 인한 갈등

의사소통으로 인한 갈등은 때로 오해로 이어지고 스트레스를 유발한다. 흔히 오해를 불러일으키는 세 가지 요인은 언어학적인 요인, 명확성의 부재, 그리고 명령체계의 복잡성이다. 먼저 언어학적인 요인은 언어의 복잡 미묘함에서 비롯된다. 사람들은 같은 단어를 듣더라도 자신이 생각하고 있는 이미지와 연결 지어서 전혀 다른 의미로 받아들이곤 한다. 때문에 리더들은 단어 사용에 조심해야 한다.

다음으로, 명확성의 부재는 부적절한 의사소통을 야기한다. 구술로 지시사항을 전달할 때는 정확하고 틀림없는 정보를 전달하는 것이 특별히 요구된다. 지시가 모호하고 구체성이 떨어질수록 수행하는 사람은 전혀 다른 일을 할 가능성이 커지고, 서로 간의 관계도 금이 가게 된다. 또한 리더는 청취자에게 너무 많은 말을 한 번에 쏟아붓지 말고, 전문용어를 남발하여 혼란에 빠지게 하지 말아야 한다.

마지막으로 명령체계가 복잡하면 할수록 오해의 가능성은 커진다. 말을 전달하는 사람이 많아질수록 구체성이 떨어지고, 필요 없는 말이 더해지며, 무엇이 중요하고 무엇이 중요하지 않은지가 불명확해진다. 이런 경우 처음에 전해졌던 말이 그대로 최종 목적지에 도착하지 않을 수 있으므로 명령체계는 단순하고 명확해야 한다.

(2) 조직의 구조로 인한 갈등

구조란 리더가 통제할 수 있는 조직 관련 요소들을 말한다. 예를 들면 교회의 사역, 조직구성, 예산제도, 책임과 권한에 관한 명확한 원칙, 세대 갈등 등이다. 이 중에 어느 한 가지 혹은 여러 요소들이 복합적으로 교회의 갈등을 만들어 낼 수 있다. 한 작은 교회는 구제활동을 어떻게 할 것인가 때문에 슬프게도 두 동강이 났다. 고아를 돕는 사역을 각자 사사로이 할 것인가 아니면 교회가 제도적으로 할 것인가 하는 방법을 놓고 의견차이가 생겼던 것이다. 결국 교회적으로 고아를 도와야 된다고 믿는 교인들이 나가서 새로운 교회를 시작했는데, 1/3 교인들이 여기에 합류했고 1/3은 본 교회에 남았다. 설상가상으로 1/3은 아예 교회를 떠나 버렸다. 그렇지 않아도 교인들이 적었었는데 교회 분리는 두 교회의 사역을 절름발이로 만들었다.

교회의 예산을 지원하는 제도와 절차를 합리적으로 마련해 놓지 않으면 이런 갈등이 생길 수밖에 없다. 특히 신규 사역을 시작하려고 할 때 갈등이 일어나기 쉽다. 교회재정을 필요로 하지 않는 사역은 그에 동조하는 교인들을 모아 자유롭게 사역팀을 시작할 수 있을 것이다. 그러나 재정이 필요한 경우에는 관련 사역본부에 공식적으로 해당 사역에 대한 예산을 신청해야만 한다.

그리고 부서 및 임원들의 역할, 책임 및 권한이 명확하게 규정되지 않았을 경우에 구조적으로 갈등을 야기시킨다. 이 경우 사람들은 어디까지가 자기의 책임인지, 그리고 무엇을 누구와 협의하고, 누가 최종 결정하고 누구에게 보고할 것인지를 알지 못한다. 결과가 좋지 않을 경우에는 서로에게 책임을 전가하거나 남을 비난하기도 한다. 때로는 다른 사람의 권한을 침범해서 갈등이 생기기도 한다.

(3) 이기심으로 인한 갈등

가장 흔한 이기심으로 인한 갈등 요인들을 꼽아 보자면, 개인의 공격성, 지나친 경쟁의식, 가치관의 충돌, 권력욕 등을 들 수 있다. 항상 싸움과 말다툼을 일으키는 원인은 사람들 속에 내재하는 욕망이다. 모든 조직적인 갈등 뒤에는 개인의 욕망이 있다. 최근에는 세대 간 문화차이로 인해 갈등이 많아지고 있다. 한 교회는 청년부 예배 때 전기 악기를 사용하는 문제로 인해 그 교회 장로와 마찰을 빚었고, 결국 대부분의 청년들이 견디지 못하고 집단적으로 다른 교회로 이동하였다고 한다.

2) 갈등의 결과

갈등은 변화를 시도할 때 필연적으로 찾아오게 되어 있다. 예수님도 당시 종교 지도자들과 많은 갈등이 있었다. 모세는 바로와 갈등을 겪었고, 바울은 예루살렘 교회 지도자들과 교리 문제로 마찰이 있었다. 변화지향적인 리더에게 갈등은 피해야 할 골칫거리가 아니라 극복해야 할 과제이다. 갈등은 잘못 다루면 적대감을 가져오고 공동체를 파괴하기도 하지만, 지혜롭게 극복한다면 공동체의 변화와 발전을 가져온다. 갈등의 결과에 따라 파괴적 갈등과 생산적 갈등으로 구분할 수 있다.

(1) 파괴적 갈등

갈등은 다른 이의 잘못과 약점을 드러내게 한다. 갈등 중에 있는 사람들은 자신의 입장을 정당화하고 논쟁에서 승리할 방도를 찾게 된다. 자신의 입지를 굳히기 위하여 상대방의 의견을 부정하고, 상대방의 약점을 찾아내기 위해 주시하게 된다. 이러한 행동은 관계를 망가뜨리고 조직의 생산성을 약화시킨다. 또한 갈등은 조직 내에 파벌을 형성시킨다. 파벌은 큰 조직이든 개인적인 관계든 가리지 않고 파괴하는 힘을 가지고 있다. 해소되지 않은 갈등은 교회분열의 원인이 될 수 있다. 그리고 갈등은 비생산적인 활동에 에너지를 낭비하게 한다. 갈등은 사람들을 육체적으로나 정신적으로나 지치게 할 뿐 아니라 쓸데없는 생각을 많이 하게 하여 시간을 낭비하는 결과를 가져온다.

(2) 생산적 갈등

갈등이 언제나 적대적인 감정과 폭력을 가져오는 것은 아니다. 의견의 차이는 긍정적인 효과를 가지고 있기도 하다. 첫째, 의견의 차이는 개인과 조직의 변화를 동반함으로써 결국 발전을 가져올 수 있다. 둘째, 의견의 차이는 변화에 대한 필요성을 부각시키는 수단이 될 수 있다. 성숙한 리더와 매니저들은 자신과 다른 의견을 환영하는데 이는 자신이 가진 생각을 검토하고 필요할 때에 적절한 변화를 수용할 수 있게 되기 때문이다. 셋째, 의견의 차이가 존재함으로 인해 사람들은 자신과 다른 사고방식을 용인하는 법을 배운다. 자신과 다른 의견을 적대적인 감정 없이 얼마나 잘 받아들이느냐 하는 것은 성숙한 리더의 기준이기도 하다. 효율적인 관리자는 '의견 차이가 있음에 동의함'을 배운다.

초대교회가 일곱 집사를 택하여 세움

"그때에 제자가 더 많아졌는데 헬라파 유대인들이 자기의 과부들이 매일의 구제에 빠지므로 히브리파 사람을 원망하니 열두 사도가 모든 제자를 불러 이르되 우리가 하나님의 말씀을 제쳐 놓고 접대를 일삼는 것이 마땅하지 아니하니 형제들아 너희 가운데서 성령과 지혜가 충만하여 칭찬받는 사람 일곱을 택하라 우리가 이 일을 그들에게 맡기고 우리는 오로지 기도하는 일과 말씀 사역에 힘쓰리라 하니 온 무리가 이 말을 기뻐하여 믿음과 성령이 충만한 사람 스데반과 또 빌립과 브로고로와 니가노르와 디몬과 바메나와 유대교에 입교했던 안디옥 사람 니골라를 택하여 사도들 앞에 세우니 사도들이 기도하고 그들에게 안수하니라 하나님의 말씀이 점점 왕성하여 예루살렘에 있는 제자의 수가 더 심히 많아지고 허다한 제사장의 무리도 이 도에 복종하니라"(행 6 : 1-7).

사도행전에 나타난 초대교회의 구제 활동에 문제가 생겼고, 그로 인해 교회에 갈등이 생기고 서로를 원망하게 되었다. 열두 사도가 모든 제자들을 불러 놓고 해결 방법을 제시하는데 그것은 바로 조직화와 권한 위임이었다. 그래서 일곱 집사들을 세워 그들에게 구제하는 일을 위임하고 사도들은 기도와 말씀 전하는 일에 힘썼다. 그 결과 하나님의 말씀이 점점 왕성하여 예루살렘에 있는 제자의 수가 더 심히 많아지고 허다한 제사장의 무리도 이 도에 복종하게 되었다. 이것이 경영의 효과인 것이다. 구체적으로 경영 측면의 시사점을 살펴보면 다음과 같다. 구성원이 늘어나는 데 비해서 지도자들이 늘어나지 않으면 이해 갈등과 원망이 생긴다. 그리고 지도자들이 특정 업무에 치우치다 보면 더욱 중요한 일을 소홀히 할 수 있으므로 중간관리자들을 세워 그들에게 직무를 나누어 주고 위임하는 것이 중요하다.

2. 갈등해결을 위해 '6C 모델'을 활용하라

변화와 갈등은 항상 공존하게 되어 있다. 변화는 갈등을 일으키고, 갈등은 또 다른 변화를 가져온다. 지도자가 갈등을 두려워하면 그 교회에 변화는 없다. 그 두려움은 지도자로 하여금 환경의 변화에도 능동적으로 대응할 수 없게 만들고 교회는 결국 쇠락하게 된다. 그러므로 지도자는 변화에 따르는 갈등을 극복하는 법을 배워야 한다.

갈등 관리의 유형에 관해서는 여러 개의 모델들이 있다. 이 모델들은 기본적으로 당면한 갈등을 어떻게 관리하는가에 대해서 이해의 틀을 개괄적으로 보여 준다. 교회에도 몇 가지 선택이 있다. 어떤 경우에는 교회 정치와 운영규정 또는 교단 정치가 갈등에 어떻게 반응할지 규정해 놓고 있다. 그러나 어떤 경우에는 이런 가이드라인들을 적용할 수 없고 지도자가 자신의 지식이나 기술을 가지고 갈등에 직면하게 된다.

여기서는 갈등관리 유형(conflict management styles)의 한 패러다임으로서 '6C 모델'을 소개한다.[10] 이 모델은 갈등의 개입부터 원원의 결과를 위한 노력까지의 과정에서의 접근 방식 및 유형들로 구성되어 있다. 뒤에 소개되는 접근 방식일수록 갈등을 성공적으로 관리하거나 해결할 확률이 높고 관계에 더 많은 가치를 두고 있다. 6C는 대결(confrontation), 방임(complacency), 조정(coordination), 소통(communication), 협동(cooperation), 협업(collaboration)을 말하며, 다음은 이들 유형에 대한 간략한 설명이다.

1) 대결(confrontation)

대결이란 갈등에 정면으로 대립하는 행동이다. 지도자는 갈등에 관한 그의 가정들이나 지식에 기초해서 문제에 뛰어들고 대결하며 필요하다면 그 문제에 관여된 사람들과도 대결한다. 이 방식은 일반적으로 갈등을 다루기 위해서 권한을 사용하는 것처럼 보일 수 있다. 지도자는 이 방식(유형)이 위험하고 도전적이고 때로는 위협적이라는 것을 발견할 것이다. 이 방식은 지도자를 직접 갈등 속으로 들어가게 하고, 자주 문제의 한쪽 편에 있게 하고, 다른 편에 대한 그의 영향력을 제한하게 만든다. 대결방식에서 지도자는 공격자가 된다.

2) 방임(complacency)

방임이란 지도자가 갈등에 대해서 기본적으로 아무것도 행하지 않기로 선택하는 것이다. 이것은 일반적으로 갈등을 무시하는 것을 의미하며, 그것이 존재하지 않는 것처럼 간주하거나 또는 아무런 간섭이 없어도 자연적으로 해결되기를 희망하는 것을 의미한다. 어떤 경우에 지도자는 갈등을 인식하지만 다른 사람들이나 다른 과정 또는 시간이 문제를 해결해 줄 것으로 가정한다. 문제의 심각성이 이런 접근방식을 선택하는 하나의 결정요소가 될 수 있다. 만약 그 문제가 교회와 아무런 관련이 없고 큰 영향을 미치지 않는다면 방임방식이 하나의 좋은 선택이 될 수 있다. 방임은 결코 책임회피가 아니다. 그것은 지도자가 개입해서는 안 될 곳에 개입하지 않음으로써 지도자 자신과 그 공동체를 보호하려는 의도적인 반응이다. 방임방식에서 지도자는 방관자가 된다.

3) 조정(coordination)

조정이란 갈등과 결과를 조정 및 조직하려는 일이다. 이것은 보이지 않는 것들(예를 들면 관계) 또는 보이는 것들(예를 들면 정책이나 프로그램들)을 포함한다. 핵심적으로 조정이란 사람들을 확신시키기 위한 노력 또는 상황을 통제하려는 노력으로써 가능한 수준에까지 바람직한 결과를 얻기 위한 행동이다. 조정은 마치 지휘자가 오케스트라를 이끄는 것과 같이 갈등을 관리하는 것처럼 느껴질 수 있다. 이 접근방식은 문제에 따라서 성공과 위험수준이 변한다. 전형적으로 대결방식과 같이 지도자의 견해가 널리 알려지게 된다. 조정방식에서 리더는 지휘자가 된다.

4) 소통(communication)

소통은 능동적이고 공감적인 경청은 물론 수집된 정보를 사용하는 것을 말한다. 사람들이 아무런 판단을 받지 않고 그들의 의견을 표현할 기회를 갖게 하는 것이 중요하다. 그렇게 하면 사람들은 갈등을 이야기할 수 있겠다는 믿음을 서서히 갖게 된다. 이런 소통의 결과는 다음과 같은 유익이 있다. 첫째는 사람들이 좀 더 개방적이고 객관적이 되기 쉽다. 둘째는 갈등을 소유하고 책임을 함께 할 수 있도록 그들을 개입시켜서 사람들로 하여금 덜 불평하도록 만든다. 셋째로 그들이 스스로 문제해결 기술을 사용하는 것을 돕든지 또는 새로운 기술을 배울 수 있도록 하는 데 도움을 준다. 소통방식에서 지도자는 모든 당사자들과 함께 정직하게 개방적으로 일하는 중간자가 되어 개인들이 문제에 빠지지 않게 하면서 갈등을 해결하는 것을 돕는다.

5) 협동(cooperation)

협동은 모든 당사자들이 함께 갈등을 관리하고 해결하기 위해서 당사자들을 모으는 것이다. 협동 방식에서는 교환이론을 기본가정으로 한다. 이것은 모든 당사자들이 무엇인가 얻기 위해서는 무엇인가 포기해야 하는 것을 의미한다. 모든 당사자들은 얻을 수도 있고 또한 잃을 수도 있다. 어떤 경우에 협동은 합의도출을 포함한다. 모든 사람들은 그들이 선호하지 않는 선택일지라도 그 결과를 받아들이고 살아간다. 지도자는 모든 당사자들이 그들의 사정을 제시하고 협동적인 해결책에 이르도록 돕기 위해서 상당한 에너지를 소비한다. 협동 방식에서 리더는 협상자가 된다.

6) 협업(collaboration)

협업이란 모든 당사자들을 모든 사람의 이익과 공동선을 위해서 함께 일하도록 하는 하나의 예술적 방식이다. 이 방식은 위에서 언급한 협동방식처럼 갈등 해결을 위해 하나를 주고 하나를 받는 것을 전제로 접근하기보다는 당사자 모두의 윈윈 관계를 생각한다. 이 방식에서는 모든 이들이 최종 결과물에 대하여 동의하고 또 호감을 갖는 지점에서 갈등을 관리하고 해결하려는 방법을 찾는다. 협업은 실행하기 매우 어려운 갈등관리 방식이다. 그렇지만 가장 큰 이익을 가져온다. 일반적으로 사람들은 각자 목소리를 냈다고 느끼고 또한 그 결과에 기여했다고 생각한다. 협업방식에서 지도자는 촉진자가 된다.

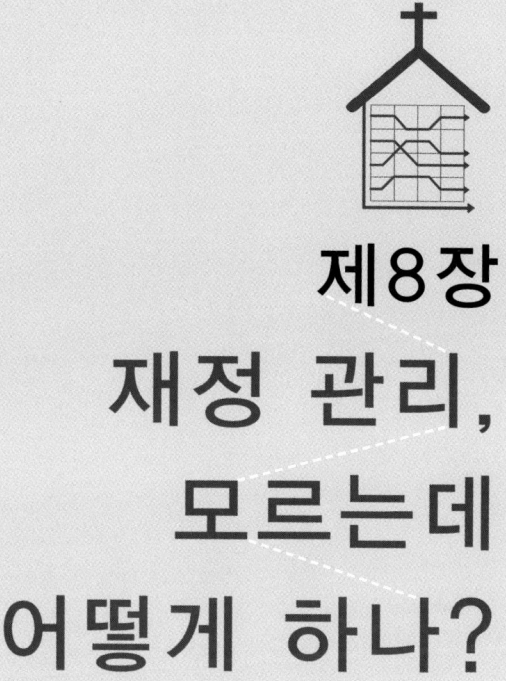

제8장
재정 관리, 모르는데 어떻게 하나?

제1절
현대적 시스템을 마련하라

제2절
예산에 의해 재정을 운영하라

제3절
수입과 지출의 관리를 회계기준에 맞게 하라

제4절
재정 기록 및 보고를 투명하게 하라

제8장
재정 관리, 모르는데 어떻게 하나?

> 충성되고 지혜 있는 종이 되어 주인에게 그 집 사람들을 맡아 때를 따라 양식을 나눠 줄 자가 누구냐 주인이 올 때에 그 종이 이렇게 하는 것을 보면 그 종이 복이 있으리로다 내가 진실로 너희에게 이르노니 주인이 그의 모든 소유를 그에게 맡기리라(마 24 : 45-47).

[도입사례] ○○교회 재정 관련 분쟁 사례

2010년 말 ○○교회는 담임목사와 재정위원 2인에 대한 재정 관련 의혹이 있어 1년 가까이 곤혹과 위기를 겪었다. 2011년 10월 법원 판결에서 '담임목사 자녀유학비 횡령부분'과 '펀드투자 관련 배임'에 대해 담임목사와 재정위원 2인이 무혐의 불기소 결정을 받으면서 담임목사에 대한 재정비리 혐의가 벗겨졌고 ○○○목사가 약 10개월 만에 교회로 복귀하는 것으로 어렵게 교회가 안정화되기 시작했다. 무혐의 판결로 인해 현재 ○○

교회는 안정을 찾았지만 분쟁이 있는 동안 담임목사의 설교를 막는 등의 예배시간에 발생한 물리적인 충돌 동영상이 인터넷에 유포되었고, 이를 S방송사의 모 프로그램이 다루면서 교회에 대한 공격, 특히 재정문제에 대한 공격 앞에 교회의 인력, 경험, 전문성이 얼마나 부족한지가 여실히 드러났다. 교회의 재정문제는 목회자의 도덕성에 대한 불신과 직결되기 때문에 오해로 시작된 교회 재정 관리에 대한 의혹 제기는 하나의 교회, 한 명의 목회자에 대한 피해로 그치지 않고 한국교회 전체에 파장을 미친다. 때문에 재정, 정관, 행정에 대한 시스템화를 꾀해 교회의 비전문적 재정관리가 한국교회의 위상을 금가게 하고 하나님의 영광을 가리지 않도록 노력해야 한다.

〈○○○ 목사 '○○교회 사례가 주는 교훈과 시사점'〉

교회 음해세력이 재정문제를 집요하게 공격하는 이유는 간단하다. 교회와 목회자의 도덕성 문제를 이슈화시킬 수 있고 법적으로 결정적인 타격을 입힐 수 있기 때문이다. 재정문제는 교회 안팎 만인의 심리에 불을 붙일 수 있어 휘발성이 강하다. 교회 내에 문제가 발생했을 때 반드시 확인해야 할 3가지 요소는 적법성과 절차적 정당성, 공지성이다. 이 3가지 요소만 완비되어 있으면 어떤 경우도 문제해결이 가능하다. 적법성은 교회 운영정관, 재무회계 처리 시행세칙, 각종 규정과 기준 및 지침과 관련되어 있다. 규정, 기준, 지침의 준수 여부는 장기적으로 문제 해결의 열쇠라 할 수 있다. 절차적 정당성은 예산 확보(예결산위원회→당회→공동의회, 제직회), 예산 집행(집행기관), 결산 완결(공동의회, 교인의 총유)이라는 정당한 절차를 거쳐야 한다. 공지성은 행정 절차를 교인들에게 알리는 것이다. 예결산위원회, 당회, 제직회, 공동의회 등을 열어 반드시 결의사항을 적법하게 공표해야 한다. ○○교회는 분쟁이 발생했어도 법적 근거 확보, 자료 보존, 당회의 분명한 처신, 노회의 공정하고 바른 협조, 교회를 지키기 위한 헌신적 교인들의 결속 등이 있었기에 위기를 슬기롭게 극복할 수 있었다. 특히 교회의 유일한 부동산이었던 토지 6,000여 평(매입가 150억 원)을 담임목사가 복귀하는 바로 그 주일에 총신대 등에 기부, '나누는 교회'의 이미지를 회복한 반면 교회 재산의 분할을 요구하는 세력들에게는 어떤 금품도 제공하지 않고 단호하게 처리했다. 악의적 보도를 했던 언론사에 대해서는 배상 요구, 반론·정정 보도로 강력히 대처했다.

교회는 예산의 확보, 집행, 결산, 공지 등 시스템을 구축하고 정관, 재무회계처리 시행세칙, 기준, 지침, 규정 등 법적 근거를 반드시 갖고 있어야 한다. 또 문제가 발생하기 전의 것을 소급해서라도 제도적·자료적으로 보완을 해야 한다. 자료를 잘 보존하고 위원회 등을 통해 목회자에 집중된 책임을 분산시켜야 한다.

〈○○○ 변호사 '교회에서 일어날 수 있는 형사법 문제'〉

교회에서 문제 될 수 있는 형사사건은 크게 업무상 횡령, 업무상 배임, 사기, 명예훼손, 건축법 위반, 예배방해 등이다. 업무상 횡령을 막기 위해서는 개인통장과 교회통장을 엄격히 구분해 사용하며, 지급 근거와 절차를 준수해야 한다. 교회는 담임목사나 성도들과 분리된 별도의 소유 주체다. 교회 재물은 목회자 개인의 것이 아니라 공적 재산이라는 사실을 분명히 인식해야 한다. 교회 공금을 일단 사적으로 유용하면 횡령죄가 성립한다. 이를 갚더라도 횡령죄는 없어지지 않는다. 교회의 중요 재산을 처분하거나 거래·투자했을 때는 배임 문제가 제기될 수 있다. 이러한 일들은 정관 등에 정해진 절차를 준수해야만 한다. 명예훼손은 진실한 사실로서 오로지 공공의 이익에 관할 때는 처벌을 받지 않는다. 형사사건을 사전에 예방하기 위해서는 평소 법률 관계를 문서화하고 교회 정관 등에서 정한 절차와 요건을 준수해야 한다. 투명한 회계 처리, 장부 정리, 자료 보관이 필수다. 만약 사건이 발생하면 침착하게 변호인과 상의하고 관련 자료를 수

집 · 정리해 대응전략을 수립한다. 인정에 호소하기보다 증거와 자료로 소명하는 데 힘써야 한다. 검사와 수사관의 선입견으로 오판되지 않도록 주의하며 상대방 주장의 허구성을 논리적으로 집어내어 신빙성을 탄핵한다. 폭력적인 예배 방해에 대해서는 동영상 촬영 등으로 증거를 수집하고 형사 고소로 엄중 대처한다. 법원으로부터 예배방해 금지 가처분을 받아 예배방해 행위를 저지시킨다.

〈출처 : 「국민일보」, "예배 방해 행위, 동영상 찍어 증거부터 확보"(2013년 9월 30일)〉

제1절 현대적 시스템을 마련하라[1]

1. 재정 관리, 잘못하면 낭패 당한다.

교회나 종교적인 비영리단체는 재정 관리를 전문적으로 그리고 효과적으로 실행할 수 있는 철학을 갖추어야 한다. 그렇지 않으면 크게 낭패를 당할 수 있다. 그것은 아래와 같은 3가지 중요한 이유 때문이다.

1) 크리스천의 원칙이다.

예수님은 자주 신실한 청지기에 대해 말씀했고, 신약에서도 청지기직에 대해 빈번히 다루고 있다. 예수님은 우리에게 확실히 말씀하시길 우리가 영적이나 육체적으로 받은 자원들에 대해 책임을 져야 한다고 하셨다.

2) 교인들이 바라고 기대한다.

교회의 가장 큰 문제는 행정상에서 나타나는 여타 어려움보다는 서투른 재정 관리로 인해 발생한다. 이것은 교인들 개인이 정직하지 않아서가 아니라 효과적인 재정 관리 원리들을 활용하지 않았기 때문이다. 재정 관리에서 주로 나타나는 공통된 과실은 다음과 같은 요인들에서 기인한다.

- 서투른 회계 원칙
- 이중적인 의무 부여(예, 헌금 기록과 지출업무의 겸직)
- 두 명 이상이 함께 일하지 않기 때문에 생기는 과실
- 교회에 보고하지 않아서 생기는 과실

3) 법을 위반할 수 있다.

교회나 비영리단체 조직은 세법에 대한 의무를 온전히 실행해야 한다. 예를 들면, 소득세 감면을 위한 연말정산에서 개인의 기부금 명세서 발급을 위해서는 교회는 개인별 헌금 기록을 유지 보관할 의무가 있다. 미국의 경우, 연간 재무제표를 제출해야 하며 부동산 등 재산을 공개해야 한다. 따라서 서투른 재정 관리는 법을 위반할 가능성을 내포한다고 하겠다.

2. 재정 관리의 원칙을 알아야 한다.

관리자는 다음과 같은 4가지 주요 재정 관리 원칙을 명심해야 한다.

1) 조직

- 조직은 정책과 절차들을 제공하여 재정 관리가 효율적이며 정상적으로 실행되게 하여야 한다.
- 조직은 재정 자원을 관리하며 책임질 사람을 신중하게 임명해야 한다.

- 재정 관리 시스템은 기록하기 쉬어야 하고 또한 정보를 취하기 쉽도록 조직되어야 한다.
- 재정 관리 시스템은 반드시 규칙적인 보고의무를 잘할 수 있도록 조직되어야 한다.
- 조직은 익숙하지 않은 초보자라 할지라도 재정 관리 시스템을 수월하게 사용할 수 있도록 교육해야 한다.

2) 단순성(simplicity)

- 재정 정책이나 절차들은 재정 관리를 맡은 개인에게 복잡해서는 안 되며 반드시 재정·관리 시스템은 이해하기 쉽고 용이해야 한다.
- 단순한 재정 관리 시스템은 관리자로 하여금 시간적 비용을 절감할 수 있게 한다.
- 명확하고 일관된 재정 관리 가이드라인을 갖춘 시스템은 실수나 과실의 기회를 감소시킨다.

3) 정확성(accuracy)

- 정확한 재정 기록은 사역자들로 하여금 사역이나, 말씀선포에 집중하게 한다.
- 정확성은 교회 지도자들로 하여금 프로그램들을 정해진 예산한계 안에서 효과적으로 실행하도록 한다.
- 정확성은 교회 지도자들로 하여금 과도한 지출, 적자 그리고 큰 예산 지출 가능성을 미리 준비할 수 있게 한다.
- 정확한 보고와 회계는 교인들과 후원자들에게 강한 신뢰감을 준다.

4) 투명성(transparency) : 두 사람 법칙(The two person rule)

재정과 관련한 모든 행위는 반드시 두 사람 이상이 동시에 참석한 가운데서 이루어져야 한다는 원칙이다. 이렇게 함으로써 서로 증인이 되며 유혹에 빠지지 않게 되고 투명한 재정이 가능해진다. 기부하는 사람의 손에서 돈이 헌금이나, 십일조 혹은 다른 기부금으로 전환되는 순간 두 사람 법칙이 적용되어야 한다. 이것은 영수증, 계산, 기록, 지출의 요구, 지출을 위한 권한, 그리고 거래의 회계감사에도 포함된다. 교회는 재정에 관련된 모든 절차나 사항에서 이 두 사람 법칙을 적용해야 한다.

3. 교회의 재정 조직을 강화하라.

1) 재정위원회

교회의 재정위원회는 상설기구로서 교회의 재정에 관련한 모든 사항을 결정하고 관리한다. 예를 들어, 교회의 재정에 관한 정책과 절차를 결정하고, 예산의 작성과 집행, 헌금 수입 및 지출 관리, 결산 보고, 교역자 및 직원들의 사례비 책정 등을 관리한다.

(1) 구성

재정위원회의 구성은 보통 9인 이내로 한다. 교회에 따라 다르겠으나 일반적으로 당회 서기와 재정 국장은 당연직 위원이 되고, 나머지 위원은 당회의 추천으로 교회에서 임명한다. 위원의 임기는 3년으로 하고 1회 연임할 수 있으며, 위원 중 1/3은 매년 교체하는 것이 좋다. 위원회는 위원장, 부위원장, 서기를 둔다.

(2) 책임

재정위원회의 책임은 아래와 같다.

- 재정 정책과 절차를 제정하고 유지한다.
- 교회의 예산계획을 수립하고 예산을 조정하고 통제한다.
- 재정수요가 있는 교회활동들에 관해서 여타 사역부서와 협의한다.
- 교회의 급여계획에 관련해서 인사위원회에 의견을 제출한다.
- 교회의 보험요구들을 조정한다.
- 교회 재정을 효과적이고 효율적으로 관리하기 위해서 소위원회를 설치한다.
- 교회의 금융 절차들을 조정하기 위해 교회 회계담당자를 임명한다.
- 교회 재정을 당회와 교회에 정기적으로 보고한다.
- 모든 부서의 수입과 지출 업무를 담당하는 사람들을 위한 재무회계 교육훈련을 실시한다.

2) 재정 실무담당자

효과적인 재정 관리를 위해서는 아래와 같은 재정 및 회계담당자들에 의해 재정 관리가 이루어져야 한다. 담당자들은 업무에 대해 자격과 전문성을 가진 자로 임명되어야 한다.

(1) 재정국장

재정국장(혹은 부장)은 교회의 재무 관련 기록을 유지하고, 헌금 등 각종 수입과 지출에 관한 증빙서류와 영수증을 관리하며, 정기적인 재무보고를 할 책임이 있다. 구체적인 직무는 다음과 같다.

- 헌금의 수입, 계수, 예금
- 영수증과 지출결의서 보관
- 주별 헌금을 개인별로 정리(연말정산자료 입력 포함)
- 건전한 현금 흐름을 유지하도록 현금 관리
- 은행잔고증명서 및 재무보고서 준비
- 재무 관련 질의사항에 대답하고, 장부를 유지
- 견적서들을 검토하고 담당자에게 알리는 일
- 교회정책에 따라 구매대금을 지급
- 급여 지급 및 보험 관련 업무

(2) 재정 서기(혹은 간사)

교회로부터 안전하고 효율적인 교회 자금관리에 책임을 맡은 사람을 의미한다. 특히, 교회의 재정 서기(간사)는 동시에 예산 관리자나 구매 담당자의 역할을 담당하면 안 된다.

(3) 구매 담당자

교회의 구매 담당자는 교회로부터 구매 분야에 관련된 권한을 받은 개인이나 사람들이다.

(4) 회계 담당자(또는 회계 집사)

교회의 모든 영수증과 재정 거래를 기록하는 책임을 맡는 사람이다. 이 사람은 절대로 구매 담당자가 되어서는 안 된다.

제2절 예산에 의해 재정을 운영하라

교회의 예산위원회는 예산의 중요성을 충분히 인식한 후 예산수립의 원칙과 절차를 마련하고 이에 따라 예산계획을 수립해야 한다. 예산계획은 교회의 비전과 사명을 지원하는 동시에 교회의 헌금수입을 조심스럽게 평가하여 가능한 균형예산을 수립하는 것이 좋다.[2]

1. 예산의 중요성

교회가 예산을 수립하는 것은 여러 가지로 교회에 유익을 준다.

- 예산은 교회가 다음 해의 목회 및 사역에 대해서 미리 생각하고 계획하도록 돕는다.
- 교회가 그동안 수행한 여러 가지 프로그램들을 평가하도록 격려한다.
- 교회 활동의 우선순위를 정하도록 돕는다.
- 교회에 분명한 사역 방향을 제시한다.
- 재정지출에 대해 사전에 허가한 것이므로 당회 승인을 위한 시간을 절약한다.
- 수립과정에서 많은 사람들의 참여와 개입을 통해 교회에의 소속감을 높인다.
- 정확하고 분명한 재정보고를 이끌어 낸다.
- 교인들이 보다 나은 재물의 청지기가 되도록 촉진시킨다.
- 교회가 충동적으로 구매하거나 지출하지 않게 만든다.

2. 예산의 유형

전통적으로 교회는 아래와 같은 예산 시스템을 바탕으로 예산을 수립한다. 각 유형이 장단점이 있어서 시기와 상황에 따라 교회는 3가지 유형 중에서 하나를 선택하거나 또는 2가지 이상을 결합해서 사용할 수도 있을 것이다.

1) 제로베이스 예산(zero-based budget)

매 회계연도 예산 배정이 제로에서 시작한다. 배정된 예산이라 해도 사용되지 않은 잔액은 다음 연도로 이월될 수 없다. 계속사역이라 하여도 자료를 첨부해서 새로이 예산을 신청해야 한다. 제로베이스 예산 시스템의 장점은 부서들로 하여금 매해 그들의 필요들을 재검토하도록 강제할 수 있다는 것이다. 따라서 재검토 후 프로그램들은 강화되거나 아니면 제거된다. 그러나 예산을 세우기 위해 많은 시간과 인력이 소모된다는 단점을 가지고 있다.

2) 항목별 예산(line-item budget)

이 방법에서는 특정 예산항목에 대해 한 번 타당성이 입증되면 매해 그 예산 항목은 유지된다. 이 예산방법의 장점은 일단 지출이 정당화되면, 일 년 동안 약간의 수정만 필요하다는 것이다. 하지만 이 장점이 시스템의 약점이기도 하다. 프로그램이 일단 수행되면 재검토나 평가가 더 이상 이루어지지 않는 경향이 있기 때문에 좀 더 유익한 사역에 사용될 수 있는 재정이 사장되거나 무의미한 프로그램들에 예산을 지출할 위험이 있다.

3) 사역 기준 예산

이 예산은 제로베이스와 항목별 예산의 장점을 활용하고 동시에 두 시스템의 약점을 최소화한다. 특히 위에서 설명한 항목별 예산의 단점을 보완할 수 있는 방법으로 많은 교회에서 사역 기준 예산 방법을 적용하고 있다.

사역 기준 예산을 신청하기 위해서 사역 팀의 리더들은 교회의 사명과 비전 및 목표들을 면밀히 검토하며, 그 목표들을 성취하기 위해 각 사역 부서는 예산 항목을 검토하고 그에 필요한 자원들(사람, 돈, 시설 등)을 평가한다. 그런 다음 예산항목별로 우선순위를 정해서 예산을 신청한다. 그리고 예산소위원회는 각 부서의 예산 신청서를 검토하고 교회의 총 예산규모를 고려해서 우선순위에 따라 예산을 조정, 배당한다.

사역 기준 예산이 효과적으로 실행되기 위해서는 예산의 각 항목별 우선순위를 정하는 것이 필수적이다. 따라서 이 방법의 가장 큰 장점은 우선시 되는 사역들이 효율적으로 후원을 받고 성공할 수 있다는 데에 있다. 예산의 우선순위를 정하는 데 있어 아래와 같은 3가지 기초적인 요소들을 고려해야 한다.

- 지속적으로 지출되는 예산항목 : 이 항목들은 주로 대출금, 공익설비 청구서, 세금, 월급을 포함한다. 이런 항목들은 반드시 지출되기 때문에 우선순위의 매김이 필요 없다.
- 교회의 다양한 프로그램들과 사역들 : 이 항목들은 우선순위 숫자를 매긴다.
- 사역 기준 예산의 도전적 항목들 : 이 항목들은 예산에 여유가 있을 때 예산으로 편성 가능한 항목을 의미한다. 만약에 성도 개인이 특별헌금을 하고 싶어 할 경우 행정가는 이 항목으로 헌금을 하도록 유도할 수 있다.

3. 예산수립의 절차

예산위원회가 수행하는 사역 기준 예산의 수립절차는 아래와 같이 여덟 단계를 필요로 한다([그림 8-1] 참조).

① 사역의 분석 : 교회가 일을 어떻게 하고 있으며 그것이 얼마나 가치 있는지를 평가한다.

② 사역활동 제안 : 예산위원회는 새 회계연도 시작 4개월 전에 예산편성의 기본방향, 목회방침과 전반적인 전략, 세부지침, 예산수립 일정 등을 포함한 예산편성지침서를 배부한다. 그리고 사역 팀과 위원회들은 사역의 필요성, 동기 및 기대효과, 예산금액과 지급시기를 포함해서 사역을 제안한다.

③ 사역의 평가 : 사역 팀이 제안한 사역제안서를 기초로 그 사역이 교회의 목적에 어느 정도 기여할 것인가를 평가하고 사역들의 우선순위를 부여한다.

④ 예산안 준비 : 각 사역 팀에서 제안한 사역들을 큰 유형별로 분류하고 사역을 지원하는 데 필요한 자원을 검토한다. 그리고 각 사역의 우선순위에 따라 항목조정을 한다. 예산은 보통 해외선교, 목회사역, 교육사역, 예배사역, 행정지원, 건물 및 시설 등으로 구분한다.

⑤ 예산안의 제안 : 교인들에게 예산안을 제안하는 것은 매우 중요한 단계인데 이를 통해 교인들의 헌금이 교회를 어떻게 돕는가를 보여 주기 때문이다. 또한 이 단계는 교회가 무엇을 하고 있고 앞으로 무엇을 할 것인가를 알 수 있게 한다. 예산안을 소개하는 효과적인 방법 중의 하나는 예산박람회나 사역 엑스포(EXPO)를 하는 방법이다. 뿐만 아니라 예산위원회는 교인들이 예산안을 미리 알고 검토할 수 있는 기회를 제공하는 것이 좋다.

⑥ 예산안의 촉진 : 예산안이 채택된다는 것이 곧 헌금이 보장된다는 것을 의미하지는 않는다. 교인들이 헌금에 적극 참여할 수 있도록 교회 지도자는 그들을 가르치고 격려하고 이끌어야 한다.

⑦ 사역진행 보고 : 재정위원회는 정기적으로 교인들에게 재정 상황과 사역 진행 상황을 보고해야 한다. 이는 면담, 기도회, 간증, 전시회 등의 다양한 방법을 통해서 하되 사역에 직접 관여하고 있는 사람이 보고하도록 하는 것이 더 효과적이다.

[그림 8-1] 사역 기준 예산 수립절차

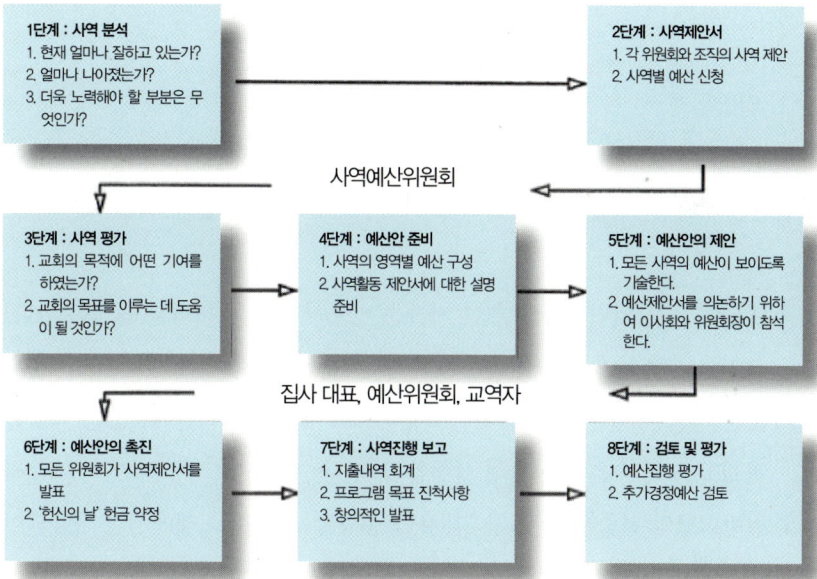

〈출처: Bruce P. Powers, *Church Administration Handbook*, P. 150〉

⑧ 검토 및 평가 : 예산을 수립할 때와 마찬가지로 예산의 집행과정을 충분히 분석하고 특별한 사유가 발생해서 예산을 추가하거나 변경할 필요가 있을 경우에는 추가경정예산을 검토할 수도 있다.

제3절 수입과 지출의 관리를 회계기준에 맞게 하라

1. 재정 수입의 관리

1) 헌금 계좌의 종류

교회의 헌금 계좌는 보통 교회의 운영을 위한 일반적인 헌금과 특별한 지출이 필요할 시 특별히 고안된 헌금의 두 가지 형태가 있다.[3]

(1) 일반회계

일반헌금은 말 그대로 교회운영에 필요한 헌금을 의미한다. 특히 이와 같은 일반헌금의 사용 시 중요하게 고려해야 할 사항은 아래와 같다.

- 예산에 없는 일반헌금에 대한 지출은 반드시 교회의 허가를 받아야 한다. 그러므로 교회의 모든 지출은 교회가 알거나 승인을 한 것들만 가능하다.
- 모든 헌금은 일반헌금 계좌에 포함되므로 재정 책임자는 더 많은 재정을 가지고 교회의 운영을 위해 실행할 수 있다.
- 일반헌금의 지출은 항상 거래내용을 증빙할 수 있는 거래에서만 사용되어야 한다.

(2) 특별회계

이 헌금은 교회가 특별히 추진하는 일들에 의해 모금되는 헌금이나 기부의 형태로 모인 기금을 의미한다. 예를 들면, 건축헌금, 선교헌금, 장학헌금 등이 있다.

2) 헌금 관리 절차

(1) 헌금 수납

교회에서는 헌금위원을 시작으로 헌금 수납이 이루어진다. 이때 유념할 사항은 아래와 같다.

- 가장 이상적인 방법은 헌금을 곧바로 세고 영수증을 발급하는 것이다.

- 만약 헌금이 다른 영수증들과 보관되면 항상 두 사람이 그것을 인식하고 있어야 한다.
- 만약 주중에 헌금이 거두어지면 누가 헌금을 받았는지에 대해 확인할 수 있는 체계를 구축하여야 한다.

(2) 헌금 계수

헌금을 계수하는 지정된 사역 팀이 확보되어야 한다. 이 팀에게는 헌금을 세고 확인하여 기록으로 남기는 책임이 주어진다. 또한 돈을 안전한 장소로 이동하는 책임을 맡기도 한다. 이 팀을 위한 제안들은 아래와 같다.

- 헌금을 계수하는 사람들은 순환이 필요하다. 늘 같은 사람이 하면 안 된다.
- 한 리더를 뽑아 팀을 조직하고 관리하게 한다.
- 같은 가족끼리(특히 부부가) 한 팀에서 활동하지 못하게 한다.
- 계수하는 과정은 안전한 장소에서 하게 한다.
- 일을 하는 데 있어 필요한 모든 것을 제공한다.

(3) 헌금 기록

이 일의 책임을 부여할 두 명의 적임자가 있다. 바로 교회의 경리와 재정 서기(간사)이다. 교회마다 과정과 절차가 다르지만 다음과 같은 원칙들은 지켜져야 한다.

- 입금 전표의 복사본이 교회에 남아 있다면 경리나 서기는 다음날에 은행에 가서 확인해야 한다.
- 재정 서기는 헌금봉투를 증빙 문서로 삼고 개인의 헌금을 기록해야 한다.
- 경리나 서기는 특별목적헌금이 합법적인지를 확인해야 한다.

2. 재정 지출의 관리

1) 지출 절차

일반적으로 재정의 지출은 다음과 같은 설립된 절차를 밟아야 한다.

- 재정을 지출할 수 있는 특정한 개인(들)을 지정하고 이(들)에게 권한을 부여한다. 이는 교회에서 교회의 구매 관리자로 선출된 자들로서 모든 지불 문서는 그들이 보관하여야 한다.
- 지출은 지불할 수 있는 금액을 초과하면 안 된다.
- 지출은 교회의 예산에서 승인되어야만 한다.
- 지불은 은행카드 또는 전자결제로 이루어져야 한다. 반드시 지출기록을 남겨야 하며 현금으로 지불하는 것은 인정되지 않는다.

2) 구입 주문서

어느 계좌에서든지 지출을 요구하는 것은 체계적인 구입주문 시스템을 통해서 이루어져야 한다. 교회마다 방법은 다르지만 다음과 같은 기준 요소들이 필요하다.

- 교회로부터 권한을 받은 한 개인(아니면 최대 두 명)이 지정된 자로서 구입 주문서를 처리해야 한다.
- 두 사람 법칙이 적용되어야 하므로 특정 항목을 구입하고자 요청을 하는 사람이 구입에 대한 승인 권한을 가진 사람이면 안 된다.

3) 직무활동비 청구

교회가 목회자에게 지급하는 직무활동비를 어떻게 처리할 것인가? 가장 간편한 방법은 교회가 지불청구제도를 가지고 있으면 된다. 이는 목회자가 먼저 비용을 카드로 결제하고 그 영수증과 증빙서류를 교회에 지불 청구하는 제도를 말한다. 이 제도를 실행하는 데 따르는 유의사항은 아래와 같다.

- 영수증 지불청구에 상한을 정한다. 목회자가 직무활동과 관련해서 지불하는 비용, 예를 들면 교통비, 숙식비, 세미나 및 회의 참가비, 교육훈련비, 도서자료 구입비, 식사접대비 등의 종류와 상한선을 내규로 정하는 것이 필요하다.
- 영수증이나 청구서는 비용발생 30일 이내에 제출해야 한다.
- 실제 비용을 초과하는 선급금의 반환은 30일 이내에 해야 한다.

그리고 위와 같은 제한은 목회자의 직급에 따라 조정할 수도 있다. 그런데 한 가지 유의할 것은 이런 활동비들을 개인의 급여계획과 연계시켜서는 안 된다는 것이다. 왜냐하면 급여는 세금이 부과되는 소득이지만, 복리후생과 활동비는 교회의 비용으로 처리된다면 세금이 부과되지 않기 때문이다.

제4절 재정 기록 및 보고를 투명하게 하라

재정은 일반적으로 인정된 원칙에 따라 건전하고 투명하게 운영되어야 한다. 이를 위해서 회계원칙에 따라 정확히 기록하고 체계적인 보고체계를 구축하여야 한다.

1. 회계원칙

언어가 제대로 소통되려면 문법이라는 규칙을 따라야 하는 것처럼 회계정보를 기록하고 전달하기 위해서는 일정한 원칙이 있어야 한다. 이런 원칙을 '일반적으로 인정된 회계원칙'(GAAP : Generally Accepted Accounting Principles)이라고 한다. 우리나라의 경우 '한국회계기준원'이 회계원칙을 정하고 의견을 취합하며 필요시 개정작업을 하고 있다. 또한 최근에 한국기독교교회협의회가 '교회회계와 재무처리 기준'을 제정하여 공포하였다. 이하에서는 '일반적으로 인정된 회계원칙'을 설명한다.[4]

1) 신뢰성

모든 회계정보는 신뢰성이 있어야 한다. 신뢰성은 회계의 처음이자 마지막이라 할 정도로 회계정보에서 절대적이다. 신뢰성을 높이기 위해서는 다음 조건을 충족해야 한다.

① 충실한 표현 : 회계정보가 신뢰받기 위해서는 그 정보가 나타내려는 본질 혹은 실체가 있는 그대로 충실하게 표현되어야 한다. 예를 들어 복사용지 100장을 정확하게 100장이라고 측정하고 이 값을 기록한다면 그 정보는 충실하게 표현된 것이다.
② 실질우선 : 회계정보는 형식보다는 실질이 우선되어야 한다. 예를 들어 교회에서 건물을 임차해서 사용하는 경우, 아직 임차권 등기가 되어 있지 않더라도(형식), 전세금을 납부하고 실질적으로 사용하고 있다면(실질) 그 임차권은 자산으로 기록되어야 한다.
③ 중립성 : 회계정보는 어느 특정 집단의 이익을 대변해서는 안 되며 중립

적인 관점에서 작성되어야만 신뢰성이 높아진다. 예를 들어 교회의 회계 정보가 교회 지도자의 입장을 대변하는 방식으로 작성된다면 교인들이나 타 교회, 지역사회 등 이해관계자들로부터 신뢰를 잃게 된다.

④ 완전성 : 회계정보가 누락되지 않고 재무제표(재무상태표, 운영성과표, 현금흐름표, 수지계산서 등)에 공시되어야 한다. 만일 교회가 일부 부채 또는 자산을 누락하거나 보고하지 않는다면 완전성을 위배한 것이 되며 결국 교회의 신뢰는 훼손된다.

⑤ 비교 가능성 : 회계정보는 기간별 또는 타 교회와 비교 가능하도록 재무제표의 작성 원칙과 기준이 일관성 있게 유지되어야 한다. 만약 변경이 불가피한 경우는 그 이유가 타당해야 하며 변경으로 인한 효과를 전 교인에게 알려야 한다.

2) 이해 가능성

회계정보가 유용하게 쓰이기 위해서는 가능한 한 정보를 이용하는 사람들이 이해할 수 있도록 쉽게 제공하는 것이 바람직하다. 물론 회계에 사용되는 전문용어나 재무제표의 형식들을 이해하려면 지식이 필요하지만 일반인들이 이해할 수 있도록 자세히 설명하는 것이 필요하다.

3) 목적 적합성

회계정보는 의사결정에 적합하고 중요한 정보여야 한다. 적합하다는 것은 의사결정에 사용되기에 알맞아서 가치가 있다는 말이다. 예를 들어 교회가 어느 지역에 예배당을 건축하려고 할 때 그 지역의 땅값 정보가 적합한 것이지 다른 지역의 정보는 적합하지 않다. 한편, 정보의 중요성을 분별하는 기준은

'어떤 정보의 유무에 따라서 정보 이용자의 의사결정이 달라진다면 그 정보는 중요한 것'으로 보는 것이다. 예를 들어 백만 원의 선교비를 농어촌교회에 보낸다고 가정할 때 금액에 따라 가부를 결정한다면 금액 정보(백만 원)는 중요한 것이다.

4) 발생 기준과 현금 기준

모든 회계기록은 두 가지 기준, 즉 발생 기준과 현금 기준 중 선택하여 작성할 수 있다. 원칙적으로 기업은 발생 기준을 따르도록 되어 있으나, 비영리단체는 현금 기준을 선호한다. 현금 기준이란 모든 기록의 기준을 현금으로 하는 것을 말한다. 돈이 들어오면 수입, 나가면 지출로 나누어서 기록하는 방법이다. 상대적으로 간편하고 쉽기 때문에 소기업이나 비영리조직이 선호한다. 반면에 발생 기준은 현금이 아니라 거래가 실제로 발생했는지를 기준으로 한다. 비록 현금으로 판매를 하지 않았어도 상품이 고객에게 양도되었다면 거래가 발생한 것이며, 현금은 아니지만 현금을 회수할 권리(매출채권, 외상매출)가 발생하였기 때문에 기록을 한다.

5) 복식부기

복식부기란 조직의 자산, 부채, 순자산의 증감 및 변화하는 과정과 그 결과를 계정과목을 통하여 대변과 차변으로 구분하여 이중기록 및 계산이 되도록 하는 부기 형식이다.

2. 재무제표

회계의 최종 목표는 재무제표(financial statements)를 작성하고 보고하는 데 있다. 여기서 재무제표라 함은 교회의 재무에 관련된 보고서를 총칭하는 말로서 여러 가지가 있을 수 있으나 가장 중요한 것으로는 재무상태표(대차대조표), 운영성과표, 현금흐름표와 수지계산서가 있다.[5]

1) 재무상태표

재무상태표(혹은 대차대조표)는 교회의 재무상태(financial position)가 어떤지를 보여 주는 표이다. 재무상태표는 특정 시점(예를 들어 12월 31일)에서의 교회의 총자산, 부채, 그리고 자본(순자산)의 구성을 하나의 표로 나타낸 것이다. 재무상태표를 통해서 교회의 재무 건전성을 가늠할 수 있을 뿐만 아니라 자산의 관리 및 효율성을 증진할 수 있다.

(1) 자산

자산은 크게 유동자산과 비유동자산으로 구분한다. 이렇게 구분하는 이유는 유동성 확보가 교회운영에 중요하기 때문이다. 유동성이란 여러 자산 중 짧은 시간(통상 1년) 내에 현금으로 전환할 수 있는 자산이 어느 정도인지를 측정한 것이다. 유동자산에는 현금 및 현금성자산(예, 3개월 만기 정기예금), 금융상품, 대여금, 미수금, 미수수익(이자수익 등), 선급금, 선급비용, 가지급금 등이 있다. 비유동자산은 투자자산(예, 투자부동산), 유형자산(예, 건물, 차량), 무형자산(예, 소프트웨어, 영업권 등)으로 구분한다.

(2) 부채

앞으로 교회가 갚아야 할 의무를 부채라 한다. 부채에는 1년 이내에 상환해야 할 유동부채와 1년 이후에 갚기로 한 비유동부채로 구분한다. 유동부채에는 외상매입금, 단기차입금, 미지급금, 선수금, 선수수익, 미지급비용 등이 있다.

[표 8-1] 재무상태표

재무상태표

○○○교회 제 x기 20x1 년 12월 31일 현재 (단위: 원)

자 산

유동자산				
	현금및현금성자산			xxx
	단기매매금융자산			xxx
	단기대여금			xxx
	미수금			xxx
	미수수익			xxx
	선급금			xxx
	선급비용	선급보험료	xxx	xxx
	선급제세			xxx
	재고자산	소모품	xxx	xxx
유동자산합계				xxx
비유동자산				
	투자자산	장기금융자산	xxx	
		장기성예금	xxx	xxx
	유형자산	토지	xxx	
		건물	xxx	
		(-)감가상각누계액	(xxx)	
		비품	xxx	
		(-)감가상각누계액	(xxx)	
		구축물	xxx	
		(-)감가상각누계액	(xxx)	
		차량운반구	xxx	
		(-)감가상각누계액	(xxx)	
		건설중인 자산	xxx	xxx
	무형자산	소프트웨어	xxx	
		산업재산권	xxx	
		연구개발비	xxx	
		영업권	xxx	xxx
	기타비유동자산	장기대여금	xxx	
		장기미수금	xxx	
		임차보증금	xxx	
		장기선급금	xxx	
		장기선급비용	xxx	xxx
비유동자산합계				xxx
자산총계				xxx

부 채			
유동주채			
	단기차입금	xxx	
	미지급금	xxx	
	미지급비용	xxx	
	미지급세금	xxx	
	선수금	xxx	
	예수금	xxx	
유동부채합계			xxx
비유동부채			
	장기차입금	xxx	
	퇴직급여채무	xxx	
	기타비유동채무	xxx	
비유동부채합계			xxx
부채합계			xxx
순 자 산			
제약이 있는 순자산			
	설립기본금	xxx	
	적립금	xxx	xxx
제약이 없는 순자산			
	사역잉여금	xxx	xxx
순자산의 합계			xxx
부채와 순자산 총계			xxx

비유동부채에는 장기차입금, 충당부채(퇴직급여충당금, 수선충당금, 공사보증충당금), 임대보증금 등이 있다.

(3) 순자산

교회(비영리조직)의 '순자산=자산−부채'이다. 순자산은 '제약이 있는 자산'과 '제약이 없는 자산'으로 구분한다. 제약이 있는 순자산은 기부자가 일정한 목적을 지정하고 그 목적에만 사용할 것을 요구하는 헌금으로서 대표적인 예로는 건축헌금이 있다. 비록 제약이 있는 순자산이라고 해도 원래 기부한 자의 승인, 혹은 전 교인의 결의에 의해서 제약이 없는 순자산으로 재분류하여 일반 목적으로 사용할 수는 있다. 재무상태표의 일반적인 양식 및 계정과목은 [표 8−1]에 예시되어 있다.[6]

[표 8-2] 운영성과표

운영성과표

○○○교회　　　　20x1.1.1.부터 20x1.12.31까지　　　　　(단위: 원)

	제약이 없는 순자산의 변동	일시적 제약이 있는 순자산의 변동	영구적 제약이 있는 순자산의 변동	합 계
I. 사역수익				
헌금				
십일조헌금				
감사헌금				
수익				
이자수익				
기타수익				
합　계				
II. 사역비용				
예배사역				
교육/훈련사역				
전도/선교사역				
봉사/사회적책임사역				
돌봄/교제사역				
지원사역				
감가상각비				
일반관리비				
합　계				
사역이익 (I-II)				
III. 사역외수익				
투자자산처분이익				
유형자산처분이익				
합　계				
IV. 사역외비용				
투자자산처분손실				
유형자산처분손실				
합　계				
V. 재분류				
VI. 순자산의 증가				
VII. 기초순자산				
VIII. 기말순자산				

2) 운영성과표

운영성과표는 주요 재무제표의 하나로 기업의 손익계산서와 유사하며, 교회의 순자산의 증감을 측정하여 각 사역의 운영성과를 나타낸다. 구체적으로 운영성과는 수익에서 비용을 차감한 순자산의 증감으로 측정되며, 순자산이 증가하면 운영성과가 개선된 것으로, 그 반대이면 악화된 것으로 판단할 수 있다. 그러나 교회의 운영성과를 순자산의 증감만을 기준으로 평가하는 데에는 주의가 필요하다. 영리법인과 달리 교회의 성과는 단순히 화폐액으로 측정하기가 어렵기 때문이다. [표 8-2]는 운영성과표의 한 예시이다.[7]

3) 현금흐름표와 수지계산서

교회의 현금은 계속해서 들어오고 나가기를 반복한다. 교회재정이 통장에 오랫동안 머물러 있다면 문제가 있다는 표시다. 현금흐름표는 현금의 원천 및 사용 내역을 사역, 투자, 재무로 나누어 작성한 표이다. 한편, 수지계산서는 현금의 수입과 지출을 계정과목별로 분류하여 기록한 표로서 작성과 이해가 용이해서 우리나라 대부분의 교회가 사용하고 있다. [표 8-3]은 수지계산서의 예시이다.[8]

3. 내부통제와 감사 [9]

1) 내부통제 제도

"내부통제란 영업의 효율성, 재무보고의 신뢰성, 법규 및 규정 준수 등 조직목표를 효과적이고 효율적으로 달성하기 위해, 조직 자체적으로 제정하여 이사회 및 임직원 등 조직의 모든 구성원들이 이행하여야 하는 절차를 의미한다. 이것은 내부감사는 물론 통제환경의 구축, 위험평가체제, 통제활동, 정보와 전달체계 등 조직 전반에 대한 통제를 포괄하는 개념이다."(금융감독 용어사전)

내부통제의 목적은 첫째, 조직 운영의 효율성과 효과성을 증진하기 위함이다.

[표 8-3] 수지계산서

수지계산서

○○○교회　　　20x1.1.1.부터 20x1.12.31까지　　　(단위: 원)

수 입 지 부					
경상수입	헌금수입	일반헌금	십일조헌금	xxxx	
			주일헌금	xxxx	
			감사헌금	xxxx	
			다락방헌금	xxxx	xxxx
		절기헌금	부활절	xxxx	
			추수감사절	xxxx	
			성탄절	xxxx	
			송구영신예배	xxxx	xxxx
		목적헌금	건축헌금	xxxx	
			구제헌금	xxxx	
			선교헌금	xxxx	
			장학헌금	xxxx	xxxx
	회비수입		수련회비	xxxx	
			선교여행회비	xxxx	xxxx
	기타수입		이자수입	xxxx	
			잡수입	xxxx	xxxx
자본수입			차입금수입	xxxx	
			자산처분수입	xxxx	xxxx
수입총계					xxxx
지 출 지 부					
경상지출	예배비		외부강사비	xxxx	
			성가대운영비	xxxx	
			예배장식비	xxxx	xxxx
	교육		교회학교운영비	xxxx	
			교육훈련비	xxxx	
			수련회비	xxxx	xxxx
	선교		국내선교비	xxxx	
			해외선교비	xxxx	
	친교		대외기관보조금	xxxx	xxxx
			심방비	xxxx	
			경조비	xxxx	
			식당운영비	xxxx	xxxx

일반관리비	인건비	xxxx	
	퇴직급여	xxxx	
	복리후생비	xxxx	
	사무용품비	xxxx	
	통신비	xxxx	
	여비교통비	xxxx	
	도서인쇄비	xxxx	
	홍보비	xxxx	
	차량운영비	xxxx	
	회의비	xxxx	
	건물관리비	xxxx	
	수선유지비	xxxx	
	소모품비	xxxx	
	보험료	xxxx	
	회의비	xxxx	
	지급임차료	xxxx	
	제세공과금	xxxx	
	수도광열비	xxxx	xxxx
기타비용	이자비용	xxxx	
	잡비	xxxx	xxxx
자본지출	자산취득	xxxx	
	차입금상환	xxxx	xxxx
지출총계			xxxx
이월액			xxxx

　두 개념이 비슷해 보이지만 사실은 많이 다르다. 효율성(efficiency)이란 투입과 산출의 비율 개념으로 비율이 높을수록 효율적이라고 할 수 있다. 예를 들어 1시간을 일했는데 갑은 10개를, 을은 20개를 만들었다면 을이 갑에 비해서 2배 효율성이 높다. 효과성(effectiveness)이란 개인 차원이 아니라 조직 전체 차원에서 무엇이 유익한지를 평가하는 것이다. 즉, 조직의 목적에 어느 정도 부합하는가를 평가한다. 둘째, 또 다른 내부통제의 목적은 재무보고의 신뢰성을 증진하고 법규 및 제반 규정을 준수하도록 하는 것이다.
　내부통제의 요소로는 통제환경의 조성, 위험의 평가, 통제활동의 수행, 정보 및 의사소통, 감시 등 다섯 가지로 구분할 수 있다. 이 중 통제활동의 수행에는 거래의 승인 및 확인, 자산의 보호, 현금출납과 현금보관의 분리 등 업무의 분리와 견제, 문서화 등이 포함된다.

2) 내부감사

매년 교회의 재정활동들은 감사를 받아야 한다. 감사는 단지 재정거래만을 고려하는 것이 아니라 재정운영의 정책과 절차들까지도 확인되어야 한다. 감사는 크게 내부감사와 외부감사로 구분하며, 교회는 두 가지 감사를 실행해야 한다.

(1) 내부감사
교회가 지정한 감사팀을 통한 감사, 혹은 내부적 감사가 이루어져야 한다. 이 감사 기간에는 재정운영의 정책들과 절차들만 검토되는 것이 아니라 실질적인 재정문서들이 회계 잔액과 일치하는지를 확인한다.

(2) 외부감사
매 2년이나 3년마다 교회와 관련이 없는 전문적인 감사팀으로부터 외부감사를 받을 필요가 있다. 이것은 독립적인 감사로서 설립된 재정운영의 정책들과 절차들을 검사한다. 이런 감사는 많은 시간이 소요되고 높은 비용을 초래하지만 교회에 포괄적인 감사를 실행할 수 있다.

3) 내부감사의 유의사항

교회 감사는 다음 사항을 유의해야 한다.

- 감사인은 교회도 완벽하지 못하므로 잘못될 수 있다는 전제에서 겸손히 임한다.
- 감사부서는 담임목사와는 독립적이어야 한다.
- 형식적이 아닌 실질적 감사가 이루어져야 한다. 특히 교회 목표와 사역에 대한 평가를 포함해서 업무감사 및 제도개선에 이르기까지 포괄적인 감사가 실행되어야 한다.
- 감사인은 정성을 다해 드린 헌금이 제대로 사용되었는지를 검토하고, 교회 운영주체가 이들에게 맡겨진 인적, 물적 자원을 적극적으로 활용했는지를 검토해야 한다. 또한 재정의 낭비가 없도록 전 교회 차원에서 노력했는지를 검토해야 한다.
- 감사결과는 전 교인에게 정직하게 보고해야 한다. 보고는 감사절차, 감사의 기준, 시정사항 등을 상세히 포함한다.
- 사전 예방이 최선이다. 비리가 발견될 경우 교인들끼리 감정 대립이 심각해지며, 비리에 대한 배상이 잘 이루어지지 않아 교회가 어려워지므로 사전 예방이 중요하다.
- 기준에서 벗어난 사항에 대해서는 시정을 요구하고 책임을 분명히 하며, 그 결과를 교회 지도층 및 전 교인에게 보고해야 한다.
- 투명성 제고를 위한 방법을 지속적으로 모색한다.

4) 외부감사와 인증제도

교회 재정의 진실성과 투명성을 담보하기 위해서는 내부 자체의 노력만으로는 미흡하고 외부의 독립된 제3자의 검토가 중요하다. 외부감사는 교회와는 독립된 공인회계사에 의한 정식 회계감사를 의미하며, 일반적으로 인정된 감사표준에 따라 교회의 재무제표를 감사하고 그 적정성 여부에 대해 의견을 표명한다.

한편, 미국의 경우 교회 및 기독교단체의 재정 투명성 및 진실성, 그리고 성경적으로 조직이 구성되고 운영되는지에 대해 인증하는 기관이 있다. '복음주의재정책무성협회'(ECFA : Evangelical Council for Financial Accountability)는 이런 목적으로 설립된 기구로 미국 전역의 교회와 기독교단체의 재정 투명성 증진에 지대한 공헌을 한 것으로 평가된다. 우리나라 역시 최근 '한국기독교 재정투명성협회'(한재협, CCFK : Christian Council for Financial Transparency, Korea)가 설립되었다.

4. 재정보고

1) 교회 보고

재정국장이나 재정 서기는 교회가 요구할 때 언제나 회계정보 및 재무제표를 제공할 수 있게 해야 한다. 충분한 재정보고를 제공하기 위해 재정 관리자는 반드시 아래와 같은 사항을 염두에 두어야 한다.

- 현재 존재하는 모든 거래들의 상태에 관한 기록을 보유하여야 한다.
- 보고를 위해 정기 보고와 임시 보고, 당회 보고 및 제직회 보고 등의 기간과 횟수 등에 관해서 계획한다.
- 예정된 회의 때 최소한 재무상태표, 운영성과표, 현금보유 현황 및 수지계산서가 포함된 재정제표를 준비한다.
- 예산을 세우는 기간 동안 기획된 예산 편성에 관한 내용을 명료하게 준비한다.
- 모든 영수증, 지출 그리고 잔액의 세밀한 부분을 보여 주는 연간 보고서를 준비한다.

2) 법적 보고와 인증제도

교회의 교인들에게 보고하는 것 외에 정부가 세운 규칙이나 법에 맞는 보고서를 만들어야 한다. 이를 위해서는 위에서 설명한 외부감사 및 인증제도를 활용하는 것이 신뢰성을 높이는 데 효과적이다.

3) 전문 인력과 소프트웨어 프로그램

많은 교회들은 교회의 재정운영을 위한 관리자들을 필요로 한다. 그러나 교회 재정운영에 관한 전문적인 인력을 채용하기에는 큰 어려움이 있는 것이 사실이다. 최근에는 CPA 자격증을 취득한 전문 회계사를 채용하거나 외부 재정관리 회사에 위탁하기도 한다. 한편 교회 재정관리 소프트웨어 프로그램 등 편리한 보조 기구들을 이용하는 것도 하나의 방법이다.

세종대 경영학과 황호찬 교수는 "교회와 선교단체 기관의 어려움 중 하나가 회계의 투명성을 제고하려고 해도 기준이 미비하거나 실무적으로 어떻게 처리해야 하는지, 그 방법을 잘 모르기 때문"이라고 말한 바 있다. 이에 황 교수는 교회의 회계 및 재정운영에 대한 가이드라인이 될 수 있는 「교회와 돈」(도서출판 온유)을 출간하였다.

황 교수가 강조하듯이 "교회 회계는 하나님의 돈(위탁된 헌금)을 관리하는 장치다. 이 말은 교회 회계를 제대로 이해하려면 하나님을 알고, 돈을 위탁한 교인과 그 돈을 맡아서 운영하는 교회, 그리고 매개체이자 수단인 돈의 속성 및 관리하는 시스템을 알아야 한다". 헌금한 돈은 살아 계신 하나님께서 우리 교회에게 맡기신 것으로, 우리가 집행을 대신한다는 의식은 교회 재정운영의 투명성을 고취시키고, 바르고 양심적으로 재정을 사용할 수 있는 바탕이 된다. 그러나 많은 경우, 교회의 재정 사용처에 대해 일반 성도들이 알 수 있도록 하는 장치가 미비하기 때문에 소수의 재정위원들에 의해서 결정되는 교회 재정에 '보는 눈'에 대한 의식이 약하다고 볼 수 있다. 보이지 않는 하나님을 의식하여 재정 집행을 하는 것이 어렵다면 위탁한 성도들을 의식하여 재정 사용을 한다는 자세로 교회 재정을 공개하는 것도 교회 재정을 시비에 오르내리지 않게 하고 깨끗하게 운영할 수 있는 방법이 될 수 있다. 왜냐하면 성도들에게 공개되지 않고 사용된 교회 재정은 교회를 공격하는 세력이나 분쟁 발생 시, 교회의 도덕성과 목회자의 자질에 치명적인 영향을 미칠 수 있을 뿐만 아니라 분쟁이 발생하지 않더라도 헌금 사용처를 공개하는 것은 교회 재정 사용의 투명성을 높여 헌금을 위탁한 성도들이 교회 재정을 이해할 수 있게 하고, 잘 사용된 헌금 내역을 보며 만족과 기쁨을 줄 수 있다.

5,000명 규모의 ○○교회는 2014년부터 재정 공개 제도를 도입하였다. ○○교회가 이 같은 결정을 한 배경에는 수년 전 원로목사 사례비 문제 등으로 분쟁을 겪으면서 헌금 사용의 적합성에 대한 의혹이 대두되면서 교회에 대한 불필요한 오해와 의심을 불식시키고 방만한 비용지출을 줄이고자 헌금 사용 내역을 공개하였다. ○○교회 이외에도 여러 교회가 매월, 혹은 분기별 교인들에게 재정 사용 내역을 배포하거나 교회 홈페이지에 정기적으로 올려 재정 현황을 공개하고 있다.

〈출처 : 황호찬, 「교회와 돈」, 도서출판 온유, 2014〉

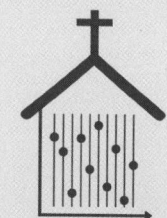

제9장
인사 행정, 누구와 함께할 것인가?

제1절
인사위원회, 왜 필요한가?

제2절
사무국, 어떻게 효과적으로 운영할 것인가?

제3절
시설물 관리 : 어떻게 효율성, 효과성, 안전성을 높일까?

제9장
인사 행정,
누구와
함께할 것인가?

> "
> 그때에 제자가 더 많아졌는데 헬라파 유대인들이 자기의 과부들이 매일의 구제에 빠지므로 히브리파 사람을 원망하니 열두 사도가 모든 제자를 불러 이르되 우리가 하나님의 말씀을 제쳐 놓고 접대를 일삼는 것이 마땅하지 아니하니 형제들아 너희 가운데서 성령과 지혜가 충만하여 칭찬받는 사람 일곱을 택하라 우리가 이 일을 그들에게 맡기고 우리는 오로지 기도하는 일과 말씀 사역에 힘쓰리라 하니 온 무리가 이 말을 기뻐하여 믿음과 성령이 충만한 사람 스데반과 또 빌립과 브로고로와 니가노르와 디몬과 바메나와 유대교에 입교했던 안디옥 사람 니골라를 택하여 사도들 앞에 세우니 사도들이 기도하고 그들에게 안수하니라 하나님의 말씀이 점점 왕성하여 예루살렘에 있는 제자의 수가 더 심히 많아지고 허다한 제사장의 무리도 이 도에 복종하니라(행 6 : 1-7).

[도입사례] ○○교회의 급여 규정

제1조 [임금산정] 직원의 임금에 관한 사항은 본 교회 연봉제에 의한다.

제2조 [연봉] ① 연봉은 1년간 급여총액을 말하며, 기본급, 상여금, 교통비, 생활안정수당으로 한다. ② 직원은 매년 교회와 연봉계약을 체결한다. ③ 연봉은 행정지원실에서 주관한다.

제3조 [월급여 지급일] 월급여는 매월 25일에 지급한다. 지급일이 휴일인 경우 순차적으로 그 전일에 지급한다.

제4조 [월급여의 계산] ① 월급여의 계산기간은 매월 1일부터 말일까지로 한다. ② 월급여는 채용, 이동, 휴직, 복직, 승진, 징계, 퇴직 등 신분의 변동이 발생하였을 때에는 발령일을 기준으로 월급여를 일할 계산한다.

제5조 [계산단위] 월급여 계산에 있어 원 미만의 단수는 이를 계산하지 아니한다.

제6조 [신규채용자의 급여] ① 신규채용자의 급여는 발령일로부터 일할 계산한다. ② 발령일이 1일 이후인 경우에는 당해월 급여를 일할 계산하여 익월초에 지급한다.

제7조 [휴직자의 급여] 휴직발령 당해월의 급여는 발령일까지 일할 계산하여 지급하며, 휴직기간 중의 급여는 다음 각호에 의한다. ① 업무로 인한 질병의 휴직 : 무급, ② 청원휴직 : 무급, ③ 교회사정으로 인한 휴직 : 평균임금의 70%, ④ 육아휴직 : 무급, ⑤ 업무로 인한 질병 및 재해로 인한 휴직

제8조 [최저임금] ① 교회는 직원에 대하여 최저임금액 이상의 임금을 지급한다. ② 제1항의 최저임금에 대해서는 최저임금법에서 정하는 바에 따른다.

〈출처 : 「○○교회 규정집」, 사무처 인사 규정, 제5장〉

제1절 인사위원회, 왜 필요한가?

1. 인적자원 계획의 수립

대부분의 교회는 인사위원회를 구성하고, 여기서 제도와 정책을 마련하고 인사와 관련한 의사결정과 실무 절차를 진행하고 있다. 인사위원회는 목회자를 포함하여 보통 6~9명으로 구성하며 인적자원 계획, 인사정책, 직무분석, 고용, 보수 등 교회의 인사관리를 다룬다.

인사관리 활동은 인적자원 계획을 수립하는 것으로부터 시작된다. 이는 교회가 현재와 미래에 필요로 하는 인적자원의 수요를 예측하고 그에 따라 목회자와 직원을 공급하는 과정을 말한다. 교회의 인적자원 계획은 영적인 측면뿐만 아니라 경제적 측면에서도 충분한 검토를 거쳐 매우 신중하게 이루어져야 한다. 교회에 따라 다르겠지만 대부분의 교회가 총 지출의 50% 이상을 인건비로 쓰고 있는 것으로 나타나고 있다. 따라서 고용계획은 교회의 재정상태와 인적자원의 수급상황을 고려해서 수립해야 한다.[1]

1) 직무분석

직무분석이란 일의 내용과 이유, 수행방법과 과정, 요구되는 자격과 능력, 작업환경을 상세히 분석하는 것을 말한다. 교회는 직무분석을 통해서 직무기술서와 직무명세서를 작성하고 이를 이용해서 그 직무에 적합한 사람을 고용할 수 있다.

(1) 직무기술서(job description)

직무기술서는 직무분석을 통해 수집된 정보를 요약한 문서로서 직무별로 직

[표 9-1] 직무기술서

⟨사무국장⟩

주요직분 : 사무국장은 교회에 보고할 의무가 있으며, 목사의 지도를 받으며, 교회의 사무 업무를 관리한다.

[책무]

1. 재정 기록 관리와 보고를 효율적으로 기획하고 운용하며 부기 절차를 만든다.

2. 재정 및 예산 위원회와 회계담당자에게 보여 줄 재정 정보를 준비한다.

3. 교회의 법적 문제와 사무적 문제에 관해 책임자로서의 역할을 한다. 보험 제도에 대해 매년 공부하며, 이에 대해 권장사항이 있을 경우 보고한다.

4. 교회의 구매 대리인으로서, 청구서 및 구입 주문서를 승인하고 처리한다.

5. 교회 직원 정보를 지속적으로 기록하며, 장비 및 설비에 대한 정보 또한 지속적으로 기록한다.

6. 교회에서 채택된 방침들과 교회의 모든 소유물 및 설비를 사용하는 것에 관한 절차를 운영한다.

7. 건축가, 하청업체, 그 외 건축, 리모델링, 장비 설치 등의 관계자들과의 관계에 있어 교회의 건축위원회를 돕는다.

8. 소유물 및 공간 위원회와 함께 보수 및 필요 장비에 관한 연간 예산을 책정한다.

9. 교회의 모든 물리적 소유물을 보수하고 정비하는 근로자들을 감독한다. 청소, 페인트칠, 보수에 관한 일정을 세우고 실행한다. 승인된 예산 내에서 운용한다.

10. 음식 봉사 운영을 감독한다.

11. 배정된 사무실 직원을 감독한다.

12. 목사가 부여한 기타 의무를 수행한다. 기타 의무는 주로 교회에 사무국장이 없을 경우에 교육목사의 직위 설명에 포함되어 있는 것이다. 직무의 많은 부분이 사무국장의 감독에 관한 것인데, 사무국장이 없을 경우, 이 감독 책무는 사무실 관리자, 교육목사, 건물 관리자 및 기타 직원에게 돌아간다.

⟨출처 : Bruce P. Powers, *Church Administration Handbook*, P. 86⟩

무 정보, 직무 개요(역할), 직무 내용(기능과 책임)으로 구성된다. 직무 정보는 직무의 명칭, 부서, 근무지, 직무 분석자 및 일시 등을 말한다. 직무 개요는 해당 직무의 역할과 성격을 설명하며 보통 한 문장으로 간략히 표시한다. 직무 내용이란 그 일에 대한 주요 기능과 책임을 말한다. [표 9-1]은 교회의 직무기술서의 예이다.

(2) 직무명세서(job specification)

직무명세서는 해당 직무를 수행하는 데 필요한 사람의 업무지식(knowledge), 업무기술(skill), 그리고 업무능력(ability) 등 자격요건을 상세히 기록한 문서이다. 직무명세서는 직무수행을 위한 물리적 조건보다는 인적자원의 조건에 초점을 두어야 하며, 교육 경험, 육체적 특성과 건강, 지적 능력 및 특수 기술, 과거 경험 등의 내용을 포함해야 한다.

2) 인사정책 및 규정

모든 교회는 교회의 크기에 불문하고 인사정책을 수립하고 이를 규정으로 문서화해야 한다. 인사정책에 포함하는 기본 사항으로는 채용, 배치, 복무, 휴가 및 휴직, 보수, 성과 평가, 퇴직 및 해고, 보험 등이다. [표 9-2]는 교회의 인사정책에 관한 규정집의 예이다.

2. 공정한 채용

교회는 규정에 따라 필요한 인적자원을 모집하고 선발하는 절차를 수행한다. 이런 절차를 보통 채용절차라고 하는데 이는 몇 단계로 이루어진다. 채용절차는 채용 신청 → 신청자 평가 → 고용계약 → 오리엔테이션 등으로 이루어

[표 9-2] 인사 규정 핸드북

교회직원 종류
  정식 직원
  지원 직원
고용 절차
해고 절차
기타 고용 및 임시 직위
근로 관계
휴직
학업
근로 조건
급여 방침
정직원 혜택
  휴가
  병가
  휴일
  휴직
  군복무 휴가
  경조사 휴가
  출산 휴가
  학업 휴가
  배심원 의무
  기념일 인정
비상근 지원 직원 혜택
  휴가
  병가
  휴일
  경조사 휴가
  휴직
  출산 휴가
  배심원 의무

〈출처 : 앞의 책, P. 92〉

진다. 이하에서는 채용절차를 설명한다.[2)]

1) 채용 신청의 공식화와 표준화

채용 프로세스를 진행하기 전에 다음과 같은 질문을 하게 된다. 어디서 직원을 구할 것인가? 기독교인이어야만 하는가? 우리 교회의 교인이 되어야만 하는가? (오늘날 많은 교회는 직원이 자기 교회의 교인이 되는 것을 요구하고 있다.) 그리고 인사위원회는 아래와 같은 질문을 미리 해 보아야 한다.

- 교회는 직원의 배우자를 고용할 것인가?
- 친인척도 교회에서 일할 수 있는가?
- 이혼하거나 별거 중인 후보도 고용할 것인가?
- 범죄 기록이 있거나 약물중독 전과가 있는 후보도 고용할 것인가?
- 장애인이라면 그를 위한 시설을 만들 수 있는가?
- 해고된 직원을 재고용할 수 있는가?

위의 각각의 질문들은 인사정책이나 고용규정에 명시되어야 한다. 그렇지 않을 경우 교회의 고용절차가 불투명하다는 평가를 받게 된다. 신청절차를 공식화하는 가장 좋은 방법은 신청서를 이용하는 것이다. 신청서의 주요 기능은 모든 후보자에 대해서 표준화된 양식을 사용함으로써 똑같은 질문을 하고 이에 따라 공정하게 평가할 수 있다는 것이다.

2) 신청자 평가

신청서가 접수되면 채용을 결정하기 위한 여러 심사 단계를 거친다. 평가 절차는 기본적으로 '서류심사 → 자격자 검토 → 최적 후보자 선발'이라는 단계를 거친다. 서류심사에서는 서류의 모든 항목들이 채워졌는지, 빠진 부분은 없는지 확인하고, 신청서를 통해 후보자가 일반적이고도 특별한 자격에 부합하는지 살펴본다. 자격자 검토 단계에서는 신청자의 자격을 심사하고, 점수 또는 등급으로 채용순위를 표시하며, 증빙서류 등을 통해 직무역량을 확인하여 면접대상자를 결정한다. 마지막은 면접을 통해 최적 후보자를 선발하는 단계이다. 신청서에 기록된 지원자의 자격, 경험, 그리고 직무 적합성을 기초로 면접위원들이 기도하고 자격을 검증한다. 그리고 밀도 높은 토론을 통하여 면접위원들이 그 업무에 최고의 자격을 갖추었다고 판단되는 한 사람을 선발한다.

3) 고용계약

어느 조직이든 고용 실무는 표준화되고, 공정하고, 법적이어야 한다. 기업은 물론이고 비영리기관이나 교회도 고용과 관련한 법을 따라야 한다. 또한 교회가 고용 및 인사와 관련한 규정을 가지고 있다면 반드시 따라야 한다. 왜냐하면 규정에 있는 채용, 급여, 평가 및 해고 등에 관한 정책이나 절차는 고용계약과 같은 효력을 갖기 때문이다. 만일 그와 같은 규정이 없을 경우에는 판사나 관료가 하라는 대로 해야 하기 때문에 규정을 제대로 만드는 것이 중요하다.

고용계약은 신중하고 종합적이며 법적인 절차이다. 직무의 자격 조건을 명확하게 제시하고, 고용인에 대한 기대치를 상호 합의하며, 급여와 복리후생 조건을 마련하고, 상호 합의한 특별조항을 포함해야 한다. 예를 들면, 수습기간에 관한 조항을 포함하고, 성과에 대한 최소요구사항을 정하는 것이 좋다.

계약의 마지막 단계는 서류를 작성하는 것이다. 조직이나 교회에 따라 계약서 형식이 다를 수 있지만, 다음과 같은 표준화된 요소를 포함한다.

- 고용인과 피고용인의 이름
- 고용인이 하게 될 직무
- 고용인의 채용은 교회의 규정을 따른다는 확인
- 채용 자격조건(예 : 교인 등록, 약물 남용 금지, 건강 등)을 확인
- 수습기간 후 교회의 채용결정권을 인정
- 고용인이 직무기술서나 직무 성과에 대한 기대치를 잘 이해하는지 확인
- 계약서상 급여 및 복리후생 조항의 동의
- 급여, 복리, 직무 등의 예외조항은 서면으로 명시한다는 상호 합의

4) 오리엔테이션

교회에서 가장 많이 실패하는 부분은 사역 또는 지원 업무인데 그 이유는 교회가 목회자에게 업무 오리엔테이션을 잘못했기 때문이다. 부실한 사역 성과의 주요 원인 역시 오리엔테이션 기간이 부족했기 때문이다. 오리엔테이션 절차는 세 단계를 거친다.

(1) 이주 지원

교회는 목회자의 이주 지원에 대하여 협의하고 계약서에 명시해야 한다. 주택 및 임시거처 지원, 이사경비 지원, 차량 지원, 사무실 지원, 비품 및 장비 지원 등을 완벽하게 준비하는 것이 필요하다.

(2) 출근 지원

교회는 신임 목회자에게 그가 함께 사역할 동료 및 교회 관계자를 소개하고, 교회의 중요한 사항들에 관해서 충분히 알려 주어야 한다. 업무 절차와 규정, 예배 등을 소개하고, 교회 시설 및 자원 사용법을 교육한다. 그리고 예배시간

에 교인들에게 신임 목회자는 물론 가족까지 포함해 소개시킨다. 또한 교회 시설, 동네, 지역을 견학하도록 도와주고, 지역사회 목회자들에게 소개하는 기회를 갖도록 돕는다.

(3) 심층 오리엔테이션

이것은 출근 후 2~3개월 동안 진행되며 상급자가 주도하지만 다른 사람들도 돕는 것이 좋다. 교회의 역사, 정치, 목회철학을 소개하고, 교인들의 현황을 알려 준다. 또한 교회의 기능을 수행하는 사역 프로그램과 팀을 소개하고, 교회의 재정 운영, 예산 절차, 지출 계획, 복지 활용, 구매 절차 등에 대해 의논한다. 그리고 교회의 보안 규정 및 암호 등 재난 대응 계획, 보고 시스템 및 서류 작성 절차를 소개하고, 인사평가 및 인력개발 제도, 커뮤니케이션 미디어와 사용방법, 협력 사역 등을 포함해서 교회 전반에 관해서 알려 주어야 한다.

3. 적절한 보상

성경에 의하면 목회자들의 교회 활동을 지원하는 것은 교회의 책임이며, 목회자들이 이를 기대하는 것은 당연하다(살전 5:12-13 ; 살후 3:7-10 ; 고전 9:3-11 ; 마 10:5, 9-10 ; 딤전 5:17-18). 교회는 목회자를 지원해서 그가 전임으로 일하게 되어 좋고, 목회자는 복음을 전파하는 것에 우선순위를 두게 되어 좋다. 목회자에 대한 보상(compensation)은 급여와 복리후생으로 구분할 수 있다.[3]

1) 급여 유형

급여는 크게 기본급여와 상여금 및 수당으로 구성된다. 그리고 기본급을 결정하는 방식은 연공급, 직무급, 직능급, 성과급으로 나눌 수 있다.

(1) 연공급(seniority-based pay)

근속연수에 비례해서 지급하는 급여로 근속연수가 증가할수록 급여가 증가한다. 개인의 근속연수에 따라 개인의 성과가 증가한다는 시간적 공정성에 입각한 논리에 기초해서 급여와 승진을 근속연수에 비례해서 결정하는 방식이다.

(2) 직무급(job-based pay)

직무의 상대적 가치를 기초로 급여를 지급하는 방식이다. 여기서 상대적 가치란 직무의 중요성, 난이도, 위험성 등을 말한다. 이 방식에서는 직무의 가치와 개인별 요소를 고려해서 급여를 결정한다.

(3) 직능급(skill-based pay)

직무를 수행하는 사람의 능력에 따라 차별적으로 급여를 지급하는 방식이다. 이 방식에 의하면 모든 직원은 동일한 급여수준에서 출발하고, 자신이 습득한 업무 기술과 능력이 증가함에 따라 그에 상응하는 급여를 지급받는다.

(4) 성과급(performance-based pay)

이것은 직원이 달성한 업무성과를 기초로 급여수준을 결정하는 방식으로 개인 성과급, 집단 성과급, 조직 성과급으로 구분할 수 있다.

2) 급여 정책

(1) 파트타임 직원에 대한 보수

교회에서 직원을 분류하는 좋은 방법은 직원을 전임과 파트타임으로 구분하는 것이다. 그리고 이를 다시 세분해서 교역자와 일반직원으로 구분할 수 있다. 예를 들면 담임목사는 전임교역자이고, 비서는 전임직원이다. 이때 파트타임 직원에 대한 보수를 결정하는 가장 쉬운 방법은 그들이 만일 전임직원이었다면 받을 만한 보수의 일정비율을 지급하는 것이다. 예를 들면 전임직원이 일주일에 40시간을 일하고 연봉이 2천만 원이라면, 20시간 일하는 파트타임 직원의 보수는 연봉으로 환산한다면 1천만 원 이상이 합리적이다. 그리고 파트타임 직원은 대개 복리후생 혜택을 받지 못한다. 그렇다 해도 교회가 파트타임 직원에게 근로기준법에서 정한 최저임금(시급)에 미달하는 임금을 지불하는 일이 생기지 않도록 유의해야 할 것이다.

(2) 경력에 대한 고려

교회는 경험 있는 직원을 우대할 수도 있을 것인데 두 가지 경우가 있다. 그 하나는 직원이 계속 근무할 경우 근무연수에 따라 호봉이 올라가는 경우이다. 다른 하나는 어느 직원이 채용될 경우에 이전 직장에서의 경험에 대해서 보상을 하는 경우이다. 만일 어느 직무가 일정 연수 이상의 경험을 요구한다면 인사위원회는 인사규정이나 직무기술서에 이를 명시하는 것이 좋다. 그리고 만일 어떤 사람이 이보다 더 많은 경험을 가지고 있다면 그에 따른 추가적인 보상을 받을 수 있는가를 정해야 한다.

(3) 교육수준에 대한 고려

교회는 직원의 교육수준 정도에 따라 대우를 해 줄 수 있을 것이다. 위에서 설명한 경력의 경우와 마찬가지로 교육수준을 대우하는 데는 두 가지 경우가 있다. 그 하나는 직원으로 있는 동안 교육훈련을 성취한 경우로서 학위나 학점 숫자에 따라 호봉 또는 직급에 반영할 수 있을 것이다. 또 다른 하나는 채용 과정에서 보상하는 것이다. 예를 들면, 어떤 직위가 신학대학원 석사학위를 요구하고 있는데 만약 채용할 사람이 박사학위 소지자일 경우에는 어떻게 할 것인가, 추가적으로 교육훈련을 받은 것에 대해 어떻게 대우할 것인가를 정해 놓아야 한다. 보통은 규정에 정해진 학위기준을 초과하는 학위가 있을 경우에는 한 직급을 올려 준다.

(4) 생계비 고려

교회는 직원의 생계비를 고려해서 급여를 조정하는 제도를 마련할 필요가 있다. 생계비가 인상되는 경우는 여러 가지가 있다. 그 하나는 물가인상인데, 이를 급여에 반영하지 않는다면 직원들은 사실상 급여삭감을 당하는 것과 같으므로 물가상승을 반영하는 급여정책이 있어야 한다. 또 하나는 부양가족인데, 가족이 많은 경우에는 이를 고려해서 급여수준을 결정하는 것이 필요하다. 예를 들면 가족 수당을 추가로 지급하는 것이다.

(5) 세금 및 보험

교회는 목회자의 급여에 대한 세금과 사회보험료를 어떻게 할 것인가를 결정해야 한다. 아직까지는 법적으로 목회자에게 소득세를 부과하고 있지는 않지만 개인적으로 세금을 납부하는 목회자가 있다고 한다. 앞으로는 목회자도 세금을 납부하는 방향으로 입법이 될 것으로 보인다. 그리고 교회는 일반 회사처럼 목회자의 보험료와 퇴직금을 지급해야 할 것이다.

3) 급여수준 결정

교역자와 직원의 급여수준을 결정하기 위해서는 먼저 직위의 상대적 가치를 평가할 필요가 있다. 그리고 교회의 재정상황, 다른 교회의 급여수준, 그리고 평균 생계비 등을 고려해서 직위별로 보수의 종류와 총액을 [표 9-3]과 같이 결정한다.

[표 9-3] 직위별 보수편성표

(단위 : 달러)

직위	급여	보험	퇴직	활동경비	기타	합계
담임목사	65,368	8,008	5,971	5,362	5,573	90,282
교육목사	46,463	6,151	3,967	2,126	4,204	62,911
음악목사	47,355	6,882	4,245	2,124	3,021	63,627
청년부 목사	37,498	4,719	3,137	2,271	3,193	50,818
소년부 목사	34,699	4,698	2,881	2,089	3,678	48,045
행정목사	44,203	4,441	3,742	2,524	3,541	58,451
비서	22,410	3,100	2,006	850	233	28,599
관리집사	20,174	3,359	450	0	0	23,983
파트교역자	18,023	6,408	0	348	0	24,779
오르간 연주자	6,965	0	0	0	1,069	8,034

〈출처 : Robert H. Welch, *Church Administration*, P. 126〉

그리고 직위의 상대적 가치에 따른 직급 유형을 정하고 유형별로 급여 상한을 정해서 [표 9-4]와 같이 호봉표를 만든다. 예를 들면 직급 유형은 아래와 같이 정할 수 있다.

- 유형 1 - 지원부서 인력(예 : 비서, 청소부, 오르간 연주자, 청년부 인턴 등)
- 유형 2 - 청소년부 목사, 청년부 목사, 선교목사 등
- 유형 3 - 담임목사, 예배목사, 행정목사 등

4) 복리후생(fringe benefit)

복리후생이란 직원이나 그 가족에게 제공하는 집단 멤버십 형태의 간접적인 보상을 말한다. 복리후생은 초기 가부장적 온정주의에서 시작되어 사회보장의 한 방편으로 확산되었고 법적으로도 지지를 받게 되었다.[4]

[표 9-4] 직급유형별 호봉표

호봉	유형1	유형2	유형3
40			
38			
36			
34			
32			
30			
28			
26			
24			
22			
20			
18			
16			
14			
12			
10			
8			
6			

〈출처 : 앞의 책, P. 127〉

(1) 복리후생의 유형

복리후생은 법적인 구속력에 따라 법정 복리후생과 자발적 복리후생으로 구분할 수 있다. 법정 복리후생은 사회보장 차원에서 근로기준법에 명시되어 있는 것으로 범위와 종류는 국가의 사회보장정책에 따라 다르다. 대한민국에서는 사회보험으로 직장의료보험, 산업재해보상보험, 고용보험, 퇴직금제도, 유급휴가제도가 이에 속한다.

그리고 자발적 복리후생은 법적인 구속력 없이 조직에서 직원의 근로의식 고취를 위해 간접적인 급여형태로 제공하는 것으로 조직에 따라 종류 및 규모가 다르다. 이것은 크게 경제적 복리후생, 보건위생과 문화, 무노동 복리후생, 거주생활 복리후생으로 구분할 수 있다.

(2) 복리후생 정책

① 카페테리아식 복리후생 : 카페테리아식 식당에서 자신이 원하는 음식을 고를 수 있는 것처럼 여러 가지 복리후생 옵션 중에서 직원이 필요에 따라 스스로 선택할 수 있도록 하는 정책이다.
② 건강 복리후생 : 최근 사람들의 건강에 대한 관심이 부각되고 있는 현실을 감안하여 직원의 건강문제를 종합적으로 해결해 주는 복리후생 정책이다. 직원의 개인적인 사생활 문제는 물론 스트레스 해결 등을 돕는 직원후원 프로그램도 이에 속한다.
③ 통합적 복리후생 : 직원이 육체적, 심리적, 정신적 측면에서 균형 잡힌 전인적 인간으로서 생활할 수 있도록 지원하는 복리후생 정책이다. 이 정책의 특징은 조직을 사회 공동체의 하나로 간주하고 직원과 가족과 조직이 연합해서 삶의 질을 향상시키는 것을 목표로 한다는 것이다.
④ 생애주기 복리후생 : 이것은 직원의 생애주기에 따라 복리후생 프로그램을 다르게 적용하는 정책이다. 예를 들어 20대는 자기개발과 자부심을 증진시킬 수 있는 프로그램, 30대는 주택 마련, 40대는 사회적 지위와 건강 증진, 50대는 은퇴준비 프로그램에 초점을 맞추는 것이다.

4. 성과 평가

1) 성과 평가의 목적

성과 평가는 개인 또는 부서가 수행한 업무 성과를 목표 및 기대치와 비교해서 평가하고 그 결과를 업무에 다시 반영하는 과정이다. 성과 평가의 목적은 개인 또는 부서가 교회의 목표달성에 어떻게 기여했는지를 알려 주고, 그들의 성과 향상을 위한 방향을 제시하여 교회의 목표를 보다 효과적으로 달성하며, 또한 개인이 필요한 직무능력이 무엇인지를 스스로 파악하여 자기개발을 할 수 있도록 돕는 것이다. 성과 평가의 필요성은 아래와 같다.[5]

- 평가는 교회의 목표를 개인의 목표와 관련시키는 하나의 방법이다.
- 평가는 조직이 사명에 부합되는 방향으로 가고 있는지를 분석하는 과정이다.
- 평가는 근무자나 감독자들이 완성해야 할 과제들을 알려 준다.
- 평가는 직무의 성취 방법을 알려 주는 수단이다.
- 평가는 교육, 훈련, 추가 감독 등의 필요성을 알려 준다.
- 평가는 업무 절차와 관련 지도자 및 감독관을 평가하는 틀을 제공한다.
- 평가는 개인 또는 부서가 우수한 성과를 인식할 수 있게 한다.

2) 성과 평가의 순환과정

성과 평가는 [그림 9-1]에서 보는 것처럼 '목표 설정 → 기대 → 목표 감시 → 측정 → 성과 평가 → 피드백'의 순환과정으로 이루어진다. 기대(expectations)는 성과 평가의 과정에서 매우 중요한 요소이다. 교회는 부서 또는 개인에게 목표를 설명하고 그들에게 무엇을 기대하고 있는지를 충분히 이해시켜야 한다. 이를 위해 가장 좋은 방법은 목표 설정 과정에 그들이 참여하고 목소리를 내게 하며 그 목표를 관리자와 함께 만들어 가는 것이다. 그렇게 하면 그들은 교회가 그들에게 무엇을 기대하고 있는지 분명하게 알게 될 것이다. 그리고 그들에게 교회의 목표와 기대에 관해서 물어보고 확인한 다음, 그것을 스스로 쓰게 하는

[그림 9-1] 성과 평가 과정

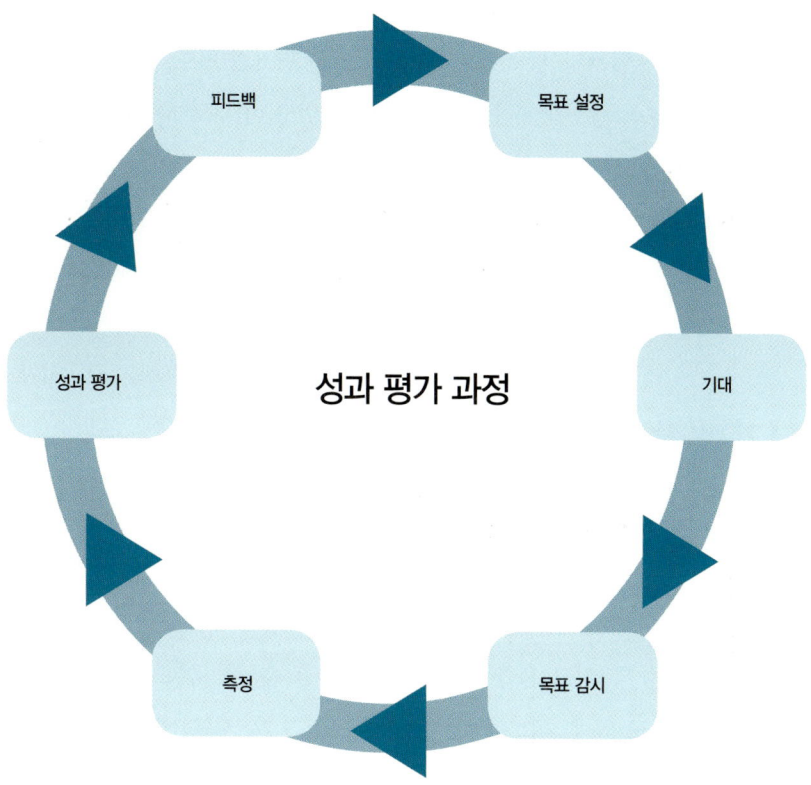

〈출처 : Patricia Lotich, *Smart Church Management*, P. 27〉

것도 좋은 방법이다.[6]

  목표 감시는 목표의 진행정도를 파악하는 것이다. 관리자는 정기적으로 직원을 만나 대화하면서 목표의 진행상황은 물론 문제들을 파악하고, 이를 해결하기 위한 방법을 함께 찾아가야 한다. 이때 관리자는 목표를 기한 내에 달성할 수 있을 것인가를 평가하고 직원에게 피드백을 제공해야 한다.

  교회의 성과 평가는 보통 1년에 한 번 행해지며 직원이나 교회가 사역 목표를 달성하도록 돕기 위한 것이다. 성과 평가를 하기 위해서는 평가양식을 만들어 사용하는 것이 좋은데 거기에 들어가는 항목으로는 팀워크, 의사소통, 고객중심, 출근상황, 업무지식, 목표완수 등이 있다. 평가의 척도는 불만족-만족-매우 만족, 또는 상-중-하 등으로 할 수도 있고, 점수로 하거나 도표로 표시할 수도 있다. 그리고 관리자는 성과 평가의 결과에 대해 부서에게 피드백을 할 책임이 있다. 관리자는 그들과 함께 평가결과를 토의하고, 교회에 기여한 것을 인정하고 포상하며, 또 교육훈련이 필요하다면 기회를 제공해야 한다.

제2절 사무국, 어떻게 효과적으로 운영할 것인가?

1. 조직화와 운영규정이 필요하다.

교회의 역사와 크기에 따라 사무국 직원의 업무량이 다르고 인원수도 차이가 있을 수 있다. 그리고 유급 직원으로 사무국을 운영할 수도 있고 자원봉사자로 운영할 수도 있다. 이하에서는 필요한 조직과 운영규정에 관해서 설명하려고 한다.

1) 사무국 조직

(1) 사무국장

교회의 사무국장은 교회 사무실의 운영에 대한 책임을 지며 교회의 지원 인력을 관리 감독한다. 또한 담임목사 또는 행정담당 목사의 지휘 아래 교회 사무국 업무를 총괄한다. 구체적으로 사무국장의 책임은 사무 절차 및 집행과 관련된 매뉴얼을 작성하는 일을 지원하고, 각 업무의 업무지침서 개발을 지시하고 관리하는 것이다. 또한 사무국장은 교회 행정책임자의 대리인으로서 교회 직원과 자원봉사자의 관리, 시설물과 교회 장비 및 비품의 관리, 사무실 업무, 공문서 작성 및 유지관리를 포함해서 행정책임자가 위임한 업무를 책임진다.

(2) 행정 간사

사무국장의 지휘 아래 교회의 인사관리 및 행정지원 업무를 담당한다. 행정 간사의 책임은 새신자 등록과 교적 관리 및 교인의 제 증명서를 발급하는 일이다. 또한 집사, 권사, 장로의 임직 관련 행정업무를 지원하고, 직원의 교육 및 복리후생 관리를 지원한다. 그리고 공문서 발송, 기록 및 문서 유지관리 업무와 법무, 노무, 민원 업무, 교회 행사 지원을 포함해서 사무국장이 지시하는 기타 행정업무를 담당한다.

(3) 재무 간사

재정위원장과 사무국장의 지휘하에 교회의 재무기록 등을 유지하고, 교회 헌금의 수입과 지출을 관리하며, 정기 재무보고를 준비한다. 재무 간사의 책임은 ① 교회 정책에 따라 헌금 수령, 계수, 예금함, ② 교회 재무 절차에 따라 각 계정의 수입과 지출 기록, ③ 월말 은행거래내역서 준비, ④ 재정위원회의 월별, 분기별, 연도별 예산 재무보고서 준비, ⑤ 재무 관련 질의 답변 및 각종 청구서, 서신, 보고서 관리, ⑥ 급여 지급 관리, ⑦ 자산 관리, ⑧ 구매 관리, ⑨ 계약 체결 및 관리 등이다.

(4) 관리 간사

관리 간사는 사무국장의 지휘하에 교회의 건물 및 시설의 관리를 담당한다. 관리 간사의 책임은 예배실 사용준비 및 관리, 장소 사용신청 접수 및 관리, 건물 유지보수 및 환경관리, 사택관리, 차량관리, 자동판매기 관리, 경비 및 미화

관리, 전기 및 조명, 기관 및 기계, 소방, 통신시설 관리, 주방, 카페시설 관리 등이다.

(5) 방송/홍보/전산 간사

방송 간사는 사무국장의 지휘하에 교회의 방송과 관련한 업무를 담당한다. 방송 간사의 책임은 예배 송출, 영상장비 관리, 음향장비 관리, 예배실 준비, 영상/음향 자료편집, 대내외행사 방송지원 등이다.

홍보 간사는 사무국장의 지휘하에 교회의 홍보에 관련한 업무를 담당하며, 그 책임은 영상 기획제작, 영상촬영, 홍보 디자인, 홈페이지 디자인, 출판/인쇄 등이다.

전산 간사는 사무국장의 지휘하에 교회의 전산화에 관련한 업무를 담당하며, 그 책임은 교적 프로그램 관리, 홈페이지 관리, 데이터베이스 관리, 전산장비 관리, 네트워크 관리, 기본통계 작성 등이다.

2) 사무규정과 절차

교회의 사무는 공식화와 표준화가 필요하며 이는 사무규정과 절차를 통해 가능하다. 규정은 교회의 성격에 따라 다양하지만 반드시 포함해야 할 사항들이 있다.

(1) 근무 규정

하루의 근무 시간에 관한 내용, 즉 출근 및 퇴근시간, 점심시간, 휴식시간에 관한 내용은 물론 연간 휴일 및 휴가, 그리고 출장 등 근무일수에 관한 내용을 포함한다. 또한 휴직과 복직, 그리고 업무 인수인계 등 근무 변동과 관련된 조항과 비밀유지, 안전 및 보건 위생, 방문자 관리, 성희롱 방지 조항 등 안전에 관한 조항을 포함한다.

(2) 표준업무 절차

교회는 표준업무 절차(standard operation procedures)를 만들 필요가 있다. 그 예로는 교회 표준양식관리 절차, 서신준비 절차, 문서보관 절차, 구매관리 절차, 비용청구 절차, 교회장비사용 절차, 문서, 이메일, 컴퓨터, 자료 등 정보보호 절차, 전화응대 절차, 교회시설사용 절차, 결혼식, 장례식, 세례식 절차 등이다.

2. 목회지원 정책과 절차[7]

1) 결혼 예식

매년 봄이 오면 교회 행정이 바빠지는데, 주된 이유로는 결혼식과 그와 관련된 여러 행사가 있다. 이러한 행사를 진행하는 데 있어 중요한 것은 신랑과 신부가 절차에 따라 필요한 단계를 밟도록 하고, 비용 및 교회가 제공할 수 있는 혜택 등에 대한 규정을 준비하는 것이다.

- 누가 시설을 이용할 수 있는지 정하라.
  많은 교회들이 교회의 기능 중의 하나가 신랑과 신부에게 교회 시설을 공개하는 것이라고 가정하고 있다. 그런데 어떤 교회는 교인과 그 가족에게만 결혼 예식용 시설 사용을 허락한다. 따라서 사용 자격에 대한 공정한 절차를 마련해야 한다.
- 누가 결혼 예식을 수행할 수 있는 권한이 있는지 정하라.
  대부분의 교회들이 결혼 예배를 전임 목회자가 집례할 것을 고집한다. 그렇지만 어떤 교회는 타교회 목사에게 집례를 허용하기도 한다. 교회는 집례자와 관련한 정책을 수립해야 한다.
- 언제 결혼 예식을 할 수 있는지 정하라.

  결혼 예식이 교회의 통상적인 기능 중의 하나라고 하더라도 교회의 정상적인 일정보다는 덜 중요하다는 의식이 지배적이다. 결혼 예식은 교회의 다른 프로그램이나 활동들이 없어서 교회 시설을 이용할 수 있을 때에 한해서 가능하다고 생각한다. 그러나 어떤 교회는 공식적인 일정의 일환으로 영예스럽게 결혼 예식일자를 잡기도 한다. 어떤 경우든 시설 이용 가능성은 중요한 문제이므로, 교회는 분명한 규정을 가지고 신랑 신부에게 이를 분명하게 전달해야 한다.

- 카운슬링 요구사항을 정하라.

  많은 목사들은 신랑 신부에게 공식적인 결혼 예비교육 없이는 결혼 예식을 허용하지 않는다는 원칙을 가지고 있다. 물론 목사가 교육을 직접 담당하지 않고 평신도 사역자가 몇 주에 걸쳐 결혼 예비교육을 하기도 한다.

- 결혼 예식의 형식을 정하라.

  교회에서 결혼 예식은 중요한 종교 예식 중 하나다. 따라서 영적으로 고무되어야 하고 하객들에게 결혼 예식이 하나님이 정하신 성스러운 행사라는 것을 인지시키고 협조를 요청해야 한다. 교회 예배 형식에 알맞은 음악, 복장, 장식, 시설 사용 등이 정해져야 한다. 그리고 그 규정은 신랑 신부 및 가족에게 충분히 숙지시킬 필요가 있다.

- 제한 사항과 책임 사항을 정하라.

  흡연이나 어린아이를 동반하는 등의 사항이나, 주방 및 친교홀의 사용, 종업원, 꽃 장식, 부케 등에 대한 제한과 책임 사항을 미리 명시하라. 그리고 누구의 책임인지도 명시해야 한다.

- 비용을 정하라.

장소 사용료, 뮤지션 사례비, 예배당 장식비 등의 비용을 산정하라. 비용을 누가 지급할 것이며, 언제까지 지급해야 하고, 얼마를 지급할지 계약을 해야 한다.

2) 장례 예식

죽음은 가족들의 인생에 있어서 크나큰 고통이며 목회자에게도 큰 스트레스가 된다. 장례식과 관련해 목사들마다 절차 및 활동을 수행해야 한다. 이를 위해 교회는 목사들을 돕는 집사 사역팀을 두고 있는 경우가 많다. 어떤 교회는 장례 사역팀을 따로 마련해 놓기도 한다. 누구에게 이 일을 맡기든지, 중요한 것은 목회자가 가족들을 위로하고 편안하게 하는 데 집중할 수 있도록 행정적인 지원으로 목사를 돕는 것이다. 그렇게 하기 위해서는 아래와 같은 계획적인 활동이 필요하다.

- 커뮤니케이션 담당자를 정하라.
  교회 안내자일 수도 있고, 장례팀장 또는 안수집사가 될 수도 있다. 중요한 것은 한 사람을 정해서 정보가 수집되고 필요한 이들에게 전달되도록 하는 것이다.
- 커뮤니케이션 네트워크를 개발하라.
  빠르고 정확한 사실의 전달은 기독교의 위로를 필요로 하는 사람들에게 반드시 필요하다. 구역 조직, 성경 스터디 그룹 등을 이용해서 소중한 가족을 잃은 교인들을 위로할 수 있다.
- 장례식장과 장례식을 조율하라.
  유가족들로 하여금 장례식장을 정하고 필요한 법적 절차, 가령 사망신고 등을 진행할 수 있도록 도움을 준다.

3) 식당 운영

(1) 식당 운영의 유용성

- 친교를 장려한다.
  식사는 사람들을 함께하게 하고 다양한 문화와 사람들을 묶어 내는 우주적인 접착제다. 음식 종류, 먹는 방식은 다양할지라도 식사를 함께 하는 행위 자체는 친교와 친절함의 표시다.
- 교회의 프로그램을 지원한다.
  예를 들어 수요일 저녁예배 전에 식사를 함께 하거나, 토요일 오전에 조찬과 함께 성경공부를 한다거나 화요일 저녁에 청년들이 성경공부를 할 때도 음식을 나눌 수 있다.
- 참여를 유도한다.
  음식을 나누어 주고, 준비하고, 설거지를 할 때 다양한 그룹의 많은 사람들이 참여하게 한다.
- 편리함을 제공한다.
  수요일 저녁예배를 드리기 위해 가정에서 식사 준비를 애써 할 필요 없이 교회 식당에서 식사를 해결할 수 있다.
- 영적 성장을 돕는다.
  식당에서 성경공부나 기도 모임, 성가대 준비와 같이 다양한 활동을 진행할 수 있다.

(2) 식당 운영 정책의 수립

식당 운영도 정책이 필요하다. 정책이 없다면 식당 운영이야말로 교회에서 가장 남용될 수 있는 분야다. 주방을 사용할 권리, 설비나 물품의 사용과 비용

등 다양한 사항들을 고려해야 한다. 첫째, 식당 운영의 목적이 교회 사역을 지원하는 것이라는 사실을 명심해야 한다. 둘째, 식당 운영 담당자는 전문성을 갖춰야 하고, 요리사 자격증을 가진 사람일수록 좋다. 셋째, 유급 직원을 채용할 경우에는 직무기술서를 마련하고 교회 정책에 따라 적절한 임금을 보장해야 한다.

4) 상담실 운영

목회자가 교리적인 문제나 성경의 원칙에 관련된 것 등을 주제로 교인들에게 상담을 제공하는 것은 목회적 상담으로서, 목회자에게 법적 책임이 없으며 자격증을 소지하지 않아도 제공할 수 있다. 그러나 목사가 교인이 아닌 사람들에게 상담을 제공할 경우, 이는 목회적 상담의 범위를 벗어난 것이다. 이때는 전문 상담사가 상담을 하도록 해야 한다. 그리고 내담자의 비밀을 유지하는 것을 원칙으로 해야 하지만, 범죄 행위나 사회 안전을 위협하는 내담자의 행위에 관해서는 법에 따라 신고해야 한다.

그리고 상담실을 효과적으로 운영하기 위해서는 상담 프로그램 책임자를 정하는 것이 좋다. 목회 상담을 제공하는 교회에서는 대개 목사 가운데 한 명을 지명한다. 어떤 교회는 자격증을 갖춘 전문 상담가를 고용하기도 한다. 또한 교회는 상담 프로그램의 정책과 절차를 규정하고 상담 비용, 시간, 횟수 등 세부사항을 명시한 상담 안내 책자를 만드는 것이 좋다.

상담 정책에는 상담자와 내담자를 보호할 장치를 마련하라. 방음장치를 갖추고, 투명 유리를 통해 관찰 가능하도록 하며, 녹음을 의무화하는 것이 포함되어야 한다. 또한 비밀 유지에 관한 정책을 마련하라. 교회 안에서 상담을 진행하든지, 교회 밖에서 제공하든지 간에 위에서 언급한 법에 위배되는 내용을 제외하고 비밀을 유지해야 한다. 녹음했을 경우에도 제3자가 접근하거나 악용하지 못하도록 보안을 철저히 해야 한다.

5) 도서실 운영

교회의 교육 사역에 있어 도서관은 다목적 기능을 수행한다. 도서나 인쇄물 등이 아직까지는 중요한 부분을 차지하기는 하지만 최근에는 사용자에게 다양한 미디어를 제공해 주는 곳이기도 하다. 따라서 도서관 사역팀은 사서를 비롯해 영상 기술자나 음향 기술자 등도 필요로 한다.

- 책임자를 정하라.
  어떤 위원회, 자문기구, 사역팀이라도 책임자가 있어야 하는 것처럼 도서관 운영도 책임자를 정해 담임목사, 교육목사 등이 언제라도 업무를 조율할 수 있도록 하라.
- 도서관 자원을 정확히 파악하라.
  있다고 생각한 물건이 없을 때만큼 당황스러운 경우는 없다. 도서와 잡지의 재고를 관리하는 컴퓨터 프로그램을 사용하라.
- 도서관 자원의 대출과 반납을 관리하는 시스템을 마련하라.
  자원의 위치를 확실하게 파악해 둘 필요가 있다. 위와 마찬가지로 컴퓨터 프로그램을 이용하면 좋다.
- 정숙한 분위기를 유지하라.
  영상자료 이용 시 헤드폰을 사용하고, 컴퓨터 사용 시 모니터링을 실시하는 등 도서관에서 독서를 하거나 영상 자료를 이용하는 사용자들이 방해 받지 않도록 분위기를 만들어라.
- 현실적인 예산을 제공하라.
  오늘날 도서 구입비가 크게 인상되었고 미디어 장비들도 다양해졌다. 때문에 이것들을 효과적으로 사용하기 위해서는 교회의 목적과 사명을 증진시키기에 유용한가를 평가하고, 교인들의 기대치와 교육훈련 과정에 입각해서 예산을 현실적으로 편성해야 한다.

3. 문서 관리 업무 지침(매뉴얼)

업무 지침(manual)은 직원들이 업무를 어떻게 실행할 것인가에 관한 것으로서, 업무에 대한 기본 방침과 절차 등을 포함해서 구체적인 방법을 제시하고 있다. 이러한 지침서는 신입 직원의 교육에 편리하고 직원들이 스스로 업무를 배울 수 있도록 돕는다.[8]

1) 문서 작성 지침

좋은 문서는 효과적인 조직의 표지라 할 수 있다. 만일 조직이 내부 직원들과 소통을 하지 못한다면 그 조직은 효율적이지도 않고 능력이 있다고 할 수도 없다. 교회 사무실은 교회를 위한 의사소통 창구이다. 그렇다면 좋은 커뮤니케이션이란 과연 무엇일까? 글이 칼보다 강하려면 다음과 같은 적절한 표현방식(6C)이 필요하다.

- 소통(Communicative) : 좋은 서신은 독자에게 그들이 필요로 하고 알고자 하는 정보를 제공한다.
- 명확(Clear) : 교회 용어와 일반 용어의 차이를 인식하고 독자가 이해하기 쉬운 언어를 사용해야 한다.
- 간결(Concise) : 가능한 짧고 빠르게 핵심 메시지를 전달해야 한다.
- 완전(Complete) : 전달하고자 하는 메시지를 충분히 이해할 수 있도록 필

요한 모든 정보를 추가로 제공해야 한다. 간결함은 중요하지만 해독하기 어렵게 해서는 안 된다.
- 정확(Correct) : 모든 정보가 정확해야 한다. 문법, 맞춤법, 띄어쓰기 등의 오류가 없도록 확인한다.
- 예의(Courteous) : 독자의 지식수준을 모욕하지 말고 타종교를 무시하지 않도록 한다. 선의를 추구하고 독자를 존중한다.

2) 회의 기록 및 보관

회의록 기록은 서기 또는 승인된 직원이 한다. 회의록은 정확성을 기하기 위해 준비, 작성, 검토 과정을 거쳐야 하며 담당 직원 또는 목사에게 검토를 받는다. 그리고 회의 때 전회 회의록을 낭독, 필요시 수정, 승인을 받는다. 회의록의 보관을 위해 원본과 사본 2부를 남긴다. 원본은 교회 기록으로 보관하고, 사본 1부는 서기, 사본 1부는 교회 사무실에 비치한다. 원본은 지정된 직원이 관리하되 화재에도 안전한 장소에 보관하고, 교회 사무실에 비치한 사본은 서류철에 3년 동안 보관한다. 그리고 교회의 문서작성 소프트웨어를 통일하는 것이 중요하다.

3) 교적부 관리

교적부는 매주 정해진 시간에 정리하는 것을 원칙으로 하며, 가능한 교적부와 관련된 교인 정보를 필요로 하는 업무는 한꺼번에 처리한다. 교적 업무를 효과적으로 수행하기 위해서 교적 업무 절차와 지침서를 마련하고 교육훈련을 진행하는 것이 필요하다. 교적부와 부서조직 기록을 유지관리하면 여러 가지 행사 때에 교회가 필요한 물품이 얼마만큼인지 파악하는 데 유용하다.

4) 문서 보관

문서는 언제든지 쉽게 참고하거나 사용할 수 있도록 보관되어야 한다. 문서는 교적부, 서신 문서, 기본 양식, 교회 규정, 교회 기록문서, 홍보자료 등이 있는데 문서 보관을 효과적으로 하기 위해서는 문서의 분류체계를 세워야 한다. 그리고 문서 관리자를 지정하고 정기적으로 문서 보관실태를 감사해야 한다. 또한 교회는 정보를 계속 유지할 것인지 매년 평가하고, 조정할 필요가 있다. 폐기할 문서, 유지할 문서, 영구보존할 문서 등을 연간 감사를 통해 분류하라.

제3절 시설물 관리 : 어떻게 효율성, 효과성, 안전성을 높일까?

1. 시설물 관리의 조직화

1) 조직화의 필요성

교회 시설은 대부분 성도들의 피와 땀, 희생으로 지어진다. 성도들은 그들의 헌금과 기부가 건물의 벽돌과 시멘트로 지어져 가는 것을 본다. 때로는 그들이 사랑하는 목사님이나 가족의 이름으로 건물을 기부하기도 한다. 그래서 교회 건물은 예배와 성경공부, 사역의 장소로서뿐만 아니라 교인들에게 어떤 정서적인 애착을 가지게 한다. 교회는 때로 집이기도 하고, 교실이기도 하고, 레크리에이션 장소이기도 하다. 또한 때로는 지역주민들에게 회의 장소를 제공하기도 하고 지역사회의 중심점이 되기도 한다.

행정 책임자는 교회의 건물과 시설을 효과적으로 관리하기 위해서 시설물 관리에 대한 정책과 절차들을 수립하는 동시에 시설물을 관리하는 사람들을 조직

[그림 9-2] 미국 교회 시설물 유지예산

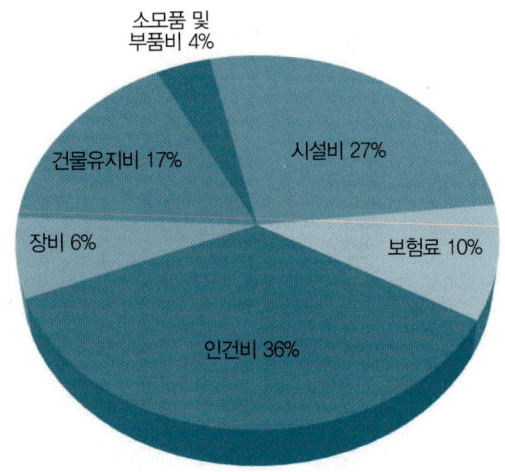

〈출처 : Robert H. Welch, 앞의 책, P. 188〉

화해야 한다. 시설물 관리에 있어서 가장 중요한 것은 비용 대비 효과를 높이는 것이다. 교회는 시설물 관리자들에게 착한 청지기 역할을 기대한다. 미국의 경우, 교회 총 예산의 약 20%가 시설물 관리 운영에 사용된다고 한다. 이렇게 큰 비중을 차지하는 시설물 관리예산을 어디에, 어떻게 사용할 것인가를 결정하는 데에는 착한 청지기 정신이 필요하다. [그림 9-2]는 운영예산이 10만 달러 이상인 미국 교회에서의 시설물 유지예산 구성비율을 보여 준다.[9]

2) 관리위원회

교회에 따라 다르지만 대부분의 교회는 관리위원회를 조직하여 운영하고 있다. 미국 교회의 경우 정관에 의해 관리위원회는 인사위원회, 재정위원회와 함께 3대 상설위원회의 하나로 반드시 구성해야 할 위원회이다. 위원회는 당회가 임명하는 6~9명의 위원으로 구성하며, 위원의 1/3은 매년 교체하고 2번 이상, 즉 6년 이상을 연임할 수는 없도록 하는 것이 좋다. 위원장은 당회가 임명하고, 건물 감독자는 당연직 위원이 된다.

관리위원회는 교회의 모든 건물과 시설을 효율적, 효과적, 안전적으로 관리하는 책임을 갖는다. 교회 시설물에는 건물과 부지 및 시설장비가 포함된다. 위원회는 공간의 효율적인 사용과 사역을 위하여 기구와 하드웨어 및 장비 등을 적절하게 제공하고 안전하게 유지관리하는 역할을 감당한다.

구체적으로 관리위원회의 책임은 ① 시설물에 관련된 정책과 절차를 개발하고 제안한다. ② 교회의 자산과 장비들에 대한 연간 재고를 검사하고 평가한다. ③ 공간 사용의 필요성과 요구사항을 평가하고 효과적인 공간 배치를 계획한다. ④ 교회 시설의 효과적이고 효율적인 사용을 위해 인사위원회와 적절한 인적자원 관리를 평가하고 조정한다. ⑤ 교회 공간과 장비에 관해서 적절한 유지 및 개보수 일정을 정한다. ⑥ 재정위원회와 함께 시설물 유지관리 예산을 평가하고 조정한다. ⑦ 행정 지원을 위해서 주차 공간, 특수 장비, 특별 수송 필요 등을 지원한다.

3) 관리팀장 임명

관리팀장은 교회 건물, 대지, 장비의 유지관리와 청결을 책임지고 교회의 행정 책임자에게 보고해야 한다. 그리고 교회 유지 및 청결을 담당하는 직원들을 감독한다. 관리팀장의 자격요건으로는 시설물 관리 및 유지에 관한 훈련을 받았거나 이와 동등한 경험이 있는 사람으로서 일반 유지운영에 관해 잘 알고 있어야 한다. 또한 교회 시설 및 장비 유지관리 프로그램을 계획하고, 집행하고, 감독하고, 평가하는 능력을 갖춰야 한다. 그리고 유지관리 운영에 능력을 보여줘야 하고, 직원들과의 적절한 커뮤니케이션 능력도 갖추어야 한다.

2. 과학적 공간 계획[10]

1) 공간 조사와 배치

공간 계획은 교회 공간에 관한 자료를 필요로 한다. 공간 조사는 교회의 공간이 어떻게 건축되었고, 어떤 장비들이 구비되어 있으며, 방들의 특징은 무엇이고, 그 공간의 용도는 무엇인가를 자세히 기술하는 것이다. 조사가 끝난 후에 각 공간 또는 방에 표지판을 만들어 부착하면 편리하게 식별할 수 있을 것이다.

시설관리자는 공간을 배치할 때 건축 규정이나 소방 안전 규정에 따라야 한다. 일반적으로 유아나 어린이실은 지상 1층, 출입구에 가까운 곳에 있어야 하고, 노인실은 승강기가 없는 건물의 경우에는 가능한 저층에, 그리고 예배실 출입구에 가까운 곳에 배치해서 노인들이 많이 걷지 않으시도록 배려해야 한다. 보통 시설관리자들은 80% 법칙을 이용한다. 즉, 등록 학생이 100명이라면 80명을 수용할 수 있는 공간을 배치한다.

한편, 공간의 이용 빈도와 용도에 따라 유지관리가 달라진다. 예를 들면, 주일학교 유치부실이 주일에 유치부 교실로만 사용될 경우보다는 그 공간이 주중에 어머니, 어린이 성가대, 또는 선교부 프로그램 등에 의해서도 공동으로 사용될 경우에 더욱 자주 청소해서 깨끗하게 유지해야 할 것이다. 유지관리를 위해서는 청소 시간, 시설 및 장비, 건축 재료 등을 숙지해야 한다. 그리고 건물 유지관리는 시설과 장비를 정기적으로 검사하고 필요에 따라 교체하는 보수관리와 청결 미화, 안전과 편리함을 위해 상시 관리하는 운영관리로 나눌 수 있다.

2) 체계적인 공간 관리 시스템

교회가 공간 관리를 효율적으로 하기 위해서는 교회 내 시설들에 관한 공간의 구성, 장비, 특수 요구사항이 적힌 공간기술서가 필요하다. 그리고 체계적인 공간관리 시스템을 마련해야 한다. 이에는 ① 통상적인 유지관리 일정을 위한 기준과 유지관리 기록을 위한 시스템, ② 공간이 언제, 어떻게 통합적으로 사용되고 있는가를 알려 주는 시스템, ③ 공간을 청결, 안전, 편리한 상태로 유지하기 위해서 필요한 통상적 및 비통상적인 유지 행동을 기술하는 시스템, ④ 환경미화원들의 유지관리 행동 일정을 돕는 시스템 등이 있다. 또한 시설유지관리인의 자격요건에 대한 기술서와 유지관리 비용의 추정에 관한 기준 설정이 필요하다.

3. 자원봉사자(내부 인력) vs 외부 용역업체

관리위원회는 청소 등 건물 유지관리를 위해서 내부 자원봉사 인력을 사용할 것인가 또는 외부 용역업체를 사용할 것인가를 결정해야 하는데, 이때 각 방법의 장점과 단점을 살펴보고, 비용 및 편익 분석은 물론 기타 노사관계 등 사회문화적 요소들을 고려해야 한다.[11]

1) 자원봉사 인력의 이용

교회에서 자원봉사자들은 없어서는 안 될 소중한 자원이다. 그들은 교회시설을 유지관리하는 직원들을 대체할 수는 없지만 직원을 보조하는 필수 인력이다.

(1) 자원봉사자를 이용할 경우의 장점
첫째, 소속감을 강화시킨다. 자원봉사자들은 만나면서 서로 사랑하게 되고, 교회에 대한 책임감을 가지게 되고, 공동체의 일원이라는 감정을 느낀다. 또한 교인들은 자원봉사를 통해 영적 은사를 받은 것은 교회를 섬기기 위한 것이라는 깨달음을 얻게 된다. 둘째, 주인의식을 높인다. 교인들은 자원봉사를 통해 우리 교회라는 주인의식을 갖게 되고 교회시설을 아끼게 된다. 그렇게 되면 단순히 시설의 이용자가 아니라 시설 안에 사는 주인이 되는 것이다. 셋째, 청지기 의식을 개발한다. 자원봉사자들은 봉사를 통해 그들의 시간뿐만 아니라 재능과 기술로 교회에 기여한다고 느끼게 되고, 그들의 청지기 정신은 행동으로 나타난다. 이런 행동은 교회는 물론 자원봉사자들도 돈을 절약할 수 있게 만든다.

(2) 성공적인 자원봉사자 활용방안

- 자원봉사자에게 맡길 특정한 활동을 정하라.
- 기술 능력의 범위를 정하라. 어떤 사람은 청소만 할 수 있고, 어떤 사람은 전기 기술을 갖고 있다.
- 필요한 물품을 제공하라. 자원봉사자들이 각자 청소용 기구나 물품을 가져오는 것을 기대하지 않는 것이 좋다.
- 고유 장비를 제공하라. 만일 창문 청소를 하려면 작업발판을 마련해 주고, 교실 공사를 할 경우에는 공구를 제공하라.
- 참여자들에게 동기를 부여하라. 동기부여를 통해 그들의 자발적인 봉사 의식을 고취시키고 봉사의 기쁨을 느끼게 하라.
- 그들에게 감사를 표현하라. 봉사자들이 한 일과 그것이 교회에 어떤 의미를 갖는 것인지를 말해 주라. 그리고 주보나 브로슈어 등을 활용하여 그들을 격려하고 인정해 주어라.

2) 외부 용역업체 이용

(1) 외부 용역업체와 계약할 경우의 장점

첫째로 사람과 관련된 문제가 없다. 용역업체가 인력의 채용 및 해고를 책임진다. 급여, 세금, 보험, 복리후생에 관한 결정도 용역업체의 책임이다. 인력과 관련해서 용역업체를 쓰는 가장 큰 이점은 인력을 안정적으로 공급받을 수 있다는 것이다. 그 사람들이 휴가, 병가, 또는 기타의 사유로 인하여 결근하게 되더라도 용역업체가 알아서 인력을 대체하여 제공한다. 둘째로 비싼 장비를 구입할 필요가 없다. 복잡한 청소용 기계는 비싸기 때문에 교회 사역 자금에 부담을 줄 수 있는데, 용역업체는 장비를 자체적으로 공급하므로 교회는 장비의 구입비, 수리비, 교체비용을 염려하지 않아도 된다. 셋째로 훈련된 인력이나 청소용 소모품 공급에 책임을 지지 않아도 된다. 훈련된 인력을 공급할 책임도 용역업체에 있기 때문이다. 용역업체는 용원들이 장비 및 물품의 사용방법을 배워서 업무를 효율적으로 하도록 할 책임이 있다. 그리고 용역업체가 소모품을 결정하고 주문이나 재고를 책임진다.

(2) 외부 용역업체와 계약할 경우의 단점

첫째, 청소 일정을 용역업체와 사전에 협의해야 한다. 어떤 경우에는 교회 행사가 청소 일정 때문에 영향을 받을 수도 있다. 둘째, 청소업무에 대한 검사가 내부 인력을 쓸 경우에 비해서 더 힘들다. 용역업체를 쓰든지 내부인력을 쓰든지 시설의 청결과 이용 편리성을 검사하는 일은 관리자의 책임인데 용역업체를 쓸 경우 평가가 더 힘들다. 셋째, 긴급한 환경미화 필요에 즉각 대응하기가 어렵다. 용역업체를 이용할 경우, 시설에 물이 샌다든지, 긴급회의와 같은 급한 일이 발생할 때나 장례식, 결혼식 등의 행사에 적절한 대응이 어려울 수 있다. 넷째, 시설의 안전문제가 복잡해질 수 있다. 용역업체가 시설에 접근하도록 건물 열쇠를 주어야 하고, 시설물의 개폐를 용원들이 하므로 안전문제가 생길 수 있다.

(3) 비용분석 및 가격결정 방법

시설관리자는 위의 장단점은 물론 실제 비용을 분석할 필요가 있다. 실제 비용은 소요장비, 청소용품과 소모품, 재고 및 창고 관리, 물품손실, 인력의 훈련, 기구의 수리와 감가상각 및 이용불가 등에 따르는 비용을 포함한다. 시설관리자는 내부 인력을 사용할 경우, 외부 용역업체와 계약할 경우를 대비하여 비용편익분석을 해서 보다 효과적인 방법을 선택해야 한다. 그리고 용역업체를 선택하더라도 최소 1명은 내부에서 유지관리 책임자로 임명하여 용역업체를 감독하도록 해야 한다. 시설관리자가 용역업체와 계약하기 위해서는 아래와 같은 세 가지 가격결정 방법을 이해할 필요가 있다.

① 시간 단위 방법

이 방법은 용역 계약업체가 가장 많이 사용하는 방법으로 시설의 청소에 소요되는 총 시간에 시간당 비용을 곱해서 계약금액을 산출하는 것이다. 이를 위해서는 먼저 청소해야 할 시설 및 공간들을 결정하고 그들의 총면적을 계산한 다음, 그 총면적에 소요되는 청소시간을 계산하고 여기에 시간당 비용을 곱하면 된다.

② 작업 단위 방법

이 방법은 용원들의 능력을 기초로 용원들의 작업량에 따라서 계약금액을 결정하는 것이다. 이럴 경우 용원들의 능력을 평가하는 데 어려움이 있고 또 감독자에 따라 그들의 업무효율성이 달라진다. 따라서 이 방법은 특별한 경우, 예를 들면 특별행사 또는 특수건물의 청소에 효과적일 것이다.

③ 고정 단가 방법

이 방법은 위에서 설명한 시간 단위 방법과 비슷하지만 시간당 비용을 시장 평균 비용에 고정해서 책정한다.

4. 안전 및 보안 관리[12]

1) 안전관리

교회는 안전사고의 위험에 노출되어 있기 마련이다. 매주 교회를 오가는 수많은 사람들을 위해 교회는 이들이 안전하게 교회 시설을 출입할 수 있도록 보장해야 한다. 예를 들면 미끄럼 방지 테이프를 설치하고, 걸려 넘어질 수 있는 장애물을 치우고, 전기 사고를 방지해야 한다. 또한 눈을 치우고 세균을 없애는 등 교회가 안전한 환경이 되도록 노력해야 한다. 이와 같이 시설물 관리위원회는 안전을 책임지고 교회의 안전에 만전을 기해야 한다.

(1) 안전규범 준수

나라마다 다양한 안전규범이 있고 교회도 이를 준수해야 하지만, 상당수의 교회 시설들이 여전히 안전규범을 위반한 채 운영되고 있다. 지역의 안전 조사관들에게 교회 시설의 안전점검을 의뢰하는 것이 좋다. 어느 곳에나 안전전문 인력은 있으니 이들에게 도움을 요청하라. 단, 안전규범을 위반하는 사항이 발견될 경우 이를 반드시 시정해야 하며 심각할 경우, 시설물을 사용하지 못할 수도 있다. 그러나 소 잃고 외양간을 고치는 것보다는 미리 사고를 예방하는 것이 좋다.

직원들에게 안전한 작업 환경을 제공해야 할 의무는 법으로 규정되어 있다. 당연히 교회도 이에 해당된다. 교회 주방 설비, 교회 정원 시설물, 사다리, 사무실 장비 등은 좋은 품질을 갖춘 제품으로 유지보수를 지속적으로 해서 안전하고 효과적으로 사용할 수 있도록 해야 한다. 또한 조명은 그 자체로 안전시설이라기보다는 안전을 돕는 시설이다. 조명이 제대로 설치되지 않을 경우 넘어지거나 부딪칠 위험이 언제나 있다. 물론 어둡다고 무조건 위험하지는 않지만,

안전한 조명 환경을 갖추지 않을 경우, 대개는 높은 보험료를 내야만 한다. 그러므로 복도, 현관, 화장실 등의 공용시설에는 조명을 반드시 설치해야 한다.

(2) 위급상황 대응 절차

교회는 시설 내에서 위급한 상황이 발생했을 때 이에 대응하기 위한 절차를 마련해 놓아야 한다. 전문 인력이 도착하기 전까지 교회에서 할 수 있는 최대한의 긴급 구조를 제공해야 한다. 이를 위한 지침은 다음과 같다. 먼저, 119 등 재난 본부와 연락을 담당할 안전 책임자를 미리 정해야 한다. 다음으로, 경보 시스템을 마련하고 위급 상황이 생겼을 경우, 대피 장소를 지정하라. 응급 상황을 처리할 수 있는 장소여야 하며, 응급 구조원에게 필요한 모든 정보를 제공할 수 있도록 체크리스트 항목을 마련하고 위급 환자에 대한 정보가 필요할 경우, 이를 제공할 수 있도록 교인 기록을 관리해야 한다. 그리고 긴급 구명 장비 등을 마련하라. 인공호흡기 등의 장비를 갖추고 제대로 훈련받은 자들이 이용할 수 있도록 한다.

2) 보안관리

(1) 조명

조명은 안전에 있어서 빼놓을 수 없는 중요한 요소인 동시에 보안상으로도 역시 중요하다. 교회 출입구는 24시간 조명을 켜 두어야 한다. 주차장에도 타이머로 작동되는 조명을 설치해야 한다.

(2) 경보 시스템

화재 경보 시스템을 갖추어 교회에 있는 성도들과 교회 시설물을 보호해야 할 뿐만 아니라 교회의 자산을 도난으로부터 보호할 경보 시스템도 마련해야 한다. 이 같은 경보 시스템은 마땅히 지역 경찰이나 보안업체와 연계되어 있어야 한다. 물론 도난 경보 시스템을 설치하기 이전에 대상 자산을 점검하고 선정하는 것이 필요하다. 그리고 교회 시설 곳곳에 호출 장치를 설치하라. 영유아실, 사무실 등에 긴급 호출 장치를 설치해 위급 상황에서 즉각적인 조치를 취할 수 있도록 하는 것이 좋다.

(3) 보안 대비

교회는 보안에 대해 적극적으로 대비해야 한다. 보안이 필요한 곳에 잠금장치 또는 알람을 설치하고, 유리문을 사용할 경우 강화 혹은 보안 유리를 사용하는 것이 좋다. 귀중품은 눈에 띄지 않는 안전한 곳에 보관하고 교회 내에 다량의 현금은 두지 않는다. 그리고 창문과 문을 잠그는 사람을 정하여 이중 삼중 잠금 장치로 교회를 보호하라. 또한 마스터키를 관리하는 인원을 지정해야 한다. 너무 많은 인원이 열쇠를 갖고 있지 않도록 하고, 열쇠를 관리하는 데 따르는 책임 소재를 명확히 규정해 놓아라.

(4) 보안 의식 강화

교회 지도자들이 보안 의식을 가질 수 있도록 다음과 같은 노력을 해야 한다. 주차장 관리 사역팀은 차량뿐만 아니라 주차장을 이용하는 성도들을 보호할 책임이 있다. 정상적이지 않은 상황이 발생할 때 이를 파악할 수 있도록 훈련하고 즉시 보고할 수 있는 체제를 마련해야 한다. 집사나 교회 어른들이 교회 순찰을 담당하도록 하는 것이 좋다. 공간을 개방하고 가시성을 확보해야 부정한 활동을 방지할 수 있다. 상담실에는 창문을 설치하고, 아이들이 노는 공간도 부모 등이 관찰할 수 있도록 개방하라. 사용하지 않는 공간을 잠그고, 컴퓨터는 보안 프로그램을 설치하며 암호를 걸어 두는 규정을 마련해 보안 체제를 강화할 필요가 있다.

3) 보험제도 이용

교회는 유사시를 대비해서 보험제도를 이용해야 한다. 교회에 필요한 보험을 살펴보면 크게 4가지가 있다. 손해배상 보험은 대인피해, 차량파손, 직원과 관련한 보험이다. 시설물 보험은 기본 파손, 포괄적 파손, 특수 파손, 기타의 위험에 대비하기 위함이다. 재산보험은 여러 가지 재산 손해를 대비하기 위한 보험이고, 근로자 보험은 직원들을 위한 보험이다. 교회가 보험제도를 효과적으로 이용하기 위해서는 보험을 하나로 통합하고 특약을 활용하여 포괄적 보험으로 보장하는 것이 좋다. 또한 교체 비용을 고려해 보험을 설계하고, 보험료를 절감하도록 노력해야 한다.

제9장 인사 행정, 누구와 함께할 것인가?

| 참고문헌 |

제1장 교회와 경영원리

1) Robert H. Welch, *Church Administration*, 2005.
2) 한국일, "선교적 교회의 실천적 모델과 원리", 「선교신학」, Vol. 36, 2014, PP. 369-373.
3) 앞의 책.
4) 앞의 책.
5) 장흥길·임성빈 편저, 「건강한 교회 세우기」, 한지터, 2012, PP. 48-52, 167-175.
6) 앞의 책.
7) 한국선교신학회 엮음, 「선교학 개론」, P. 204.
8) 앞의 책.
9) 서정운, "건강한 교회, 건강한 목회", 「건강한 교회 세우기」, 2012, 한지터. P. 132.
10) 앞의 책, P. 133.
11) 한국리더십학교 엮음, 「하나님 나라 리더십」, 두란노, 2008, PP. 10-13.
12) 이진규, 「현대경영학 제5판」, 2013, P. 11.
13) 장흥길·임성빈, 앞의 책.
14) 이진규, 앞의 책.
15) Henri Fayol 저, Constance Storrs 역, *General and Industrial Management*, London Sir Isaac Pitman & Sons, Ltd, 1957, P. 3.

제2장 변혁이 필요한 교회 리더십

1) 장흥길·임성빈 편, 「섬김의 목회 리더십」, 한지터, 2011, PP. 169-177.
2) Yukl, G. (2010), *Leadership in Organizations*, Pearson. P. 21.
3) Northouse, P. G. (2007), *Leadership : Theory and practice (4th eds.)*, Thousand Oaks : SAGE Publications. P. 3.
4) Jago, A. G. (1982), *Leadership : Perspectives in theory and research*, Management Science, 28(3), PP. 315-336.
5) Bennis, W. G. and Nanus, B. (1985), *Leaders : the strategies for taking charge*, New York : Harper & Row.
6) Rost, J. C. (1991), *Leadership for the twenty-first century*, Westport, CT : Greenwood.
7) Fayol, H. (1916), *General and industrial management*, London : Pitman
8) Kotter, J. P. (1990), *A force for change : How leadership differs from management*, New York : Free Press.
9) Zaleznik, A. (1977), *Managers and leaders : Are they different?*, Harvard Business Review, 55, PP. 67-78.
10) Yukl, G., 앞의 책, PP. 33-38.
11) Yukl, G., 앞의 책, PP. 30-33.
12) Dinh, J. E., Lord, R. G., Gardner, W. L., Meuser, J. D. Liden, R. C., and Hu, J. (2014), *Leadership theory and research in the new millennium : Current theoretical trends and changing perspectives*, The Leadership Quarterly, 25, PP. 36-62.
13) French, J. R. and Raven, B. (1962), *The base of social power*, in Cartwright, D. (eds.), Group dynamics : Research and theory, New York : Harper & Row.

14) Stogdill, R. M. (1948), *Personal factors associated with leadership : A survey of the literature*, Journal of Psychology, 25, PP. 35−71.
15) Stogdill, R. M. (1974), *Handbook of leadership : A survey of theory and research*, New York : Free Press.
16) Goldberg, L. R. (1990), *An alternative "description of personality" : The big−five factor structure*, Journal of Personality and Social Psychology, 59, PP. 1216−1229.
17) Kouzes, J. M. and Posner, B. Z. (2002), *The leadership challenge (3rd eds.)*, San Francisco : Jossey−Bass.
18) Katz, R. L. (1955), *Skills of an effective administrator*, Harvard Business Review.
19) Mumford, M. D., Zaccaro, S. J., Harding, F. D., Owen Jacobs, T., and Fleishman, E. A. (2000), *Leadership skills for a changing world : Solving complex social problem*, Leadership Quarterly, 11(1), PP. 11−35.
20) Blake, R. R. and Mouton, J. S. (1964), *The managerial grid*, Houston, TX : Gulf.
21) Blake, R. R. and McCanse, A. A. (1991), *Leadership dilemmas−Grid solutions*, Houston, TX : Gulf.
22) Hersey, P. and Blanchard, K. H. (1969), *Life−cycle theory of leadership*, Training and Development Journal, 23, PP. 26−34.
23) Fiedler, F. E. (1964), A contingency model of leadership effectiveness, In Berkowitz, L. (Eds.), *Advances in experimental social psychology*, New York : Academic Press.
24) Fiedler, F. E. (1967), *A theory of leadership effectiveness*, New York : McGraw−Hill.
25) Evans, M. G. (1970), *The effects of supervisory behavior on the path−goal*

relationship, Organizational Behavior and Human Performance, 5, PP. 277–298.

26) House, R. J. and Mitchell, R. R. (1974), Path-goal theory of leadership, Journal of Contemporary Business, 3, PP. 81–97.

27) House, R. J. (1996), A path-goal theory of leadership : Lessons, legacy, and a reformulated theory, Leadership Quarterly, 16, PP. 321–328.

28) Lowe, K. B. and Gardner, W. L. (2001), Ten years of the Leadership Quarterly : Contributions and challenges for the future, Leadership Quarterly, 11(4), PP. 459–514.

29) Burns, J. M. (1978), Leadership, New York : Harper & Row.

30) Bass, B. M. and Steidlmeier, P. (1999), Ethics, character, and authentic transformational leadership, Leadership Quarterly, 10, PP. 181–197.

31) Howell, J. M. and Avolio, B. J. (1993), The ethics of charismatic leadership : Submission or liberation?, Academy of Management Executive, 6(2), PP. 43–54.

32) House, R. J. (1976), A 1976 theory of charismatic leadership, In Hunt, J. C. and Larson, L. L. (Eds.), Leadership : The cutting edge, Carbondale : Southern Illinois University Press.

33) Bass, B. M. (1985), Leadership and performance beyond expectations, New York : Free Press.

34) Bass, B. M. and Avolio, B. J. (1990), The implications of transactional and transformational leadership for individual, team, and organizational development, Research in Organizational Change and Development, 4, PP. 231–272.

35) 사무엘 리마(Samuel D. Rima), 「셀프 리더십」, 생명의 말씀사, 2003.

제3장 교회의 비전 경영과 전략 계획

1) 장흥길·임성빈 편, 앞의 책, PP. 239-246.
2) Phillip V. Lewis, *Transformational Leadership*, 1986, PP. 125-134.
3) 이진규, 「현대경영학」(제5판), PP. 178-180.
4) Yukl, G., *Leadership in Organizations* (7th ed.), 2010, P. 299.
5) 이장로, 「국제마케팅」(제5판), PP. 152-154.
6) Phillip V. Lewis, 앞의 책.
7) Bruce L. Petersen et.al., *Foundations of Church Administration*, 2010, PP. 213-218.
8) George Barna, *The Power of Vision*, 2003, PP. 73-75.
9) Yukl, G., 앞의 책, PP. 310-313.
10) Robert H. Welch, *Church Administration*, 2005, PP. 281-290.
11) Thomas L. Wheelen, J. David Hunger, *Strategic Management and Business Policy*, Addison-Wesley Publishing Company, 1983, P. 8.
12) Phillip V. Lewis, 앞의 책, PP. 192-194.

제4장 선교 사역 - 선택과 집중

1) 「선교신문」, 2015년 1월 20일 기사.
2) 마이클 그린, 박영호 역, 「현대전도학」, 기독교문서선교회, 1994, P. 17.
3) 한국선교신학회 엮음, 「선교학 개론」, P. 215.
4) 앞의 책, P. 219.
5) 앞의 책, PP. 251-254.
6) 이장로·신만수, 「국제경영」(제6판), PP. 557-572.

7) 한국선교신학회, 앞의 책, P. 222.
8) 한국선교신학회, 앞의 책, P. 224.
9) 이장로 · 신만수, 앞의 책, PP. 234-238.
10) 릭 워렌, 「새들백교회 이야기」, 1995, P. 180.
11) 앞의 책, PP. 197-209.
12) 앞의 책, PP. 210-230.
13) 이장로, 「목회와 신학」, 2006년 5월.
14) Johannes C. Hoekendijk, 「흩어지는 교회」, 1994, PP. 167-173.
15) 존 스토트, 「온전한 그리스도인이 되려면」, IVP, 1986, PP. 64-67.
16) 존 스토트 책임편집, 한화룡 옮김, 「복음전도와 사회적 책임」, 두란노서원, 1986, P. 57.
17) 앞의 책, P. 56.
18) Greg L. Hawkins & Cally Parkinson, *Move*, P. 237.
19) 앞의 책.
20) 「선교타임즈」, 2013년 02월호.

제5장 양육 사역 - '작은 예수'로 살게 하기

1) Greg L. Hawkins & Cally Parkinson, 앞의 책, Ch. 1.
2) 이석철, 「기독교 성인 사역론」, 침례신학대학교 출판부, 2008, PP. 76-88.
3) 김도일 역, 「제자직과 시민직을 위한 교육」, 1999, 이석철, 앞의 책.
4) 이석철, 앞의 책, PP. 128-135.
5) 김재은, 「기독교 성인교육」, 한국기독교교육학회, 2004, PP. 340-350.
6) 박봉수, "그리스도의 장성한 분량이 충만한 데까지 이르도록", 「제2회 바른 신학 균형목회 세미나 자료집」, 2009, P. 223.

7) 김재은, 앞의 책.

8) 릭 워렌, 「새들백교회 이야기」, 1996, P. 164.

9) 김재은, 앞의 책, P. 150.

10) 앞의 책, P. 185.

11) 앞의 책, P. 267.

12) 앞의 책, PP. 286-287.

13) 박요셉, "예수님의 비전과 성품을 갖는 교회 되도록", 「신자 되게, 신자답게」, 한들출판사, 2009, PP. 229-240.

14) Greg L. Hawkins & Cally Parkinson, 앞의 책, PP. 43-166.

15) 앞의 책, PP. 169-189.

16) 앞의 책, P. 123.

17) 앞의 책.

18) 앞의 책.

19) 앞의 책, Part 3.

제6장 예배 사역 - 올바르고 차별화된 예배 기획

1) 주승중, "장로교 예배 의식과 장로의 역할", 「교회를 섬기는 청지기의 길(Ⅰ)」, 2008, PP. 178-179.

2) 김경진, "기독교 예배의 역사(1) - 예배란 무엇인가", 「교육목회」, 통권1호 (1999. 6), P. 85.

3) 콘스탄스 체리(Constance M. Cherry), 「예배 건축가」, 기독교문서선교회, 2015, 2장.

4) 콘스탄스 체리, 앞의 책, PP. 99-114.

5) 앞의 책.

6) 유재원, "복잡계 이론을 통한 한국 교회의 유기적 예배 가능성에 관한 연구 – 이머전트 교회 운동에 대한 분석을 중심으로", 장로회신학대학교 대학원 박사학위논문, 2010. 2, PP. 59 – 62.
7) 콘스탄스 체리, 앞의 책, P. 415.
8) 릭 워렌, 김현희·박경범 옮김, 「새들백교회 이야기」, 1995, PP. 270 – 280.
9) 앞의 책, 제14장.
10) 하용조, 「사도행전적 교회를 꿈꾼다」, 2007, PP. 169 – 174.
11) 앞의 책.
12) Robert H. Welch, 앞의 책, PP. 310 – 315.

제7장 당회 운영, 잘할 수 있을까?

1) Aubrey Malphurs, *Leading Leaders : Empowering Church Boards for Ministry Excellence*, 2005, PP. 11 – 22.
2) 앞의 책, PP. 91 – 101.
3) 앞의 책.
4) 앞의 책.
5) 김상수(2006), 「창의적 문제해결과 의사결정」.
6) Ackoff, R. (1978), *The art of problem solving*, John Wiley and Sons, New York.
7) Tannenbaum, R. and Schmidt, W. H. (1973), *How to choose a leadership pattern*, Harvard Business Review, 51(3), PP. 162 – 180.
8) 이진규, 앞의 책, PP. 218 – 219.
9) Phillip V. Lewis, *Transformational Leadership*, 1996, PP. 148 – 154.
10) Bruce L. Pettersen et. al., *Foundations of Church Administration*, 2010, PP. 233 – 236.

제8장 재정 관리, 모르는데 어떻게 하나?

1) 이장로 외, 「교회를 섬기는 청지기의 길 제3권」, 성인당, 2008, PP. 36−53.
2) Bruce P. Powers, ed., *Church Administration Hand−Book*, 1997, PP. 140−150.
3) 이장로 외, 앞의 책.
4) 황호찬, 「교회와 돈」, 도서출판온유, 2014, PP. 72−90.
5) 앞의 책, PP. 94−104.
6) 앞의 책, P. 164.
7) 앞의 책, P. 171.
8) 앞의 책, PP. 186−187.
9) 앞의 책.

제9장 인사 행정, 누구와 함께할 것인가?

1) Robert H. Welch, *Church Administration*, 2005, PP. 101−145.
2) 앞의 책.
3) 앞의 책, PP. 124−136.
4) 이진규, 앞의 책, PP. 300−302.
5) Robert H. Welch, 앞의 책, PP. 136−137.
6) Patricia Lotich, *Smart Church Management*, 2012, PP. 27−37.
7) Robert H. Welch, 앞의 책, PP. 335−346.
8) 앞의 책, PP. 242−248.
9) 앞의 책, PP. 187−188.
10) 앞의 책, PP. 195−207.
11) 앞의 책, PP. 212−214.
12) 앞의 책, PP. 261−280.

교회
경영학

초판발행 2016년 8월 19일
2쇄발행 2021년 1월 20일

지은이 이장로
펴낸이 채형욱
펴낸곳 한국장로교출판사
주　소 03129 / 서울특별시 종로구 대학로 19, 409호(연지동, 한국기독교회관)
전　화 (02) 741-4381 / 팩스 (02) 741-7886
영업국 (031) 944-4340 / 팩스 (02) 944-2623
등　록 No. 1-84(1951. 8. 3.)

ISBN 978-89-398-4142-0 / Printed in Korea
값 16,000원

편 집 장 정현선
교정·교열 오원택　　　　**표지·본문디자인** 김아미
업무부국장 박호애　　　　**영업부국장** 박창원

※ 이 출판물은 저작권법에 의해 보호를 받는 저작물이므로 무단전재와 무단복제를 할 수 없습니다.